光华书系・学术琼林

侯成琪 著

Sectoral Heterogeneity,
Core Inflation and
Optimal Monetary Policy

部门异质性、核心通货膨胀与最优货币政策

北京大学出版社
PEKING UNIVERSITY PRESS

图书在版编目(CIP)数据

部门异质性、核心通货膨胀与最优货币政策/侯成琪著.—北京：北京大学出版社，2014.11

(光华书系·学术琼林)

ISBN 978 - 7 - 301 - 25117 - 1

Ⅰ.①部… Ⅱ.①侯… Ⅲ.①通货膨胀—研究—世界 ②货币政策—研究—世界 Ⅳ.①F821.5 ②F821.0

中国版本图书馆 CIP 数据核字(2014)第 267309 号

书　　　名	部门异质性、核心通货膨胀与最优货币政策
著作责任者	侯成琪　著
策 划 编 辑	贾米娜
责 任 编 辑	贾米娜
标 准 书 号	ISBN 978 - 7 - 301 - 25117 - 1
出 版 发 行	北京大学出版社
地　　　址	北京市海淀区成府路 205 号　100871
网　　　址	http://www.pup.cn
电 子 信 箱	em@pup.cn　　QQ:552063295
新 浪 微 博	@北京大学出版社　@北京大学出版社经管图书
电　　　话	邮购部 62752015　发行部 62750672　编辑部 62752926
印 刷 者	北京宏伟双华印刷有限公司
经 销 者	新华书店
	730 毫米×1020 毫米　16 开本　13.5 印张　250 千字
	2014 年 11 月第 1 版　2014 年 11 月第 1 次印刷
定　　　价	38.00 元

丛书编委会

丛书序言一

很高兴看到"光华书系"的出版问世,这将成为外界更加全面了解北京大学光华管理学院的一个重要窗口。北京大学光华管理学院从1985年北京大学经济管理系成立,到现在已经有近三十年了。这近三十年来,光华文化、光华精神一直体现在学院的方方面面,而这套"光华书系"则是学院各方面工作的集中展示。

多年来,北京大学光华管理学院始终处于中国经济改革研究与企业管理研究的前沿,致力于促进中国乃至全球管理研究的发展,培养与国际接轨的优秀学生和研究人员,帮助国有企业实现管理国际化,帮助民营企业实现管理现代化,同时,为跨国公司管理本地化提供咨询服务,从而做到"创造管理知识,培养商界领袖,推动社会进步"。北京大学光华管理学院的几届领导人都把这看作自己的使命。

作为经济管理学科的研究机构,北京大学光华管理学院的科研实力一直在国内处于领先位置。光华管理学院有一支优秀的教师队伍,这支队伍的学术影响在国内首屈一指,在国际上也发挥着越来越重要的作用,它推动着中国经济管理学科在国际前沿的研究和探索。与此同时,学院一直都在积极努力地将科研力量转变为推动社会进步的动力。从当年股份制的探索、证券市场的设计、《中华人民共和国证券法》的起草,到现在贵州毕节实验区的扶贫开发和生态建设、教育经费在国民收入中的合理比例、自然资源定价体系、国家高新技术开发区的规划,等等,都体现着光华管理学院的教师团队对中国经济改革与发展的贡献。

作为商学教育机构,北京大学光华管理学院鼓励教师深入商业实践,熟悉企业管理,提升案例教学的质量和层次。多年来,学院积累了大量有价值的案例,经过深入研究、精心编写,这些商业案例可以成为商学教育中宝贵的教学资源。

学院每年举办大量讲座,讲座嘉宾很多是政界、商界和学界的精英,讲座内容涉及社会发展的方方面面。通过这些讲座,学生们可以最直接地得到名家大师的授业解惑,优化和丰富知识结构。

作为管理精英的汇聚中心,北京大学光华管理学院历届毕业、结业的校友一直是我们最引以为荣的。历届的优秀同学,在各自的岗位上作出贡献,他们是光华管理学院最宝贵的财富。光华管理学院这个平台的最大优势,也正是能够吸引一批又一批优秀的人才的到来。世界一流商学院的发展很重要的一点就是靠它们强大的校友资源,这一点,也是与北京大学光华管理学院的努力目标完全一致的。

今天,"光华书系"的出版正是北京大学光华管理学院全体师生和全体校友共同努力的成果。通过这套丛书,读者不仅能够读到经典教材和前沿学术成果,更可以通过名师、校友、讲座等方面感受光华风采。希望这套丛书能够向社会展示光华文化和精神的全貌,并为中国管理学教育的发展提供宝贵的经验。

丛书序言二

光华管理学院秉承"百年北大"悠久的人文传统、深邃的学术思想和深厚的文化底蕴，在过去的近三十年里，一直践行"创造管理知识，培养商界领袖，推动社会进步"的学院使命，目前已经发展成为国内最为优秀的商学院之一。

北京大学的传统对于光华管理学院，乃至中国商学教育都很重要，学院一直秉承北京大学的传统，真正要办大学气质的商学院。我们将光华教育的特质归纳为四个"I"，即 Integrity——诚信和责任；International——商界领袖的国际化视野；Integration——整合学习，理论实践相结合；Innovation——自主创新。

Integrity：北京大学作为中国传统名校，传承百年历史文化，有一个非常鲜明的特点，就是拥有浓厚的人文底蕴、民主科学精神，以及对社会的使命感和责任感。北京大学光华管理学院作为北京大学的商学院，是专门从事管理研究和教育的机构，将持续发扬北京大学的历史传统、人文精神，以及社会责任感和使命感。

International：光华是全国最国际化的商学院，师资是最国际化的，教育体系是最早跟国际接轨的。北京大学光华管理学院的国际化是扎根于中国的国际化。我们一方面在国际先进的管理知识和管理理念方面有着最前沿的成果，另一方面也很好地结合了中国的管理实践和经济发展。光华的师资和国际研究都很好地做到了这两个方面。根据国际权威研究统计机构的统计，北京大学的经济学和商学学科，已进入世界前 1% 的行列。对此光华起了最主要的作用，这也反映了光华在国际研究方面作出的贡献。

Integration：商学院需要解决好两个整合的问题，一是将理论和实践很好地整合起来，二是学科之间的整合。对于理论和实践的整合，光华正致力于推动管理学理论向商业实践成果的转化。对于学科的整合，光华正在做的不仅是不同学科之间的融合,还在加强不同教育项目之间的配合。我们致力于调动和整合北京大学综合性的师资资源,将管理与历史、哲学、艺术、数学乃至物理等学科相结合,全方位塑造管理者的整体人文和科学素养。各个教育项目之间的互动也经常碰撞出新的思想火花,帮助光华学子们拓宽思想,带来新的视角。

Innovation:中国要成为具备创造力的国家,在世界上建立一个品牌和形象,必须发展自主创新文化。光华管理学院立足于北京大学,在整个中关村科技园大的氛围之下,光华的教学科研的国际合作能够成为自主创新生态环境的一部分。光华管理学院最近刚刚成立了北京大学光华管理学院创新创业中心,以这个中心为平台,致力于整合院内院外、校内校外、国内国外创业方面的资源,进一步推动自主创新。

为进一步超越自我,向着建设世界一流商学院的目标而不懈努力,北京大学光华管理学院特策划“光华书系”系列丛书,以展现光华管理学院在理论研究、教学实践、学术交流等方面的优秀成果。我们更希望通过“光华书系”的出版让更多的读者通过光华理解经济、管理与社会。

“光华书系”作为一个开放的系列,涵盖理论研究、教学实践、学术交流等各个方面:

第一是领航学科的教材。光华管理学院的商学教育,拥有全国首屈一指的师资力量和最优秀的学生生源。在教学相长的过程中,很多经典讲义、教材应运而生。“教材领航”系列丛书要以“出教材精品,育商界英才”为宗旨,发挥优势,突出特色,重点建设涵盖基础学科的主干教材、填补学科空白的前沿教材、反映教学改革成果的新型教材,面向大教育,追求高品位,服务高等教育,传播先进文化。

第二是前沿的学术成果。光华管理学院始终处于中国经济发展与企业管理研究的前沿,“学术琼林”系列丛书以具有国内和国际影响力的管理学、经济学等相关学科的学术研究为支撑,运用国际规范的研究方法深入研究中国的经济和管理问题,体现更高的学术标准,展现学界领袖的优秀成果。

第三是丰富的实战案例。案例研究和教学作为一种不可替代的重要方法,有效解决了知识与实践转换的问题。在中国的相关政策不断改革的大背景下,各种有借鉴意义的素材越来越丰富。根据国外成熟的案例编写经验,开发和使用高水平的本土化案例,是一件意义深远的事。“案例精粹”系列丛书涵盖教学案例、研究案例、商业案例几大模块,体现本土化和原创性、理论主导性和典型性,将一般管理职能与行业、企业的特殊性相结合,既具有一定的理论深度,又具有相当程度的覆盖面和典型性。相信这些案例能够最有效地服务于教学要求、学术研究以及企业管理实践。

第四是卓越的教师风范。"善之本在教，教之本在师。"光华管理学院的优秀教师，秉承诲人不倦、育人为先的教学原则，以他们的学术实践最好地诠释了北京大学追求真理、追求卓越、培养人才、繁荣学术、服务人民、造福社会的办学理念，为北京大学赢得了崇高的学术声誉。"名师风采"系列丛书就是力图全面展现光华优秀教师精深的学术造诣、高尚的学术风范，让更多的人领略他们关爱学生、培养青年、提携后学的优秀品质，让"大师"精神得到继承和发扬。

第五是杰出的校友风采。光华管理学院的每一位校友，都是中国杰出的时代精英。他们凭借在各自工作岗位上的优异表现，为光华管理学院、为北京大学在海内外赢得了广泛赞誉。"校友华章"系列丛书就是深度记录校友在光华管理学院的学习经历以及卓著业绩，全面展现其对学识的孜孜追求、卓越才智以及不懈执着的品质，体现光华管理学院高质量的教学实践这一核心竞争力。

最后是精彩的论坛荟萃。在浮华之风日盛的今日社会，光华管理学院广泛开展的各种学术交流活动和讲座，兼容并蓄，展现思想的精粹、智慧的集锦。对所有"为国求学、努力自爱"的人们来说，其中传出的思想之声都是真正值得认真品味和用心领会的。"论坛撷英"系列丛书就是汇集专家、教授、知名学者、社会名流在光华管理学院的精彩演讲以及学术交流活动，展现其中引人深思的深厚学理以及催人奋进的人生智慧，将严肃的学术品格和通俗的阅读形式相结合，深度展现一流学府的思想之声，奉献最具时代精神的思想盛宴。

前　言

新凯恩斯模型(new Keynesian model)采用黏性价格假设和动态随机一般均衡框架(dynamic stochastic general equilibrium，DSGE)，研究外生冲击对经济波动的影响。在过去的十几年中，新凯恩斯模型取得了一系列的理论进展。Yun(1996)、Rotemberg & Woodford(1999)、Bernanke et al.(1999)、Chari et al.(2000)、Erceg et al.(2000)和 Christiano et al.(2005)等建立了新凯恩斯模型的基本框架——通过引入垄断竞争和名义刚性来描述货币政策的短期非中性特征，并在黏性价格假设的基础上引入了金融加速器机制、黏性工资假设和通货膨胀惯性等因素，使得新凯恩斯模型的理论框架日趋完善。Rotemberg & Woodford(1997,1999)和 Woodford(2003)提出了通过将代表性家庭的效用函数在稳态附近二阶泰勒展开来计算福利损失的方法，为货币政策的评价提供了理论基础。Blanchard & Kahn(1980)和 Uhlig(1999)提出的对数线性化方法和求解线性理性预期模型的方法以及 dynare 等软件的开发为新凯恩斯模型的研究提供了更多的工具支持。Smets & Wouters(2003,2005,2007)发现，新凯恩斯模型能够较好地描述美国和欧元区的商业周期特征。上面几个方面的进展使得新凯恩斯模型成为货币政策分析的主流工具。

为了便于加总，新凯恩斯模型通常假设经济由连续统(0,1)上的垄断竞争厂商组成，这些厂商生产同质但是可分的商品。这相当于假设所有生产部门都是同质的。然而，现实经济存在许多生产不同种类商品的生产部门，这些部门存在许多方面的异质性特征，比如具有不同的生产函数、面临不同的需求曲线，也会作出不同的生产和定价决策，并且不同部门之间还存在投入-产出关系。而货币经济学更加关注部门价格黏性的异质性，因为价格黏性是货币政策短期非中性的关键原因，也是外生冲击会导致名义扭曲的关键原因。许多实证研究已经表明,各类商品的价格黏性存在显著的差异。Bils & Klenow(2004)采用美国劳动统计局(BLS)调查的微观价格数据估计了美国 CPI 各大类商品的价格调整频率,发现各大类商品的价格黏性具有显著的差异。Nakamura & Steinsson(2008)使用了比 Bils & Klenow(2004)更加详尽的微观价格调查数据,对美国 CPI 各大类商品的价格黏性进行了更加深入的分析,同样发现了显著的部门价格黏性异质性的证据。Álvarez et al. (2006)、Dhyne et al. (2006)和 Vermeulen et al. (2006)发现在欧元区各大类商品的价格黏性也存在显著的差异。

一些理论研究表明,部门价格黏性的异质性对于货币政策的传导机制具有至关重要的影响。Carvalho(2006)的研究发现,与缺乏部门价格黏性异质性的经济相比,在存在价格黏性异质性的经济中,货币政策冲击具有更强的真实效应,即对真实产出具有更加显著的影响。Bouakez et al. (2009)的研究表明,不同部门价格黏性的异质性对货币政策的传导渠道具有重要的影响。当货币供应量出现意料之外的暂时性增加时,价格黏性最强的部门的产出上升得最多。Nakamura & Steinsson(2010)发现,不同部门价格黏性的异质性对于解释名义冲击对经济波动的影响至关重要。通过在模型中引入部门价格黏性的异质性,名义冲击可以解释美国经济周期波动中的 23%,与 Shapiro & Waston(1988)的实证结论非常一致。除了部门价格黏性的异质性之外,Eusepi et al. (2011)还考虑了各部门在生产技术和价格加成方面的异质性。但是,Eusepi et al. (2011)发现,在他们提出的核心通货膨胀度量 CONDI(a cost of nominal distortions index)中,各部门的权重主要由其价格黏性程度决定。这些理论研究表明,在诸多部门异质性中,价格黏性的异质性对于理解货币政策的传导机制和经济周期波动具有至关重要的作用。

因此,引入部门异质性尤其是部门价格黏性的异质性,研究多部门情形下的新凯恩斯模型和货币政策具有很强的理论价值及应用价值。由于能够充分考虑各部门的异质性特征,多部门新凯恩斯模型能够对很多经典问题进行更加深入的分析。比如,近年来食品价格上涨较快并拉动中国 CPI 持续走高的现象备受关注,那么货币政策应该如何应对中国食品价格的过快上涨呢?为了使研究更加具有针对性,必须找到导致食品价格较快上涨的原因并在理论模型中予以体现,这就需要采用多部门新凯恩斯的分析框架。当然,采用多部门新凯恩斯的分析框架也会带来一些在单部门新凯恩斯模型中可以被忽略但是在多部门新凯恩斯模型中必须充分重视的问题,比如如何度量通货膨胀。货币政策具有长期中性和短期非中性的特点。因此,在长期内价格稳定是货币政策的唯一目标,而在短期内货币政策必须兼顾价格稳定和产出稳定两大目标。可见,不管是在长期还是在短期,价格稳定都是货币政策的重要目标。因此,准确地度量通货膨胀是中央银行制定货币政策的重要先决条件。

在单部门经济中，因为只存在一类商品，所以度量通货膨胀是一项非常简单的工作。而当经济中存在多类商品时，则需要研究如何根据各类商品的价格变化度量总体价格水平的变化。关于如何度量通货膨胀，目前存在标题通货膨胀（headline inflation）和核心通货膨胀（core inflation）两种不同的度量方法。标题通货膨胀包含所有商品和服务的价格并根据支出比例进行加权平均，以度量居民生活成本的居民消费价格指数（CPI）和度量总体价格水平的 GDP 平减指数为代表。然而，一些研究认为，标题通货膨胀不适合作为货币政策的通货膨胀目标。Bryan & Pike（1991）指出，因为各类商品的价格中包含的通货膨胀信息不一定与其支出比例相关，所以在度量通货膨胀时根据支出比例加权平均是存在问题的，会导致权重偏差。Bryan & Cecchetti（1993）和 Cecchetti（1997）指出，各类商品的价格中包含与货币政策无关的暂时性噪声，比如自然灾害和天气原因导致的食品价格上涨、OPEC（Organization of the Petroleum Exporting Countries）减产导致的石油价格上涨、不同种类商品的非同步价格调整等。因为这些暂时性噪声导致的价格变化与货币政策无关，所以应该在度量通货膨胀时将其剔除掉。

20 世纪 70 年代，一种新的通货膨胀度量方法——核心通货膨胀应运而生。自诞生之初，核心通货膨胀就被定义为货币政策应该盯住的通货膨胀指标。美联储前主席伯南克等在《通货膨胀目标制：国际经验》（*Inflation Target：Lessons from the International Experience*）一书中也指出，核心通货膨胀更适合作为货币政策的通货膨胀指标，而且使用核心通货膨胀有助于中央银行向公众解释，并不是所有冲击导致的价格上涨都会导致持久的通货膨胀，都需要货币政策作出反应。Bodenstein et al.（2008）、Siviero & Veronese（2011）和 Eusepi et al.（2011）等理论研究也发现，相对于盯住标题通货膨胀，货币政策盯住核心通货膨胀能够显著降低外生冲击对经济的扰动。然而，虽然众多理论研究都认为货币政策应该盯住核心通货膨胀，但是关于如何度量核心通货膨胀，目前还存在很多争议。自 20 世纪 70 年代第一种核心通货膨胀度量（在标题通货膨胀中剔除食品和能源价格）诞生以来，出现了许多不同的核心通货膨胀度量方法。根据 Roger（1998）、Silver（2007）、Wynne（2008）以及侯成琪和龚六堂（2013）等理论综述，核心通货膨胀度量有几十种之多。然而，在这些不同的核心通货膨胀度量中，哪些是有效的，目前还存在很多争议。Bihan & Sedillot（2000，2002）、Marquesa et al.（2003）、Dixon & Lim（2004）、Rich & Steindel（2007）、Bermingham（2010）和 Down et al.（2010）等采用不同国家的样本数据对多种常用的核心通货膨胀度量进行了有效性检验，但是检验结果差异很大。究其原因，除了不同国家的价格波动特征存在差异之外，这些研究采用的检验标准也存在很大差异。

因为众多理论研究认为包括所有商品和服务的价格并根据支出比例进行加权平均的标题通货膨胀不适合作为货币政策的通货膨胀目标,而关于如何度量和评价核心通货膨胀又存在很多争议,所以本书将首先研究如何度量和评价核心通货膨胀。第一章对核心通货膨胀理论进行了系统回顾,提炼出了基于持续性通货膨胀、基于普遍性通货膨胀以及基于福利损失三种不同的核心通货膨胀定义,而且这三种定义正好能够回答为什么货币政策应该盯住核心通货膨胀这个该领域首要的理论问题——因为货币政策要经过一个较长且不确定的时滞期才能发挥作用,所以货币政策仅应该对标题通货膨胀的持续性部分即持续性通货膨胀作出反应;因为货币政策是一种总量调节政策,不具备结构调节功能,所以货币政策仅应该对所有商品价格变化的共同趋势即普遍性通货膨胀作出反应;因为货币政策的目标是经济稳定即福利损失最小化,所以核心通货膨胀是当货币政策盯住该通货膨胀指标时外生冲击导致的福利损失最小化的通货膨胀度量方法。作者归纳了基于这三种不同定义的核心通货膨胀度量方法和评价方法,介绍了核心通货膨胀在各国中央银行货币政策决策中的应用情况。分析表明,多部门货币理论的发展和完善将有助于更加深入地剖析总量因素和部门因素对各部门通货膨胀的影响,为有效地度量核心通货膨胀提供更好的理论基础。

从第一章对核心通货膨胀理论的综述可知,主流的基于普遍性通货膨胀定义的核心通货膨胀度量方法往往假设各部门的商品价格变化可以分解为核心通货膨胀与部门异质性相对价格变化之和,相当于假设核心通货膨胀对各部门的商品价格变化具有相同的影响,这是有悖于经济直觉的。假设当前经济仅面临一种外生冲击——扩张性的货币政策冲击,这会导致核心通货膨胀一定程度的上升。因为没有任何的部门特有冲击,所以不存在异质性相对价格变化。现有的实证研究表明,不同的商品具有不同程度的价格黏性。一种商品的价格黏性越弱,则其价格的上升幅度越大,即该种商品的价格对核心通货膨胀的反应越快,反之亦然。第二章将经典的新凯恩斯模型推广到多部门情形,首先证明了部门新凯恩斯菲利普斯曲线,然后根据部门新凯恩斯菲利普斯曲线和核心通货膨胀的普遍性通货膨胀定义提出了更加合理的价格变化分解公式,发现核心通货膨胀对不同部门商品价格变化的影响是不同的,而且核心通货膨胀的预期也会影响各部门商品的价格变化。以这个价格变化分解公式为基础,作者提出了估计核心通货膨胀的计量经济模型及其两阶段估计方法,并根据求解卡尔曼滤波稳态的方法求出了 CPI 的八大分类价格指数在核心通货膨胀中的稳态权重,估计了中国的核心通货膨胀。

第三章研究住房价格是否应该纳入通货膨胀的统计范围这个颇具争议的问题。作者认为,因为不同的通货膨胀度量方法分别服务于不同的目标——以

CPI 为代表的标题通货膨胀度量生活成本的变化,而核心通货膨胀则为执行货币政策服务,所以研究住房价格是否应该纳入通货膨胀的统计范围,需要分别从度量生活成本和执行货币政策两个角度,研究住房价格是否应该纳入标题通货膨胀的统计范围以及是否应该纳入核心通货膨胀的统计范围。从度量生活成本的角度看,由于住房支出是在家庭消费支出中占比最大的单类支出,所以居民必然要求将住房价格纳入 CPI 的统计范围。然而,由于住房兼有耐用消费品和投资品的特征,所以将住房价格纳入 CPI 的统计范围困难重重。从执行货币政策的角度看,考虑到核心通货膨胀更适合作为货币政策的通货膨胀目标,作者采用第二章提出的计量经济模型估计了中国的核心通货膨胀并通过求解卡尔曼滤波稳态的方法分析住房价格对核心通货膨胀的影响,发现住房价格对中国核心通货膨胀的影响微乎其微。这表明,如果稳定物价是货币政策的唯一目标,则货币政策无须考虑住房价格。然而,由于中国的货币政策需要兼顾多个目标且住房价格会显著影响产出水平,所以从稳定产出的角度看,货币政策可能仍须重视住房价格。

第四章研究了核心通货膨胀的评价问题。作者从持续性通货膨胀和普遍性通货膨胀等核心通货膨胀的基本理念出发,提出评价核心通货膨胀的关键之处在于,检验一个核心通货膨胀度量方法能否有效、彻底地剔除标题通货膨胀中由暂时性冲击或部门特有冲击导致的价格变化,进而提出从基本统计性质、核心通货膨胀是标题通货膨胀的吸引子、标题通货膨胀不是核心通货膨胀的吸引子(attractor)等三个角度评价核心通货膨胀。作者采用中国的 CPI 及其八大分类价格指数的历史数据对 12 种常用的核心通货膨胀度量进行了有效性检验,发现 SVAR 方法和加权中位数法是比较有效的核心通货膨胀度量方法,而其他度量方法均不能比较彻底地剔除由暂时性冲击和部门特有冲击导致的价格变化。SVAR 方法和加权中位数法的优势在于,SVAR 方法可以根据货币政策长期中性这个经典结论有效地区分暂时性价格变化和持续性价格变化,而加权中位数法可以根据部门价格黏性的差异区分哪些部门的价格变化应该引起货币政策的反应,哪些部门的价格变化不应该引起货币政策的反应。这表明,为了得到有效的核心通货膨胀度量,必须首先从理论上弄清哪些价格变化应该引起货币政策的反应、哪些价格变化不应该引起货币政策的反应,然后采用稳健的计量经济方法来识别不同种类的价格变化。

在解决了核心通货膨胀的度量问题和评价问题之后,本书从第五章开始采用多部门新凯恩斯的分析框架开展货币政策分析。在多部门新凯恩斯模型中,各个部门的价格黏性是一类非常重要的参数,国外同类研究均采用微观价格调查数据进行估计。在缺乏国外同类研究所采用的微观水平的价格调查数据的条件下,作者采用中国 CPI 及相关宏观经济变量的历史数据,通过对部门菲利普斯曲线的结构化估计得到了中国 CPI 八大类商品的价格黏性指数,发现各类商品的价格黏性存在非常显著的差异。其中,价格黏性最弱的是食品和居住,其价格调整周期分别为 1.37 个季度和 1.38 个季度;价格黏性最强的是家庭设备,其价格调整周期为 3.20 个季度。货币政策分析的结果表明,货币政策冲击对各部门产出和通货膨胀的影响取决于各部门的价格黏性水平——部门价格黏性越强,则货币政策冲击对部门产出的影响越大、对部门通货膨胀的影响越小。作者的研究还发现,单部门新凯恩斯模型的贝叶斯估计会高估加总的价格黏性水平,而用各类商品价格黏性指数的加权中位数校准加总的价格黏性指数可以使单部门新凯恩斯模型较好地近似于多部门新凯恩斯模型中货币政策冲击对加总产出和通货膨胀的影响。

近年来食品价格上涨较快并拉动中国 CPI 持续走高的现象备受关注。对于货币政策应该如何应对食品价格上涨,目前存在两种不同的观点。第一种观点认为,既然货币政策应该盯住 CPI,那么就应该根据食品价格在 CPI 中的权重对食品价格上涨作出反应。然而,因为货币政策要经过一个较长且不确定的时滞期才能对价格水平产生影响,所以中国食品价格的剧烈波动会使盯住 CPI 从而对食品价格波动作出强烈反应的货币政策无法起到稳定物价的作用,甚至会适得其反。另一种观点认为,货币政策应该盯住剔除食品和能源价格后的核心通货膨胀,即不对食品价格上涨作出任何反应。然而,食品支出在中国居民消费支出中占有三分之一左右的权重,不对食品价格上涨作出任何反应显然会提高居民的生活成本。第六章建立了一个多部门新凯恩斯模型来描述食品部门在需求价格弹性、价格黏性和供给冲击等方面的异质性,研究货币政策应该如何应对中国食品价格的较快上涨。研究结果表明:① 食品价格黏性较低和食品需求缺乏弹性是导致中国食品价格较快上涨的主要原因;② 根据福利损失贡献加权法计算的核心通货膨胀是最优的,货币政策盯住这个最优核心通货膨胀能够显著降低外生冲击导致的福利损失;③ 食品价格在这个最优核心通货膨胀中的权重为8.8%,这意味着不应该因食品具有较大的支出权重而对食品价格上涨作出过度反应,也不应该因食品价格具有较高的波动性而对食品价格上涨无动于衷。

近年来中国住房价格上涨过快,社会各界呼吁央行采用紧缩性货币政策来抑制房价的过快上涨。然而,经典的货币理论表明,对住房价格作出反应并不能改善货币政策稳定经济的效果。作者认为,这些研究所采用的理论模型存在明显的缺陷——假设经济中不存在住房的生产,即房地产市场是一个存量交易市场。这与现实经济严重不符,因为在现实经济中房地产业是国民经济的重要支柱产业。第七章建立了一个包含耐心家庭和缺乏耐心家庭两类异质性家庭、包含消费品部门和房地产部门两个异质性生产部门的动态随机一般均衡模型。引入家庭异质性的原因是通过缺乏耐心家庭的信贷约束引入住房价格的金融加速器机制;引入生产部门异质性的原因是引入住房的生产并考虑房地产生产部门的异质性。研究表明,首先,中国90%以上的住房价格波动是由货币政策冲击导致的,即货币政策冲击是决定住房价格波动的关键因素,因此应该从货币政策入手来平抑住房价格波动。其次,货币政策是否对真实住房价格作出反应是决定住房价格波动的关键因素,也是决定福利损失大小的关键因素。对真实住房价格作出反应的货币政策能够显著降低住房价格波动,并通过金融加速器机制降低经济波动和福利损失。因此,中国的货币政策应该对真实住房价格作出反应。

目　录

第一章 | 核心通货膨胀:理论回顾

　　货币政策具有长期中性和短期非中性的特点。因此,在长期内价格稳定是货币政策的唯一目标,而在短期内货币政策必须兼顾价格稳定和产出稳定两大目标。可见,不管是在长期还是在短期,价格稳定都是货币政策的重要目标。因此,准确地度量通货膨胀是中央银行制定货币政策的重要先决条件。然而,关于如何度量通货膨胀,目前存在标题通货膨胀(headline inflation)和核心通货膨胀(core inflation)两种不同的度量方法。标题通货膨胀包含所有商品和服务的价格并根据支出比例进行加权平均,以度量居民生活成本的居民消费价格指数(CPI)和度量总体价格水平的 GDP 平减指数为代表。然而,很多学者认为标题通货膨胀不适合作为货币政策的通货膨胀目标。核心通货膨胀的概念是在 20世纪 70 年代被提出的,并在此后的货币政策讨论中扮演非常重要的角色。但是,对于如何度量核心通货膨胀,始终缺乏统一的认识。而且,在核心通货膨胀被提出后的很长一段时间里,虽然核心通货膨胀在货币政策的讨论中被频繁使用,但是却很少出现在主流学术出版物中。直到最近十几年,才出现一种新的趋势——在更加坚实的统计基础或理论基础上度量核心通货膨胀,核心通货膨胀再次得到经济学界的关注。本章将从定义、度量、评价和应用等角度对核心通货膨胀理论进行一个系统的综述。

第一节　核心通货膨胀的定义

　　核心通货膨胀的概念是在 20 世纪 70 年代被提出的。当时石油出口国大幅度提高原油价格,导致发达的工业化国家发生了严重的成本推动型通货膨胀,而抑制通货膨胀的紧缩性货币政策又导致经济的停滞。当时的学者经过反思后认为，在监测通货膨胀和制定货币政策时，需要将 CPI 分解成两部分，一部分是由总供给与总需求决定的趋势性成分，被称为核心通货膨胀；另一部分是由食品价格或能源价格波动所决定的暂时性成分，被称为非核心通货膨胀或暂时性通货膨胀。个别商品价格的暂时性上涨只会引起 CPI 的暂时性上升，当这种暂时性上涨结束后，CPI 将会回落。因此，CPI 的暂时性波动不应该影响中央银行的决策，中央银行应该根据 CPI 的趋势性成分即核心通货膨胀制定货币政策。

此外，一些理论研究也表明，度量生活成本变化的 CPI 不适合作为货币政策的通货膨胀目标。Bryan & Pike(1991)指出，因为各类商品的价格中包含的通货膨胀信息不一定与其支出比例相关，所以在度量通货膨胀时根据支出比例加权平均是存在问题的，会导致权重偏差。Bryan & Cecchetti(1993)和 Cecchetti(1997)指出，各类商品的价格中包含与货币政策无关的暂时性噪声，比如自然灾害和天气原因导致的食品价格上涨、OPEC 减产导致的石油价格上涨、不同种类商品的非同步价格调整等。因为这些暂时性噪声导致的价格变化与货币政策无关，所以应该在度量通货膨胀时将其剔除掉。Mankiw & Reis(2003)建立了一个以稳定产出和稳定物价为目标的货币政策评价模型，发现将 CPI 作为货币政策的通货膨胀目标会导致产出剧烈波动。

动荡的 20 世纪 70 年代促使了一个沿用至今的核心通货膨胀度量的诞生，这就是在标题通货膨胀中剔除食品和能源价格的核心通货膨胀度量方法，而且这种度量方法一度成为核心通货膨胀的代名词。此后，虽然出现了许多不同的核心通货膨胀度量方法，但是关于核心通货膨胀应该如何定义，即核心通货膨胀应该度量什么，始终缺乏统一认识。各种不同的核心通货膨胀度量方法都倾向于定义一种特定的方法来计算核心通货膨胀，而不是定义核心通货膨胀应该度量什么。

文献检索的结果显示，Eckstein(1981)最早提出核心通货膨胀的正式定义。Eckstein 将核心通货膨胀定义为"总供给价格的趋势性增长"，即"稳态的通货膨胀"。Parkin(1984)指出，Eckstein(1981)定义的核心通货膨胀其实就是单位劳动成本的稳态增长率。可见，这与对核心通货膨胀的现实需求并不吻合。作者综合 Roger(1998)和 Wynne(2008)对核心通货膨胀定义的回顾及总结，将核心通货膨胀的定义归纳为如下三种。

一、基于持续性通货膨胀的定义

弗里德曼（Friedman,1963）将通货膨胀定义为一般价格水平的持续上升，并特别强调要区分价格水平的持续性上升和暂时性上升。货币政策要经过一个较长且不确定的时滞期才能发挥作用。如果货币政策对价格水平的暂时性上升作出反应，则当货币政策发挥作用时，价格水平的暂时性上升可能已经结束，从而货币政策不仅不能熨平经济的波动，反而会成为经济波动的原因。因此，货币政策不应该关注通货膨胀的暂时性部分，只应该关注其持续性部分即核心通货膨胀。由于只有宽松的货币政策才能造成价格水平的持续上升，所以才有了弗里德曼的著名论断"无论何时何地，通货膨胀都是一种货币现象"。弗里德曼对持续性通货膨胀的定义与度量核心通货膨胀的初衷是一致的，都是要剔除标题通货膨胀中由暂时性冲击导致的暂时性价格变化，因此可以将核心通货膨胀定义为标题通货膨胀的持续性部分。这个定义也为货币政策应该盯住核心通货膨胀提供了最基本的理论支持。

记 π_t 为标题通货膨胀，π_t^* 为标题通货膨胀的持续性部分即核心通货膨胀，x_t 为标题通货膨胀的暂时性部分即暂时性通货膨胀，则按照核心通货膨胀的持续性通货膨胀定义，标题通货膨胀 π_t 可以分解为：

$$\pi_t = \pi_t^* + x_t \tag{1.1}$$

但是，根据式(1.1)计算的核心通货膨胀度量一般比较粗略，因为根据式(1.1)无法了解哪些因素决定暂时性通货膨胀 x_t，哪些因素决定核心通货膨胀 π_t^*。

二、基于普遍性通货膨胀的定义

奥肯(Okun,1970)和弗莱明(Flemming,1976)将通货膨胀定义为商品价格的普遍性上涨。货币政策是一种总量调节政策，并不具备结构调节功能。因此，一些部门特有冲击导致的价格变化，比如 OPEC 减产导致的石油价格上涨、自然灾害和天气原因导致的农产品价格上涨，不应该影响中央银行的货币政策。否则，虽然紧缩性货币政策能够抑制石油价格和农产品价格的上涨，但是也会使整个经济陷入衰退。当然，如果这些部门特有冲击传导到整个经济并且导致商品价格的普遍性上涨，则货币当局必须予以重视。因此，可以将核心通货膨胀定义为所有商品价格变化的共同趋势，在度量核心通货膨胀时应该剔除由部门特有冲击导致的某些商品特有的价格变化，即异质性相对价格变化(idiosyncratic relative price movements)。这种定义与最初度量核心通货膨胀时剔除食品和能源等价格波动剧烈的商品的思路是一致的。根据核心通货膨胀的普遍性通货膨胀定义，可以将各类商品的价格变化分解为：

$$\pi_{jt} = \pi_t^* + x_{jt} \quad (j = 1,2,\cdots,J) \tag{1.2}$$

其中，π_{jt} 表示第 j 种商品在第 t 期的价格变化；π_t^* 表示第 t 期所有商品价格的共同变化趋势，即核心通货膨胀；x_{jt} 表示第 j 种商品在第 t 期的异质性相对价格变化。

式（1.1）和式（1.2）的区别在于：式（1.1）中的 x_t 是由暂时性冲击导致的暂时性价格变化，既包括总体经济的暂时性冲击，也包括部门特有的暂时性冲击；式（1.2）中的 x_{jt} 是由部门特有冲击导致的异质性相对价格变化。当然，这种冲击必然是暂时性的，否则将传导到整个经济并影响核心通货膨胀 π_t^*，此时就需要将这种冲击引起的价格变化纳入核心通货膨胀 π_t^* 的统计范畴而不是纳入异质性相对价格变化 x_{jt} 的统计范畴。因此，根据式（1.1）估计的核心通货膨胀剔除了所有暂时性冲击导致的暂时性价格变化，而根据式（1.2）估计的核心通货膨胀仅剔除了由部门特有暂时性冲击导致的异质性相对价格变化。如果暂时性冲击主要是部门特有的暂时性冲击，则式（1.1）和式（1.2）的区别将很小。至于在导致暂时性价格变化的暂时性冲击中总体经济的暂时性冲击和部门特有的暂时性冲击各占多大比例，还缺乏相关的经验分析。目前大多数的核心通货膨胀度量方法都建立在式（1.2）所示的分解公式之上，因为从式（1.1）到式（1.2），核心通货膨胀的识别条件得到了强化，为估计核心通货膨胀提供了更好的理论基础。

侯成琪等（2011）认为，式（1.2）假设核心通货膨胀对所有商品的价格变化具有相同的影响，这是有悖于经济直觉的。至少从价格黏性的角度来说，不同类型商品的价格黏性程度是不同的，价格黏性越小，则商品价格对核心通货膨胀的反应就越快。他们在多部门新凯恩斯菲利普斯曲线的基础上，根据核心通货膨胀的普遍性通货膨胀定义给出了核心通货膨胀的表达式，并提出了如下的商品价格分解公式：

$$\pi_{jt} = \beta\Big(1 - \lambda_j \Big/ \sum_{j=1}^{J} \lambda_j \xi_j\Big) E_t\{\pi_{t+1}^*\} + \Big(\lambda_j \Big/ \sum_{j=1}^{J} \lambda_j \xi_j\Big)\pi_t^* + x_{jt} \qquad (1.3)$$

其中，第 j 种商品在第 t 期的异质性相对价格变化 x_{jt} 定义为：

$$x_{jt} = \beta E_t\{\pi_{j,t+1}'\} + \lambda_j \widehat{mc}_{jt}' + \lambda_j(\hat{p}_t - \hat{p}_{jt}) \qquad (1.4)$$

在式（1.3）和式（1.4）中，β 为折现因子，$\lambda_j \equiv (1 - \beta\theta_j)(1 - \theta_j)/\theta_j$，$\theta_j$ 为 Calvo（1983）提出的随机价格调整机制中第 j 个部门的厂商保持上期价格不变的概率，ξ_j 为第 j 个部门生产的商品在总支出中所占的比重，$E_t\{\pi_{j,t+1}'\}$ 为第 j 个部门特有的通货膨胀预期，$\widehat{mc}_{jt}'$ 为第 j 个部门特有的边际成本缺口，$\hat{p}_t - \hat{p}_{jt}$ 为总体价格水平与部门价格水平之间的差异（简称为部门价格缺口）。根据式（1.3）可知，核心通货膨胀对各类商品价格的影响或者说各类商品的价格变化中蕴含的核心通货膨胀信息是不同的，取决于参数 λ_j。因为 $\partial\lambda^j/\partial\theta^j < 0$，所以保持其他条件不变，商品的价格黏性越小，则核心通货膨胀对该类商品价格的影响越大。

三、基于福利损失的定义

Wynne(2008)认为,货币当局反对通货膨胀的原因是,对于整个社会而言通货膨胀是有成本的,因为通货膨胀会扰乱经济活动的协调一致并妨碍法定货币在市场交易中的使用。因此,货币政策应该反对会给整个社会带来福利损失的通货膨胀,而不是反对导致居民生活成本变化的通货膨胀。按照 Wynne(2008)的分析,核心通货膨胀可以被定义为带来福利损失的那部分通货膨胀。Siviero & Veronese(2011)、Eusepi et al. (2011)和 Hou & Gong(2012)认为,尽管直观看来核心通货膨胀的持续性通货膨胀定义和普遍性通货膨胀定义是很有吸引力的,但是其能否应用于货币政策决策过程却备受争议。首先,这些核心通货膨胀度量完全建立在统计标准之上,缺乏坚实的经济理论基础;其次,对于如何评价这些核心通货膨胀度量在货币政策决策中的应用价值,缺乏统一的认识和检验标准(详见本章第三节)。既然度量核心通货膨胀的目的是制定更好的货币政策,而目前评价货币政策的标准是 Rotemberg & Woodford(1997,1999)和 Woodford(2003)倡导的福利准则——假设中央银行的目标是使代表性家庭的终身效用最大化,并通过将代表性家庭的效用函数在稳态附近的二阶泰勒近似来计算福利损失,所以最优的通货膨胀度量方法应该能够使福利损失最小化。因此,核心通货膨胀是当货币政策盯住该通货膨胀指标时外生冲击导致的福利损失最小化的通货膨胀度量方法。

但是,要根据这个定义提出度量核心通货膨胀的方法,必须将经典的单部门货币理论模型推广到多部门情形,因为在单部门货币理论模型中所有的通货膨胀都会带来福利损失。比如,Rotemberg & Woodford(1997,1999)和 Woodford(2003)证明的单部门新凯恩斯模型的福利损失函数如下:

$$W = E_0 \sum_{t=0}^{\infty} \beta^t \left\{ -\frac{1}{2} \left(\frac{\varepsilon}{\lambda} (\pi_t)^2 + (\sigma + \varphi)(\tilde{y}_t)^2 \right) \right\} \qquad (1.5)$$

其中,ε 为需求价格弹性,$\lambda \equiv (1-\beta\theta)(1-\theta)/\theta$,$\theta$ 为单部门经济中厂商保持上期价格不变的概率,σ 为相对风险厌恶系数,$1/\varphi$ 为劳动供给的真实工资弹性,$\tilde{y}_t$ 为产出缺口。由式(1.5)可知,在单部门货币理论模型中,所有的通货膨胀都进入了福利损失函数,即都会带来福利损失。只有在多部门货币理论模型中才能对标题通货膨胀进行深入的分解,分析各部门通货膨胀对福利损失的影响。

第二节　核心通货膨胀的度量

与第一节的三种核心通货膨胀定义保持一致,本节将常用的核心通货膨胀的度量方法分为基于持续性通货膨胀定义的核心通货膨胀度量、基于普遍性通货膨胀定义的核心通货膨胀度量和基于福利损失定义的核心通货膨胀度量三种。

一、基于持续性通货膨胀定义的核心通货膨胀度量

按照核心通货膨胀的持续性通货膨胀定义,标题通货膨胀 π_t 可以分解为核心通货膨胀 π_t^* 和暂时性通货膨胀 x_t 之和。因为暂时性通货膨胀 x_t 对标题通货膨胀 π_t 没有系统性的影响,所以可以认为 x_t 是一个白噪声序列,从而可以通过平滑和滤波的方法剔除暂时性通货膨胀 x_t 的影响,得到核心通货膨胀 π_t^*。其中,常用的平滑方法可以分为一元平滑方法和多元平滑方法。

一元平滑方法主要包括 Cecchetti(1997)的移动平均方法和 Cogley(2002)的指数平滑方法。其中,Cogley(2002)根据 Sargent(1999)的简单学习模型得到了计算核心通货膨胀的指数平滑公式:

$$\pi_t^* = g \sum_{k=0}^{\infty} (1-g)^k \pi_{t-k} \tag{1.6}$$

Cogley(2002)取平滑参数 $g = 0.125$。其实,指数平滑就是一个 ARIMA(0,1,1)模型,因此参数 g 可以通过估计标题通货膨胀 π_t 的 ARIMA(0,1,1)模型得到。这类方法虽然方便计算,但是实时性差,主要依赖历史信息。

多元平滑方法主要包括 Quah & Vahey(1995)的结构向量自回归(SVAR)方法。基于长期菲利普斯曲线垂直的假设,Quah & Vahey(1995)将核心通货膨胀定义为在中长期对真实产出没有影响的那部分通货膨胀。他们将真实产出和通货膨胀受到的随机冲击划分为两种,一种冲击对真实产出没有长期影响,被称为核心通货膨胀冲击,记为 η_1;另一种冲击对通货膨胀和真实产出的影响不受约束,但必须与第一种冲击在任何领先期和滞后期都不相关,被称为非核心通货膨胀冲击,记为 η_2。则真实产出增长率 Δy_t 和通货膨胀率 π_t 可以表示成如下的向量移动平均(VMA)过程:

$$X_t = \begin{bmatrix} \Delta y_t \\ \pi_t \end{bmatrix} = \sum_{j=0}^{\infty} \begin{bmatrix} d_j^{11} & d_j^{12} \\ d_j^{21} & d_j^{22} \end{bmatrix} \begin{bmatrix} \eta_{1,t-j} \\ \eta_{2,t-j} \end{bmatrix} \tag{1.7}$$

核心通货膨胀冲击对真实产出没有长期影响意味着 $\sum_{j=0}^{\infty} d_j^{11} = 0$,而核心通货膨

胀定义为 $\pi_t^* = \sum_{j=0}^{\infty} d_j^{21} \eta_{1,t-j}$。因为结构性冲击 η_1 和 η_2 是观察不到的,所以必须首先估计 X_t 的向量自回归模型(VAR),然后通过对 VAR 模型的残差向量进行施加约束条件 $\sum_{j=0}^{\infty} d_j^{11} = 0$ 的正交化分解,得到与 VAR 模型对应的 VMA 模型并计算核心通货膨胀。中国的一些学者也采用这种方法估计了中国的核心通货膨胀,比如,简泽(2005)将核心通货膨胀定义为"从 RPI 或 CPI 观察到的一般价格水平变化中由货币冲击导致的成分",并通过结构向量自回归模型来测量中国 1954—2002 年的核心通货膨胀;赵昕东(2008)扩展了 Quah & Vahev(1995)的两变量结构向量自回归模型,建立了包括消费价格指数、食品价格指数与产出的三变量 SVAR 模型,并通过对变量施加基于经济理论的长期约束估计了 1986—2007 年中国的核心通货膨胀。

滤波方法可以剔除一个时间序列中的噪声,因此常用的滤波方法,包括 HP 滤波(Hodrick-Prescott fliter)、带通滤波(band pass filter)和卡尔曼滤波(Kalman filter),都可以用来过滤标题通货膨胀中的暂时性价格波动。由于小波方法(wavelet methods)能够处理时间序列数据的非平稳、不连续跳跃和结构变化等传统方法很难处理的问题,所以也被用来估计核心通货膨胀。Anderson et al. (2007)、Down et al. (2010)和 Baqaee(2010)采用小波方法估计了美国与新西兰的核心通货膨胀。

二、基于普遍性通货膨胀定义的核心通货膨胀度量

根据核心通货膨胀的普遍性通货膨胀定义,各类商品的价格变化都可以分解为核心通货膨胀和异质性相对价格之和。根据这种分解方法,衍生出三类核心通货膨胀度量方法,作者将之称为基于波动性的计算方法(methods based on volatility)、基于持续性的计算方法(methods based on persistence)和基于动态因子的计算方法(methods based on dynamic factor)。

(一)基于波动性的计算方法

根据式(1.2),核心通货膨胀 π_t^* 与异质性相对价格变化 x_{jt} 不相关,因此部门通货膨胀 π_{jt} 的方差等于 π_t^* 的方差与 x_{jt} 的方差之和。因为核心通货膨胀 π_t^* 是所有 π_{jt} 共有的部分,所以异质性相对价格变化 x_{jt} 的方差越大(这表示异质性相对价格变化在商品价格变化中所占比重越大),则 π_{jt} 的方差越大,相应地在核心通货膨胀中的权重就越小。基于波动性的计算方法,根据各类商品价格波动性的大小给这些商品重新赋权,再通过加权平均计算核心通货膨胀,主要包括剔

除法（exclusion method）、加权中位数法（weighted median method）、截尾平均法（trimmed mean method）、波动性加权法（volatility weighted method）。

剔除法是剔除价格易受非经济因素影响且波动剧烈的商品（相当于权重等于0），根据剩余的各类商品的价格通过支出比例加权来计算核心通货膨胀。剔除法是最常用的核心通货膨胀度量方法，而剔除的对象通常包括食品价格、能源价格、间接税和利息支出。

Bryan & Pike（1991）、Bryan & Cecchetti（1994）和 Bryan et al.（1997）等提出的加权中位数法与截尾平均法都需要首先将各类商品按照价格波动性排序，加权中位数法根据位于中位数上的那类商品的价格变化计算核心通货膨胀，而截尾平均法是在剔除一定比例的高波动性和低波动性的商品之后，根据剩余的各类商品的价格变化通过支出比例加权来计算核心通货膨胀。假设有 J 种商品，按照价格波动性从小到大排序为 $\mathrm{Var}\,\pi_1 \leqslant \mathrm{Var}\,\pi_2 \leqslant \cdots \leqslant \mathrm{Var}\,\pi_J$，这些商品的支出权重依次为 $\xi_1, \xi_2, \cdots, \xi_J$，且 $\sum_{j=1}^{J} \xi_j = 1$。假设截尾的比例为 α，则需要将价格波动性最小和最大的 α 比例商品予以剔除。记从第1种商品到第 i 种商品的累积权重为 w_i，即 $w_i = \sum_{j=1}^{i} \xi_j$。剔除价格波动性最小和最大的 α 比例商品后，剩余的商品集合为 $I_\alpha = \{i : \alpha \leqslant w_i \leqslant 1 - \alpha\}$，$\alpha$ 比例截尾平均的核心通货膨胀计算公式为：

$$\pi_{\alpha,t}^* = \frac{1}{1 - 2\alpha} \sum_{j \in I_\alpha} \xi_j \pi_{jt} \qquad (1.8)$$

利用截尾平均法计算核心通货膨胀与 α 的选取密切相关，Tahir（2003）提出了确定 α 大小的均方根误差准则（root mean squared error, RMSE），按照均方根误差最小的原则选择 α，即

$$\alpha = \underset{\{\alpha\}}{\arg\min} \mathrm{RMSE}(\alpha) = \sqrt{\sum_{t=1}^{T} (\pi_t^{\mathrm{trend}} - \pi_{\alpha,t}^*)^2 / T} \qquad (1.9)$$

其中，π_t^{trend} 是一个表示标题通货膨胀趋势的序列。这个方法的问题在于，α 的取值受趋势通货膨胀序列 π_t^{trend} 的影响，而如何计算 π_t^{trend} 将成为一个新的难题。

因为剔除法、加权中位数法和截尾平均法都要剔除部分商品与服务的价格，所以也被统称为有限影响估计（limited influence estimators）。其中，加权中位数法和截尾平均法的理论基础是数理统计中的稳健位置度量（robust measures of location）。当随机变量的概率分布具有偏态和厚尾特征时，均值不再是分布中心位置的有效度量，此时采用中位数或者截尾平均度量分布的中心位置效果更好。Bils & Klenow（2004）和 Nakamura & Steinsson（2008）的经验研究表明，各类商品的价格变化服从偏态分布。Dolmas（2005）指出，因为分布是偏态的即不对

称的,所以在截尾平均时可以进行非对称截尾。假设按照价格波动性从小到大排序后左右两端截尾的比例分别为 α 和 β,则剔除价格波动性最小的 α 比例商品和波动性最大的 β 比例商品后,剩余的商品集合为 $I_{(\alpha,\beta)} = \{i : \alpha \leqslant w_i \leqslant 1 - \beta\}$,$(\alpha, \beta)$ 比例截尾平均的核心通货膨胀计算公式为:

$$\pi^*_{(\alpha,\beta),t} = \frac{1}{1 - \alpha - \beta} \sum_{\alpha,\beta}^{j \in I} \xi_j \pi_j \tag{1.10}$$

Diewert(1995)提出了度量核心通货膨胀的波动性加权法,即以各类商品价格变化的波动性指标的倒数为权重,通过对各类商品的价格进行加权平均来计算核心通货膨胀。Diewert 采用方差作为度量波动性的指标,则核心通货膨胀的计算公式为:

$$\pi^*_t = \sum_{j=1}^{J} \frac{1/\sigma_j^2}{\sum\limits_{j=1}^{J} 1/\sigma_j^2} \pi_{jt} \tag{1.11}$$

其中,σ_j^2 是第 j 种商品价格变化的方差。当然,除了方差以外,还可以用其他的指标,比如标准差和绝对离差,度量各类商品价格变化的波动性。与剔除法、加权中位数法和截尾平均法相比,波动性加权法不需要剔除某些商品的价格,可以更加充分地利用各类商品价格中包含的通货膨胀信息。但是,采用不同的波动性指标,得到的核心通货膨胀权重有时差异很大。而且,各类商品价格变化的波动性是随时间变化的,所以需要不断根据新的样本数据重新修正权重。其实,基于波动性的计算方法都面临权重修正问题。

基于波动性的计算方法是最常用的核心通货膨胀度量方法,尤其是剔除法、加权中位数法与截尾平均法这三种方法。范跃进和冯维江(2005)基于剔除法、加权中位数法和截尾平均法计算了 1995—2004 年中国的核心通货膨胀,并在此基础上讨论了中国的核心通货膨胀与宏观经济状况的关系。但是,这类方法最大的问题在于,仅仅根据各类商品价格的波动性计算核心通货膨胀,价格波动性较大的商品将被剔除,完全没有考虑各类商品在居民消费支出中的重要程度。比如,食品在中国 CPI 中占有三分之一左右的权重,即使食品价格的波动性很强,将食品价格在核心通货膨胀度量中剔除也是不合适的。Anderson et al. (2007)提出了一个改进的波动性加权法,各类商品的价格变化在核心通货膨胀中的权重不仅取决于价格变化的波动性,还取决于支出权重的大小,计算公式如下:

$$\pi^*_t = \sum_{j=1}^{J} \frac{\xi_j/\sigma_j^2}{\sum\limits_{j=1}^{J} \xi_j/\sigma_j^2} \pi_{jt} \tag{1.12}$$

（二）基于持续性的计算方法

Blinder(1997)指出,因为货币政策存在时滞效应,所以,相对于过去的通货膨胀,中央银行更关心未来的通货膨胀。因此,在计算核心通货膨胀时,应该按照预测未来通货膨胀的能力给各类商品的价格变化赋权。Smith(2007)提出的估计方法最接近 Blinder(1997)的思想。记 $\pi_{t,t+12}$ 为从第 t 期到第 $t+12$ 期的标题通货膨胀,$\pi^j_{t-12,t}$ 为第 j 种商品从第 $t-12$ 期到第 t 期的价格变化。如果度量核心通货膨胀的目标是根据 $\pi^j_{t-12,t}(j=1,2,\cdots,J)$ 的线性组合得到 $\pi_{t,t+12}$ 的最佳预测,则各类商品在核心通货膨胀中的权重可以通过估计如下的线性回归方程得到:

$$\pi_{t,t+12} = \alpha + \sum_{j=1}^{J} \beta_j \pi^j_{t-12,t} + u_t \tag{1.13}$$

对 $\beta_j(j=1,2,\cdots,J)$ 重新标度使其和等于 1,即可得到各类商品在核心通货膨胀中的权重。

但是,由于缺乏选取预测期的标准,现有的研究不是按照预测未来通货膨胀的能力给各类商品的价格变化赋权,而是根据各类商品价格变化的持续性给各类商品赋权。Cutler(2001)和 Bilke & Stracca(2007)假设各类商品价格变化服从如下的自回归模型:

$$\pi_{jt} = \alpha_j + \sum_{i=1}^{q_j} \rho^i_j \pi_{j,t-i} + u_{jt} \quad (j=1,2,\cdots,J) \tag{1.14}$$

则持续性系数为 $\gamma_j = \sum_{i=1}^{q_j} \rho^i_j$,如果某个 γ_j 小于 0,则将其赋值为 0。对 $\gamma_j(j=1,2,\cdots,J)$ 重新标度使其和等于 1,即可得到各类商品在核心通货膨胀中的权重。因为样本数据的变化会影响 γ_j 的估计值,所以为了避免权重波动过大,可以采用如下的平滑方法计算持续性系数 $\tilde{\gamma}_{jT}$:$\tilde{\gamma}_{jT} = x\gamma_{jT} + (1-x)\gamma_{j,T-1}$。一般取 $x = 1/12$,使得持续性系数可以在一年之内得到调整。Gadzinski & Orlandi(2004)通过估计如下的回归方程得到持续性系数 ρ_j:

$$\pi_{jt} = \mu^0_j + \mu^1_j D_t + \rho_j \pi_{j,t-1} + \sum_{i=1}^{k} \alpha^i_j \Delta\pi_{j,t-i} + u_{jt} \quad (j=1,2,\cdots,J) \tag{1.15}$$

其中,D_t 是虚拟变量,表示可能存在的结构变化。Gadzinski & Orlandi(2004)还提出了一个根据半衰期方法(half-life indicator)计算持续性系数的方法。所谓半衰期,是指暂时性冲击影响超出其最初影响一半的时期数。范志勇和张鹏龙(2010)采用 Gadzinski & Orlandi(2004)的方法,构建了中国基于价格上涨惯性权重的核心通货膨胀指标。

（三）基于动态因子的计算方法

式（1.2）假设各类商品的价格变化中存在一个共同的动态因子，即核心通货膨胀。基于动态因子的计算方法采用统计方法，通过从各类商品的价格变化中提取共同的动态因子来估计核心通货膨胀。常用的方法有三种：一是将估计核心通货膨胀的计量经济模型表示成状态空间模型（state space model）的形式，并用卡尔曼滤波估计不可观测的核心通货膨胀；二是利用 Forni et al.（2000，2005）提出的广义动态因子模型（Generalized Dynamic Factor Model）来估计核心通货膨胀；三是采用协整-误差修正模型的调节系数矩阵正交分解技术来估计协整向量系统的共同因子即核心通货膨胀。

1. 状态空间模型

记 $\boldsymbol{\pi}_t = (\pi_{1t}, \pi_{2t}, \cdots, \pi_{Jt})'$，$\mathbf{1} = (1, 1, \cdots, 1)'$，$\boldsymbol{x}_t = (x_{1t}, x_{2t}, \cdots, x_{Jt})'$，则式（1.2）的矩阵形式为：

$$\boldsymbol{\pi}_t = \mathbf{1}\pi_t^* + \boldsymbol{x}_t \tag{1.16}$$

假设核心通货膨胀 π_t^* 服从 p 阶自回归过程，即

$$\pi_t^* = \delta + \phi_1\pi_{t-1}^* + \phi_2\pi_{t-2}^* + \cdots + \phi_p\pi_{t-p}^* + u_t \tag{1.17}$$

假设异质性相对价格变化向量 $\boldsymbol{x}_t$ 服从 k 阶向量自回归过程，即

$$\boldsymbol{x}_t = \boldsymbol{d}_1\boldsymbol{x}_{t-1} + \boldsymbol{d}_2\boldsymbol{x}_{t-2} + \cdots + \boldsymbol{d}_k\boldsymbol{x}_{t-k} + \boldsymbol{v}_t \tag{1.18}$$

因为 π_t^* 和 $\boldsymbol{x}_t$ 都是观察不到的，所以要将上述模型表示成状态空间模型的形式，然后用卡尔曼滤波来估计 π_t^* 和 $\boldsymbol{x}_t$ 以及其他参数。其中，观测方程（observation equation）由式（1.16）组成，传递方程（transition equation）由式（1.17）和式（1.18）组成。Bryan & Cecchetti（1993）和 Reis & Watson（2010）采用卡尔曼滤波估计了美国的核心通货膨胀。Kapetanios（2004）、Camba-Mendez & Kapetanios（2005）使用 Kapetanios（2002a，2002b，2003）提出的改进算法估计状态空间模型的参数，估计了英国的核心通货膨胀。

侯成琪等（2011）认为，式（1.2）所示的分解方式有悖于经济直觉，提出了式（1.3）所示的分解公式。在这个分解公式中，核心通货膨胀的系数不再是常数1，而是一个需要估计的参数。核心通货膨胀及其系数都需要估计，这会造成不可识别问题。他们提出了一个两阶段估计方法来解决这个问题：第一阶段根据核心通货膨胀的代理变量估计式（1.3）中核心通货膨胀的系数，并采用 Wooldridge（2001）提出的多指示器方法（multiple indicator solution）和广义矩估计（GMM）来解决代理变量的测量误差所导致的内生性问题；第二阶段将估计核心通货膨胀的计量经济模型表示成状态空间模型的形式，代入第一阶段得到的核心通货膨胀系数的一致估计值，通过卡尔曼滤波估计不可观测的核心通货膨胀。

他们采用这种方法估计了中国的核心通货膨胀,得到了有效的核心通货膨胀度量。Hou & Gong(2013)进一步在式(1.3)中引入通货膨胀的惯性作用,估计了美国的核心通货膨胀。

2. 广义动态因子模型

Forni et al.(2000,2005)提出的广义动态因子模型的基本结构与式(1.2)非常相似,从而被 Cristadoro et al.(2005)和 Reis & Watson(2010)用来估计核心通货膨胀。为了用广义动态因子模型估计核心通货膨胀,首先需要将式(1.16)中的动态因子即核心通货膨胀进行进一步的分解:

$$\boldsymbol{\pi}_t = \mathbf{1}\pi_t^* + \boldsymbol{x}_t = \boldsymbol{B}(L)\boldsymbol{f}_t + \boldsymbol{x}_t \qquad (1.19)$$

其中,$\boldsymbol{B}(L) = \boldsymbol{B}_0 + \boldsymbol{B}_1 L + \cdots + \boldsymbol{B}_s L^s$ 是一个矩阵滞后多项式,L 是滞后算子。其实,式(1.19)假设核心通货膨胀 π_t^* 取决于 q 维共同因子向量 $\boldsymbol{f}_t = (f_{1t}, f_{2t}, \cdots, f_{qt})'$,而且不同部门通货膨胀的因子荷载是不同的,为提取共同因子提供了更大的自由度。如果能够估计出 q 维共同因子向量 $\boldsymbol{f}_t$ 及其因子荷载矩阵滞后多项式,则可估计出核心通货膨胀。Forni et al.(2000,2005)假设 $\boldsymbol{f}_t$ 服从一个向量自回归过程,给出了一个两阶段估计方法。但是,采用广义动态因子模型估计核心通货膨胀需要将共同因子向量的维数限定为1,即只有核心通货膨胀 π_t^* 这一个共同因子。

3. 协整-误差修正模型

假设 J 种商品的价格变化 $\pi_{jt}(j = 1, 2, \cdots, J)$ 都是1阶单整序列,且这 J 个序列之间存在 r 个协整关系。根据格兰杰表示定理,其对应的向量误差修正模型为:

$$\Delta\boldsymbol{\pi}_t = \boldsymbol{\gamma}\boldsymbol{\alpha}'\boldsymbol{\pi}_{t-1} + \boldsymbol{\Gamma}_1\Delta\boldsymbol{\pi}_{t-1} + \cdots + \boldsymbol{\Gamma}_{p-1}\Delta\boldsymbol{\pi}_{t-p+1} + \boldsymbol{u}_t \qquad (1.20)$$

其中,$\boldsymbol{\alpha}$ 为协整矩阵(cointegration matrix),$\boldsymbol{\gamma}$ 为荷载矩阵(loading matrix)。Stock & Watson(1988)证明了,如果 $\boldsymbol{\pi}_t$ 的 J 个分量之间存在协整关系,则 $\boldsymbol{\pi}_t$ 的每个分量都可以表示成 $k = J - r$ 个1阶单整的共同因子序列 $\boldsymbol{f}_t$ 的线性组合加上一个平稳的短期波动序列,即 $\boldsymbol{\pi}_t = \boldsymbol{A}\boldsymbol{f}_t + \tilde{\boldsymbol{\pi}}_t$,其中,$\boldsymbol{A}\boldsymbol{f}_t$ 和 $\tilde{\boldsymbol{\pi}}_t$ 分别表示 $\boldsymbol{\pi}_t$ 中的长期成分和短期成分。Gonzalo & Granger(1995)证明了,$\boldsymbol{f}_t = \boldsymbol{\gamma}_\perp'\boldsymbol{\pi}_t$,其中,$\boldsymbol{\gamma}_\perp$ 为 $\boldsymbol{\gamma}$ 的正交补阵,即 $\boldsymbol{\gamma}_\perp'\boldsymbol{\gamma} = 0$。如果 $\boldsymbol{f}_t$ 是一维的,即 $k = J - r = 1$,则 $\boldsymbol{f}_t$ 就是这 J 种商品价格变化中的共同趋势成分,即核心通货膨胀。

Bagliano & Morana(2003a,2003b)、王少平和谭本艳(2009)分别用这种方法估计了美国、英国及中国的核心通货膨胀。但是,这种基于协整-误差修正模型估计核心通货膨胀的方法仅适用于各种商品的价格变化是1阶单整序列且存在协整关系的情形。一般情况下,同比通货膨胀序列是非平稳的而环比通货膨胀序列是平稳的,因此这种方法仅可以分析同比通货膨胀序列。此外,如果 $k = J - r > 1$,则协整向量系统存在多个共同因子,无法识别核心通货膨胀。

三、基于福利损失定义的核心通货膨胀

Siviero & Veronese(2011)假设货币政策的目标是福利损失最小化,其中,福利损失函数取如下的形式:

$$L_t = \mathrm{var}(\pi_t) + \lambda \mathrm{var}(y_t) + \mu \mathrm{var}(\Delta i_t) \qquad (1.21)$$

即福利损失取决于标题通货膨胀 π_t、产出 y_t 和基准利率变化 Δi_t 的方差以及参数 λ 和 μ;将整个经济分为四个部门:食品、能源、其他商品、服务,并假设描述货币政策的泰勒规则取如下的形式:

$$i_t = \sum_{j=1}^{4} \gamma_{1j} \pi_{jt} + \gamma_2 y_t + \gamma_3 i_{t-1} \qquad (1.22)$$

即基准利率盯住各个部门的通货膨胀 $\pi_{jt}(j=1,2,3,4)$ 而不是整体通货膨胀 π_t。以式(1.21)所示的福利损失函数为目标函数,以式(1.22)所示的泰勒规则描述货币政策,以 Rudebusch & Svensson(1999)给出的动态 IS 曲线、部门菲利普斯曲线描述总需求和部门通货膨胀,通过求解这个优化问题得到 $\gamma_{1j}(j=1,2,3,4)$,再通过重新标度得到四个部门在核心通货膨胀中的权重。Siviero & Veronese(2011)发现,虽然四个部门在基于福利损失定义度量的核心通货膨胀中的权重会随着参数取值的变化而变化,但是食品和能源的权重始终很小;而且,与盯住基于福利损失定义的核心通货膨胀度量相比,货币政策盯住 CPI、盯住剔除食品和能源的核心 CPI 和盯住采用波动性加权法计算的核心 CPI 都会使福利损失显著上升。然而,Siviero & Veronese(2011)的模型完全是先验性的,没有建立在厂商、家庭和中央银行的优化行为的基础上。

Eusepi et al. (2011)采用了与 Siviero & Veronese(2011)相同的思路:通过最小化福利损失来求解各部门通货膨胀在核心通货膨胀中的最优权重。Eusepi et al. (2011)建立了一个多部门新凯恩斯模型来描述各部门在价格黏性和劳动收入份额等方面的异质性以及厂商、家庭和中央银行的最优决策。他们发现,货币政策盯住基于福利损失最小化计算的核心通货膨胀时的福利损失要显著小于盯住标题通货膨胀和盯住剔除食品与能源的核心通货膨胀时的福利损失;而且,决定各部门在核心通货膨胀中权重大小的关键因素是各部门商品的价格黏性,价格黏性越大则该部门在核心通货膨胀中的权重越大。这与 Aoki(2001)和 Benigno(2004)的结论是一致的,即因为价格黏性越大则名义摩擦导致的扭曲也越大,所以货币政策应该更加关注价格黏性较大的部门。

Hou & Gong(2012)建立了一个存在多个异质性生产部门的新凯恩斯模型,

证明了多部门情形下的福利损失函数：

$$W = E_0 \sum_{t=0}^{\infty} \beta^t \left\{ -\frac{1}{2} \left(\varepsilon \sum_{j=1}^{J} \frac{\xi_j}{\lambda_j} (\pi_{jt})^2 + (\sigma + \varphi) (\tilde{y}_t)^2 \right) \right\} \quad (1.23)$$

很显然，各部门的通货膨胀对福利损失的影响取决于两个因素：① 支出权重 ξ_j。支出权重 ξ_j 越大，则该部门的通货膨胀对福利损失的影响越大。② 价格黏性指数 θ_j。价格黏性越大即 θ_j 越大，则 λ_j 越小，该部门的通货膨胀对福利损失的影响越大。根据式（1.23）所示的福利损失函数和侯成琪等（2011）证明的多部门新凯恩斯菲利普斯曲线，他们提出了一个根据各部门通货膨胀对福利损失的贡献计算核心通货膨胀的加权平均公式：

$$\pi_t^* = \sum \frac{\xi_j / \lambda_j}{\sum \xi_j / \lambda_j} \pi_{jt} \quad (1.24)$$

根据式（1.24）计算的核心通货膨胀具有如下两个特点：① 以 $\omega_j = \frac{\xi_j}{\lambda_j} \bigg/ \sum \frac{\xi_j}{\lambda_j}$ 为权重能够完全剔除部门价格缺口的影响，而以支出比例 ξ_j 为权重仅能将部门价格缺口的影响平均化；② 因为部门的价格黏性越小则部门异质性因素 x_{jt} 越大，所以以 ω_j 为权重能够使相互独立的部门异质性因素的影响在更大程度上相互抵消。因此，根据式（1.24）计算核心通货膨胀，能够有效地剔除或者减弱与货币政策无关的部门噪声，得到有效的核心通货膨胀度量。

第三节　核心通货膨胀的评价

由第二节可知，目前存在大量的核心通货膨胀度量方法。那么，货币当局在制定货币政策时，应该如何在这些不同的核心通货膨胀度量中进行选择呢？遗憾的是，对于如何评价核心通货膨胀度量，同样存在许多不同的评价标准。这些标准可以大致分为定性标准、统计标准和福利标准。其中，基于持续性通货膨胀定义和普遍性通货膨胀定义的核心通货膨胀度量都采用统计方法来估计，通常也采用统计标准来评价；而基于福利损失定义的核心通货膨胀度量则采用福利标准来评价。所谓福利标准，是指根据福利损失的大小评价核心通货膨胀度量的优劣，货币政策盯住某个核心通货膨胀度量时名义摩擦导致的福利损失越小，则该核心通货膨胀度量越有效。下面主要介绍定性标准和统计标准。

一、定性标准

Roger（1998）和 Wynne（1999）最早提出了核心通货膨胀应该满足的几个定

性标准,主要包括:

(1)及时的(timely)或者实时的(real-time),要求核心通货膨胀指标应该能够根据最新的价格调查数据及时计算和更新,这样货币当局才能根据最新的经济动态制定货币政策。根据平滑方法计算的核心通货膨胀不能满足这个性质,比如,中心化的移动平均无法实时计算,而非中心化的移动平均和指数平滑则过度依赖历史信息。

(2)可信的(credible),要求核心通货膨胀指标能够被公众信赖。只有货币当局采用的通货膨胀指标是可信的时,货币政策才可能是可信的。可信性要求核心通货膨胀指标能够被货币当局和统计部门之外的外部机构重新计算及验证。如果一个核心通货膨胀指标不能被外部机构验证,则其可信度将显著降低。

(3)可理解的(understandable),要求核心通货膨胀指标的计算方法易于被公众理解。虽然要求度量方法的计算细节能够被广泛理解可能不是必不可少的(即使是CPI的具体计算方法,缺乏专业背景的公众也可能无法理解),但是至少其计算方法可以用一种非技术性的语言来描述,能够明确解释核心通货膨胀和标题通货膨胀之间的差异。

(4)稳健的(robust),要求核心通货膨胀指标不会面临重大修正。随着数据的不断完善,或者是计算方法和分类标准发生了变化,需要对统计指标的历史数据进行修正,这是统计领域的国际惯例。核心通货膨胀指标的稳健性,重点强调核心通货膨胀指标的计算结果不会随着样本区间的变化而发生显著的变化。

二、统计标准

统计标准是核心通货膨胀评价中最常用的标准,目前也存在许多不同的统计标准。

1. 基本统计性质

Clark(2001)认为,因为核心通货膨胀主要剔除了标题通货膨胀中由暂时性或部门特有冲击导致的价格变化,所以核心通货膨胀应该具有与标题通货膨胀相同的长期均值,同时应该具有比标题通货膨胀更小的波动性。Marquesa et al.(2003)认为,由于这些冲击导致的价格变化不应该对标题通货膨胀具有系统性的影响,所以标题通货膨胀和核心通货膨胀之间的差异 $\pi_t - \pi_t^*$ 不应该有任何的趋势,即应该是一个平稳序列。进一步地,如果标题通货膨胀和核心通货膨胀都是单整序列(比如同比数据一般都是单整序列),则 $\pi_t - \pi_t^*$ 是一个平稳序列意味着,标题通货膨胀和核心通货膨胀是协整的且协整向量为(1, −1)。要求

$\pi_t - \pi_t^*$ 是一个均值为零的平稳序列具有非常深刻的经济学内涵,因为这意味着长期而言核心通货膨胀 π_t^* 与标题通货膨胀 π_t 是无差异的,盯住核心通货膨胀不仅有助于制定更加有效的货币政策,而且可以兼顾居民更关心的度量生活成本变化的标题通货膨胀。

2. 追踪通货膨胀趋势

Bryan et al.(1997)、Cecchetti(1997)和 Clark(2001)认为,既然核心通货膨胀要剔除标题通货膨胀中的暂时性波动,度量通货膨胀的长期趋势,那么就应该根据核心通货膨胀追踪通货膨胀趋势(tracking trend inflation)的能力进行评价。Rich & Steindel(2007)认为,可以用两种方法评价核心通货膨胀追踪通货膨胀趋势的能力。第一种方法认为,核心通货膨胀既不能低估也不能高估标题通货膨胀,因此应该与标题通货膨胀具有相同的长期均值。这是易于理解并且容易检验的。第二种方法认为,核心通货膨胀应该能够很好地描述趋势性通货膨胀的变化。要实施第二种检验方法,必须先完成两个工作:① 要构造一个能够反映通货膨胀趋势的序列,记为 π_t^{trend}。Bryan et al.(1997)、Cecchetti(1997)和 Clark(2001)都对标题通货膨胀序列进行高阶中心化移动平均来计算趋势性通货膨胀,而 Rich & Steindel(2007)则采用了带通滤波来度量趋势性通货膨胀。② 要选择一个度量核心通货膨胀与通货膨胀趋势之间差异的标准,常用的标准包括均方根误差(root mean squared error, RMSE)和绝对离差(mean absolute deviation, MAD):

$$\text{RMSE}(\pi_t^{trend} - \pi_t^*) = \sqrt{\sum_{t=1}^{T}(\pi_t^{trend} - \pi_t^*)^2 / T}$$

$$\text{MAD}(\pi_t^{trend} - \pi_t^*) = \sqrt{\sum_{t=1}^{T}|\pi_t^{trend} - \pi_t^*| / T}$$

很显然,如果核心通货膨胀能够追踪通货膨胀的趋势,则货币政策盯住核心通货膨胀要优于盯住标题通货膨胀。但是,关键的问题在于如何选取趋势性通货膨胀序列。如果已经有一个能够反映通货膨胀趋势的序列,则依据该序列制定货币政策即可,不再需要计算核心通货膨胀。如果没有能够反映通货膨胀趋势的序列,则如何构造或者选择能够反映通货膨胀趋势的序列又成为一个新的问题。

3. 预测标题通货膨胀

Bryan & Cecchetti(1993)、Lafleche(1997)、Clark(2001)、Cogley(2002)和 Smith(2004)等认为,货币政策存在滞后效应,因此,如果核心通货膨胀能够预测未来的标题通货膨胀,则货币政策盯住核心通货膨胀显然要优于盯住标题通货膨胀。然而,对于如何检验核心通货膨胀预测标题通货膨胀的能力,存在很多争议。Bryan & Cecchetti(1993)采用如下的回归方程直接检验核心通货膨胀对标题通货膨胀的预测能力:

$$\pi_t = \alpha_h + \beta_h \pi_{t-h}^* + u_t$$

Lafleche(1997)则在回归方程中加入核心通货膨胀的多期滞后项来检验核心通货膨胀对标题通货膨胀的预测能力:

$$\pi_t = \alpha_H + \sum_{h=1}^{H} \beta_h \pi_{t-h}^* + u_t$$

Clark(2001)和 Cogley(2002)认为,预测能力检验应该着重于考察标题通货膨胀对核心通货膨胀的偏离 $\pi_t - \pi_t^*$ 对未来标题通货膨胀变化的影响,检验方程如下:

$$\pi_{t+h} - \pi_t = \alpha_h + \beta_h(\pi_t - \pi_t^*) + u_{t+h} \qquad (1.25)$$

Clark(2001)和 Cogley(2002)认为,因为核心通货膨胀应该是对未来标题通货膨胀的理性预期,即 $\pi_t^* = E[\pi_{t+h} | I_t]$($I_t$ 为 t 期的信息集),所以应该有 $\alpha_h = 0$ 和 $\beta_h = -1$。作者认为,$\beta_h = -1$ 这个参数约束过于严格,尤其是在 h 未知的条件下;根据核心通货膨胀的定义,应该要求 $\beta_h < 0$,原因如下:如果 $\pi_t - \pi_t^*$ 很大,即暂时性或部门特有冲击导致了较大幅度的价格上升,则因为这种价格上升是暂时性的,所以预计未来的标题通货膨胀会回落。Smith(2004)在这个回归方程中加入了一些能够影响未来标题通货膨胀波动的控制变量 X_t:

$$\pi_{t+h} - \pi_t = \alpha_h + \beta_h(\pi_t - \pi_t^*) + \gamma_h X_t + u_{t+h}$$

除了上述这几篇文献之外,还有许多文献也非常强调核心通货膨胀预测标题通货膨胀的能力,比如 Song(2005)、Stavrev(2010)和 Tierney(2011)。然而,Marquesa et al.(2003)认为,不应该根据对标题通货膨胀的预测能力来评价核心通货膨胀。为了能够很好地预测未来的标题通货膨胀,核心通货膨胀必须能够描述标题通货膨胀中的短期波动。但是,度量核心通货膨胀正是要剔除标题通货膨胀中的暂时性波动,因此预测标题通货膨胀正是我们不希望核心通货膨胀具备的特征。Wynne(2008)认为,如果度量核心通货膨胀是为了预测标题通货膨胀,那么为什么不采用信息更多、效果更好的多元预测方法呢?Marquesa et al.(2003)建议用如下的因果关系检验代替预测能力检验。

4. 因果关系检验

因果关系要求核心通货膨胀是标题通货膨胀的格兰杰原因(Granger-cause),即在预测当前的标题通货膨胀时,过去的核心通货膨胀具有过去的标题通货膨胀不具备的有用信息。但是,反之则不成立,即标题通货膨胀不应该是核心通货膨胀的格兰杰原因。当标题通货膨胀和核心通货膨胀都是 1 阶单整序列时,可以采用 Marquesa et al. (2003)提出的如下检验方法:

(1)核心通货膨胀 π_t^* 是标题通货膨胀 π_t 的吸引子,即存在误差修正机制,如果 $\pi_t > \pi_t^*$ 则未来的 π_t 会下降,如果 $\pi_t < \pi_t^*$ 则未来的 π_t 会上升,从而标题通货膨胀 π_t 会收敛于核心通货膨胀 π_t^*。这要求在式(1.26)所示的计量经济方程中误差修正项的系数 γ 小于零:

$$\Delta\pi_t = \sum_{i=1}^{m} \alpha_i \Delta\pi_{t-i} + \sum_{i=1}^{n} \beta_i \Delta\pi_{t-i}^* + \gamma(\pi_{t-1} - \pi_{t-1}^*) + \varepsilon_t \qquad (1.26)$$

(2)核心通货膨胀 π_t^* 是弱外生性的,即标题通货膨胀 π_t 不是核心通货膨胀 π_t^* 的吸引子。更严格地,π_t^* 是强外生性的,即在 π_t^* 是弱外生性的条件下,π_t 的滞后差分项对核心通货膨胀 π_t^* 没有影响。这要求在式(1.27)所示的计量经济方程中误差修正项的系数 λ 以及 π_t 的滞后差分项的系数 $a_i(i=1, 2, \cdots, r)$ 等于零:

$$\Delta\pi_t^* = \sum_{i=1}^{r} a_i \Delta\pi_{t-i} + \sum_{i=1}^{s} b_i \Delta\pi_{t-i}^* + \lambda(\pi_{t-1} - \pi_{t-1}^*) + \eta_t \qquad (1.27)$$

如果标题通货膨胀和核心通货膨胀都是平稳序列,则用式(1.28)代替式(1.26),核心通货膨胀 π_t^* 是标题通货膨胀 π_t 的吸引子要求拒绝联合原假设 $\beta_{1j} \neq 0(j=1,2,\cdots,n)$;同时,用式(1.29)代替式(1.27),核心通货膨胀是外生的要求无法拒绝联合原假设 $\alpha_{2j} \neq 0(j=1,2,\cdots,r)$。

$$\pi_t = \alpha_{10} + \sum_{j=1}^{m} \alpha_{1j}\pi_{t-j} + \sum_{j=1}^{n} \beta_{1j}\pi_{t-j}^* + u_{1t} \qquad (1.28)$$

$$\pi_t^* = \alpha_{20} + \sum_{j=1}^{r} \alpha_{2j}\pi_{t-j} + \sum_{j=1}^{s} \beta_{2j}\pi_{t-j}^* + u_{2t} \qquad (1.29)$$

Freeman(1998)曾经提出了类似的检验方法,但是没有要求核心通货膨胀 π_t^* 是外生的。

三、检验结果

很多学者采用不同的检验方法和不同国家的数据对各种核心通货膨胀度量进行了统计检验,但是检验结果并不一致。

Bihan & Sedillot(2000)和 Bihan & Sedillot(2002)根据法国的 CPI 数据对采用基于波动性的计算方法、基于动态因子的计算方法和 SVAR 方法计算的五种核心通货膨胀度量进行了预测标题通货膨胀能力的检验,发现虽然在样本期内核心通货膨胀是标题通货膨胀的格兰杰原因,但是样本外的预测结果很不理想。相对而言,截尾平均法略胜一筹。

Marquesa et al. (2003)根据美国的 CPI 数据,对采用剔除能源和食品、截尾平均法与加权中位数法计算的核心通货膨胀度量进行了基本统计性质检验以及因果关系检验,发现采用截尾平均法和加权中位数法可以得到有效的核心通货膨胀度量,而剔除能源和食品不能得到有效的核心通货膨胀度量。Marquesa et al. (2002)采用 Marquesa et al. (2003)提出的方法对美国、德国、法国、意大利、西班牙和葡萄牙等六国采用剔除法计算的核心通货膨胀进行了有效性检验,同样发现采用剔除法无法得到有效的核心通货膨胀度量。

Dixon & Lim(2004)根据澳大利亚的 CPI 数据,对采用基于波动性的计算方法和基于动态因子的计算方法计算的五种核心通货膨胀进行了基本统计性质检验以及因果关系检验,发现只有基于动态因子方法计算的核心通货膨胀(采用卡尔曼滤波)能够通过这些检验。

Rich & Steindel (2007)根据美国的 CPI 和个人消费支出价格指数(Personal Consumption Expenditure,PCE)数据对采用剔除法、加权中位数法和指数平滑法计算的核心通货膨胀进行了追踪通货膨胀趋势的能力以及预测标题通货膨胀的能力两方面的比较,发现采用不同的标题通货膨胀、不同的样本区间和不同的评价标准会得到不同的结论,不能找到一种最好的核心通货膨胀度量。

Bermingham(2010)根据美国的 PCE 数据,对采用单变量滤波和平滑方法、基于波动性的计算方法、基于持续性的计算方法、基于动态因子的计算方法和 SVAR 方法计算的十种不同的核心通货膨胀进行了追踪通货膨胀趋势的能力以及预测标题通货膨胀的能力两方面的比较,发现很难发现更加有效的核心通货膨胀度量;而且,这些核心通货膨胀度量追踪通货膨胀趋势的能力和预测标题通货膨胀的能力居然无法超越简单的基准序列。

Down et al. (2010)根据美国的 CPI 数据,对采用基于波动性的计算方法、单变量平滑方法和小波方法计算的核心通货膨胀进行了基本统计性质检验以及追踪通货膨胀趋势能力与预测标题通货膨胀能力的比较,发现根据小波方法计算的核心通货膨胀表现得最好。

上述这些研究表明,不同的国家、不同的标题通货膨胀、不同的样本区间和不同的评价标准会得到不同的结论。至于无法得到一致检验结论的原因,Rich & Steindel (2007)认为,暂时性价格变化的特点和原因千变万化,一种特定的核心通货膨胀度量方法显然无法有效地剔除所有的暂时性价格波动。Silver(2007)认为,应该使用多个核心通货膨胀作为操作目标。如果不同的核心通货膨胀度量给出了类似的结果,则货币当局可以根据这些度量作出令人信服的决策。如果结论不一致,则需要根据这些核心通货膨胀构造方法的差异来分析通货膨胀过程。此外,适用于一个国家的核心通货膨胀评价标准,可能对另一个国家是不适用的;适用于一个国家的核心通货膨胀度量,也可能对另一个国家是不适用的。因此,核心通货膨胀的计算和评价要基于具体国家的数据。

第四节　核心通货膨胀在货币政策中的应用

在核心通货膨胀领域,一个备受关注的问题是,核心通货膨胀是否比标题通货膨胀更适合作为货币政策的通货膨胀目标。其实,作者归纳的三种核心通货膨胀定义已经回答了"为什么货币政策应该盯住核心通货膨胀"这一问题:因为货币政策要经过一个较长且不确定的时滞期才能发挥作用,所以货币政策仅应该对标题通货膨胀的持续性部分即持续性通货膨胀作出反应;因为货币政策是一种总量调节政策,不具备结构调节功能,所以货币政策仅应该对所有商品价格变化的共同趋势即普遍性通货膨胀作出反应;因为货币政策的目标是经济稳定即福利损失最小化,所以核心通货膨胀是当货币政策盯住该通货膨胀指标时外生冲击导致的福利损失最小化的通货膨胀度量方法。现有的研究也多从如上三个角度对为什么货币政策应该盯住核心通货膨胀进行定性分析,但是定量研究还很少。直到最近几年才有一些学者利用多部门新凯恩斯模型对核心通货膨胀领域的这个关键问题进行深入的定量分析。

Dhawan & Jeske(2007)在新凯恩斯模型中引入能源部门,并假设能源既进入家庭的最终消费又进入厂商的生产函数,研究货币政策应该如何应对能源价格冲击。冲击-响应分析表明,与盯住标题通货膨胀的货币政策相比,货币政策盯住剔除能源价格的核心通货膨胀能够减轻能源价格上升导致的产出下降和通货膨胀上升。因此,货币政策应该盯住核心通货膨胀。Mishkin(2007)利用美联储建立和维护的 FRB/US 模型,在联邦基金利率分别盯住 PCE 和核心 PCE(剔除食品和能源后的 PCE)这两种不同的货币政策情景下,模拟了石油价格上升对美国经济的影响,发现相对于盯住核心 PCE 的货币政策,盯住 PCE 会导致货币政策过度紧缩、联邦基金利率大幅上升从而失业率显著上升。Bodenstein et al.(2008)建立了一个包含能源部门并存在价格黏性和工资黏性的动态随机一般均衡模型,证明了代表性家庭的福利损失函数,发现完全灵活的能源价格波动不影响福利水平。Bodenstein et al.(2008)比较了盯住标题通货膨胀和盯住剔除能源价格的核心通货膨胀两种不同的前瞻性泰勒规则,发现当经济面临能源价格冲击时,采用第二种泰勒规则可以得到与完全承诺的最优货币政策非常相近的反应模式,而采用第一种泰勒规则会严重偏离最优货币政策并导致较大的福利损失。

以上三篇论文建立的都是包含能源部门和消费品部门的两部门模型,只能比较标题通货膨胀和剔除能源价格得到的核心通货膨胀。但是,还存在许多不同的核心通货膨胀度量方法,剔除法仅仅是其中的一种。要在众多的核心通货膨胀度量和标题通货膨胀之间进行系统的比较,必须建立更加贴近现实的多部门新凯恩斯模型。Siviero & Veronese(2011)、Eusepi et al. (2011)和 Hou & Gong(2012)都建立了标准的多部门新凯恩斯模型,并采用福利标准对盯住标题通货膨胀和各种核心通货膨胀的货币政策进行了比较,发现采用基于福利损失定义的核心通货膨胀度量能够显著减少名义摩擦导致的扭曲。Siviero & Veronese(2011)和 Hou & Gong(2012)还发现,盯住基于福利损失定义的核心通货膨胀度量能够提高货币政策的短期非中性程度。

现有的研究都表明,货币政策更应该盯住核心通货膨胀,这为核心通货膨胀在货币政策决策过程中的使用提供了强大的理论支持。实际上,自 20 世纪 90 年代通货膨胀目标制出现以来,世界各国的中央银行越来越重视核心通货膨胀。美联储前主席伯南克在《通货膨胀目标制:国际经验》一书中指出,因为核心通货膨胀度量的是标题通货膨胀的潜在趋势而不是暂时性波动,所以核心通货膨胀更适合作为货币政策的通货膨胀目标;而且,使用核心通货膨胀有助于中央银行向公众解释并不是所有冲击导致的价格上涨都会导致持久的通货膨胀。美联储特别关注核心 PCE。自 2004 年 7 月起,美联储开始在每半年向国会提交一次的货币政策报告(Monetary Policy Report)中提出公开市场委员会(FOMC)对核心 PCE 的预测。欧洲中央银行虽然没有明确将核心通货膨胀作为其货币政策的通货膨胀指标,但是其货币政策的目标是消费者价格调和指数(harmonized index of consumer price,HICP)年度增长率低于 2%,即中长期的价格稳定,这与在度量核心通货膨胀时要消除短期内的暂时性价格波动是不谋而合的。而且,欧洲中央银行还在其月度公告(monthly bulletin)中例行公布各种核心通货膨胀指标。新西兰在 1990 年就开始实行通货膨胀目标制,是世界上最早采用这种货币政策策略的国家,其通货膨胀目标是在中期 CPI 年度增长率为 1%—3%,但是新西兰储备银行与政府签订的《政策目标协议》(Policy Targets Agreement,PTA)指出,因为包含各种暂时性波动,所以实际的 CPI 会围绕中期通货膨胀趋势波动。1999 年的 PTA 更是明确指出,价格的潜在趋势即核心通货膨胀才是货币政策的合适目标。加拿大银行于 1991 年开始实行通货膨胀目标制。虽然与新西兰一样,其通货膨胀目标是用标题通货膨胀描述的,但是加拿大银行认为核心通货膨胀能够为货币政策的制定提供有用的指导。表 1.1 给出了世界各国官方采用的核心通货膨胀度量。很显然,简单易懂的剔除法依然是最常用的核心通货膨胀度量方法。但是,正如 Rich & Steindel (2007)指出的那样,没有任何证据表明剔除法是一种好的核心通货膨胀度量。

表 1.1　世界各国官方采用的核心通货膨胀度量

国家	官方核心通货膨胀指标	在央行内部使用的其他核心通货膨胀指标
加拿大	在 CPI 中剔除食品、能源和间接税	在 CPI 中剔除 8 个价格波动最剧烈的项目(16%);加权中位数法;截尾平均法(15%)
泰国	在 CPI 中剔除生鲜食品和能源(23%)	截尾平均法(10%)
澳大利亚	财政部基准 CPI	加权中位数法;截尾平均法
新西兰	在 CPI 中剔除利息支出	
新加坡	在 CPI 中剔除私人交通费用和住宿费用	在 CPI 中剔除 30% 价格波动剧烈的项目;加权中位数法;截尾平均法(15%);SVAR
日本	在 CPI 中剔除生鲜食品	
秘鲁	在 CPI 中剔除 9 个价格波动最剧烈的项目(21.2%)	
美国	在 CPI 中剔除食品和能源	
英国	在 RPI 中剔除抵押贷款利息支出	加权中位数法;截尾平均法(15%)
智利	在 CPI 中剔除价格下跌最大的 20% 的项目和价格上涨最大的 8% 的项目	
哥伦比亚	在 CPI 中剔除农产品、公共服务和交通费	
德国	在 CPI 中剔除间接税	
西班牙	在 CPI 中剔除能源和未经加工的食品	
荷兰	在 ULI 中剔除水果、蔬菜和能源	
爱尔兰	在 CPI 中剔除抵押贷款支出、食品和能源	
葡萄牙	在 CPI 中剔除能源和未经加工的食品	

资料来源:Primer on core inflation,http://www.nscb.gov.ph/stats/cpi/primer/default.asp。

第五节　小　　结

本章归纳了三种不同的核心通货膨胀定义——基于持续性通货膨胀的定义、基于普遍性通货膨胀的定义和基于福利损失的定义。其中,根据持续性通货膨胀定义和普遍性通货膨胀定义度量核心通货膨胀需要借助于统计方法剔除由暂时性或者部门特有冲击导致的价格变化,可以归结为一类,即基于统计模型的核心通货膨胀度量。估计此类核心通货膨胀度量需要区分由持续性和普遍性冲击导致的价格变化以及由暂时性与部门特有冲击导致的价格变化,需要识别哪些冲击是持续性和普遍性的、哪些冲击是暂时性和部门特有的以及这些不同种类的冲击对各种商品的价格变化造成了什么影响。很显然,式(1.1)和式(1.2)所示的分解方法还过于简略。侯成琪等(2011)在这方面进行了有益的尝试。他们通过多部门新凯恩斯菲利普斯曲线对各部门商品的价格变化进行了深入分析,在此基础上提出了商品价格变化的分解公式。作者认为,多部门货币理论的发展和完善将有助于更加深入地剖析总量因素与部门因素对各部门通货膨胀的影响,为有效地度量核心通货膨胀提供了更好的理论基础。此外,如果能够综合持续性通货膨胀和普遍性通货膨胀这两种定义,在度量核心通货膨胀时既剔除暂时性冲击导致的价格变化,又剔除部门特有冲击导致的价格变化,将能够提高此类核心通货膨胀度量的有效程度。另一类基于福利损失的核心通货膨胀定义认为,货币当局反对通货膨胀的原因是通货膨胀会带来福利损失,因此核心通货膨胀是当货币政策盯住该通货膨胀指标时外生冲击导致的福利损失最小化的通货膨胀度量方法。Siviero & Veronese(2011)、Eusepi et al. (2011)和 Hou & Gong(2012)等在这方面进行了有益的尝试。他们构建了存在多个异质性生产部门的新凯恩斯模型,借助于福利分析求出了各部门通货膨胀在核心通货膨胀中的权重,然后通过对各部门通货膨胀的加权平均计算核心通货膨胀。他们发现,各部门通货膨胀在核心通货膨胀中的权重主要取决于各部门商品的价格黏性水平,价格黏性越大则该部门通货膨胀在核心通货膨胀中的权重越大。然而,除了价格黏性水平之外,还有哪些部门异质性因素造成了部门之间的差异以及这些因素如何影响福利损失,还需要更加深入地研究。

这两类不同的定义衍生出两类不同的核心通货膨胀度量方法。基于持续性通货膨胀和普遍性通货膨胀定义的核心通货膨胀度量都建立在统计模型的基础上。其中,基于动态因子的计算方法能够更加充分地利用横截面和时间序列两个维度的信息,从而更具优越性。而且,在估计核心通货膨胀的状态空间模型中,观测方程可以随着商品价格分解公式的改进而扩展,适应性很强。当然,采用计量经济方法估计核心通货膨胀面临一个问题:新的样本数据的加入会改变历史上的估计值。只有当历史估计值的改变可以忽略不计时,才可以放心地采用计量经济方法估计核心通货膨胀,因此结构断点的甄别和样本周期的选取至关重要。基于福利损失定义的核心通货膨胀度量是根据代表性家庭的福利损失最小化直接求解出来的,所以这类核心通货膨胀度量的构造直接取决于货币理论模型的构建。只有当一个货币理论模型能够很好地拟合现实经济时,根据该模型构造的核心通货膨胀才是有效的。

　　评价这两类不同的核心通货膨胀度量需要不同的标准。基于统计模型估计的核心通货膨胀更多地采用统计标准来评价。虽然评价标准很多，但是作者认为，核心通货膨胀应该满足具有比标题通货膨胀更小的波动性、标题通货膨胀和核心通货膨胀之间的差异是一个平稳序列等基本统计性质，以及核心通货膨胀是标题通货膨胀的格兰杰原因而标题通货膨胀不是核心通货膨胀的格兰杰原因这种因果关系。特别是满足"标题通货膨胀和核心通货膨胀之间的差异是一个平稳序列"这个性质，使得盯住核心通货膨胀不仅有助于制定更加有效的货币政策，而且可以兼顾稳定居民生活成本的目标。从构造原理来讲，对基于福利损失定义的核心通货膨胀度量没有统计性质的要求。Siviero & Veronese（2011）甚至认为，因为统计标准在这类核心通货膨胀度量的构造中不起任何作用，所以不应该要求这类核心通货膨胀度量满足这些统计性质。但是，作者认为，如果这类核心通货膨胀度量具备优良的统计性质，相当于兼具统计基础和理论基础，那么对于核心通货膨胀的推广和应用则大有裨益。

　　总之，在过去的十几年中，核心通货膨胀理论出现了显著的进展，在更加坚实的统计基础或理论基础上度量核心通货膨胀成为一种趋势。随着货币理论的发展和统计方法的改进，核心通货膨胀理论将更加完善。然而，世界各国官方依然采用剔除法、加权中位数法和截尾平均法等20世纪90年代的方法。虽然这可能是因为这些方法简单易懂，但是也表明理论研究和实践应用之间的巨大鸿沟。学界和官方的沟通与交流将有助于改善这种局面。

第二章｜核心通货膨胀：基于部门菲利普斯曲线的估计

基于普遍性通货膨胀定义的核心通货膨胀理论将所有商品价格变化的共同趋势定义为核心通货膨胀，认为在度量核心通货膨胀时应该剔除由部门特有冲击导致的某些商品特有的价格变化，即异质性相对价格变化。根据核心通货膨胀的普遍性通货膨胀定义，可以将各类商品的价格变化分解为：

$$\pi_{jt} = \pi_t^* + x_{jt} \quad (j = 1,2,\cdots,J) \tag{2.1}$$

其中，π_{jt} 表示第 j 种商品在第 t 期的价格变化；π_t^* 表示第 t 期所有商品价格的共同变化趋势，即核心通货膨胀；x_{jt} 表示第 j 种商品在第 t 期的异质性相对价格变化。很显然，基于动态因子的核心通货膨胀度量方法都建立在式(2.1)所示的价格变化分解公式之上。实际上，基于波动性的计算方法也采用了式(2.1)所示的价格变化分解公式。根据核心通货膨胀的普遍性通货膨胀定义，核心通货膨胀 π_t^* 与异质性相对价格变化 x_{jt} 不相关，因此 π_{jt} 的方差等于 π_t^* 的方差与 x_{jt} 的方差之和。因为核心通货膨胀 π_t^* 是所有 π_{jt} 共有的部分，所以异质性相对价格变化 x_{jt} 的方差越大（这表示异质性相对价格变化在商品价格变化中所占比重越大），则 π_{jt} 的方差越大，相应的在核心通货膨胀中的权重就越小。

然而，式(2.1)是一个完全经验性的分解公式，缺乏理论基础，这使得估计核心通货膨胀完全成为一个计量经济问题。而且，式(2.1)假设核心通货膨胀对所有商品的价格变化具有相同的影响，这是有悖于经济直觉的。假设当前经济仅面临一种外生冲击——扩张性的货币政策冲击，这会导致核心通货膨胀一定程度的上升。因为没有任何的部门特有冲击,所以不存在异质性相对价格变化。按照 Bils & Klenow(2004)和 Nakamura & Steinsson(2008)的估计,不同的商品具有不同程度的价格黏性。一种商品的价格黏性越小,则其价格的上升幅度越大,即该种商品的价格对核心通货膨胀的反应越快,反之亦然。因此,式(2.1)中核心通货膨胀的系数不应该等于 1,而是取决于某些部门特征,比如价格黏性。本章将经典的新凯恩斯模型推广到多部门情形,证明部门新凯恩斯菲利普斯曲线,进而根据部门新凯恩斯菲利普斯曲线和核心通货膨胀的普遍性通货膨胀定义提出比式(2.1)更合理的价格变化分解公式,在此基础上估计核心通货膨胀。

第一节　部门新凯恩斯菲利普斯曲线

新凯恩斯菲利普斯曲线是目前描述通货膨胀动态特征的主流方法。然而,现有的新凯恩斯菲利普斯曲线是在单部门新凯恩斯模型中推导出来的,只能描述总体经济的通货膨胀。要想得到计算核心通货膨胀所需的各类商品价格变化的分解公式,需要证明描述各类商品价格变化的部门新凯恩斯菲利普斯曲线。本节将新凯恩斯模型推广到多部门情形,证明多部门新凯恩斯菲利普斯曲线。

假设经济存在一个代表性家庭、一个完全竞争的最终商品生产商、J 个中间商品生产部门,而每个中间商品生产部门都由连续统$(0,1)$上的垄断竞争厂商组成。在每一期,代表性家庭理性选择消费水平、劳动供给和资本积累;第 j 个中间商品生产部门的所有垄断竞争厂商向代表性家庭租赁资本和雇用劳动来生产中间商品 j,然后以垄断竞争的价格出售给最终商品生产商$(j=1,2,\cdots,J)$;最终商品生产商以 J 种中间商品作为投入生产最终商品,并以完全竞争的价格出售给家庭。因为代表性家庭是价格的接受者,在证明新凯恩斯菲利普斯曲线时并不涉及家庭的决策,所以下面仅分析最终商品生产商和中间商品生产商的决策。

一、最终商品生产商

假设最终商品生产商以价格 P_{jt}^i 向第 j 个中间商品生产部门中的厂商 i 购买 Y_{jt}^i 单位的中间商品 j,首先采用如下技术生产复合中间商品:

$$Y_{jt} = \left(\int_0^1 (Y_{jt}^i)^{(\varepsilon_j-1)/\varepsilon_j} \mathrm{d}i \right)^{\varepsilon_j/(\varepsilon_j-1)} \tag{2.2}$$

然后采用如下技术生产最终商品：

$$Y_t = \prod_{j=1}^{J} (\xi_j)^{-\xi_j} (Y_{jt})^{\xi_j} \qquad (2.3)$$

其中，$\sum_{j=1}^{J} \xi_j = 1$。这种生产技术具有如下特点：第一，因为每一个中间商品生产部门都由连续统$(0,1)$上的垄断竞争厂商组成，所以根据 Dixit & Stiglitz(1977)，采用式(2.2)所示的常数替代弹性生产函数将同类但是可分的中间商品加总成为复合中间商品，其中，ε_j 为第 j 种中间商品的需求价格弹性；第二，根据 Bouakez et al.(2009)，采用式(2.3)所示的柯布-道格拉斯生产函数将不同种类的复合中间商品加总成为最终商品，其中，ξ_j 为第 j 种中间商品在总支出中所占的比重。

完全竞争的最终商品生产商在最终商品价格 P_t、复合中间商品价格 P_{jt} 和中间商品价格 P_{jt}^i 给定的条件下选择 Y_{jt} 以实现利润最大化。最终商品生产商的优化问题可以分为两个阶段。第一个阶段选择复合中间商品的产量 Y_{jt}，优化问题为：

$$\max_{\{Y_{jt}\}} P_t \prod_{j=1}^{J} (\xi_j)^{-\xi_j} (Y_{jt})^{\xi_j} - \sum_{j=1}^{J} P_{jt} Y_{jt} \qquad (2.4)$$

其最优解为：

$$Y_{jt} = \xi_j P_t Y_t / P_{jt} \qquad (2.5)$$

第二个阶段选择中间商品的采购量 Y_{jt}^i，优化问题为：

$$\max_{\{Y_{jt}^i\}} P_t \prod_{j=1}^{J} (\xi_j)^{-\xi_j} \left(\int_0^1 (Y_{jt}^i)^{(\varepsilon_j-1)/\varepsilon_j} \mathrm{d}i \right)^{\xi_j \varepsilon_j/(\varepsilon_j-1)} - \sum_{j=1}^{J} \int_0^1 P_{jt}^i Y_{jt}^i \mathrm{d}i \qquad (2.6)$$

其最优解为：

$$Y_{jt}^i = (P_{jt}^i / P_{jt})^{-\varepsilon_j} Y_{jt} \qquad (2.7)$$

将式(2.5)代入式(2.3)，得到最终商品的价格为：

$$P_t = \prod_{j=1}^{J} (P_{jt})^{\xi_j} \qquad (2.8)$$

如果将式(2.8)左右两边取自然对数，则得到 $p_t = \sum_{j=1}^{J} \xi_j p_{jt}$，这就是统计中常用的支出加权的价格指数。[①]

将式(2.7)代入式(2.2)，得到第 j 种复合中间商品的价格为：

$$P_{jt} = \left(\int_0^1 (P_{jt}^i)^{1-\varepsilon_j} \mathrm{d}i \right)^{1/(1-\varepsilon_j)} \qquad (2.9)$$

式(2.9)就是单部门新凯恩斯模型中的价格指数。

二、中间商品生产商

每个中间商品生产部门都由连续统(0,1)上的垄断竞争厂商组成,在每一期只有部分厂商可以重新定价。采用 Calvo(1983)提出的随机价格调整模型,假设在每一期第 j 个中间商品生产部门的厂商重新定价的概率为 $1 - \theta_j$,其中,θ_j 为价格黏性指数,θ_j 越大则价格黏性越大。因为第 j 个中间商品生产部门的所有厂商具有相同的生产技术,面临相同的需求函数,所以在重新定价时会选择相同的最优价格 P_{jt}^*,从而在第 t 期第 j 种中间商品的价格水平为:

$$P_{jt} = (\theta_j (P_{j,t-1})^{1-\varepsilon_j} + (1 - \theta_j)(P_{jt}^*)^{1-\varepsilon_j})^{1/(1-\varepsilon_j)} \qquad (2.10)$$

定义第 j 个中间商品生产部门的通货膨胀为 $\pi_{jt} = p_{jt} - p_{j,t-1}$,将式(2.10)在零通货膨胀稳态附近对数线性化后得到:

$$\pi_{jt} = (1 - \theta_j)(p_{jt}^* - p_{j,t-1}) \qquad (2.11)$$

假设第 j 个中间商品生产部门的成本函数为 $\psi_j(\cdot)$。因为中间商品生产部门的成本取决于各种投入品的价格、工资水平和资本租金等众多因素,所以采用一般价格水平,即式(2.8)所定义的最终商品的价格水平,折算中间商品生产部门的真实边际成本。从而,第 j 个中间商品生产部门的真实边际成本可以表示为 $\mathrm{MC}_{jt} \equiv \mathrm{d}\psi_j(Y_{jt}^i)/P_t \mathrm{d}Y_{jt}^i$。中间商品生产厂商通过求解如下的优化问题来重新定价:

$$\max_{P_{jt}^*} \sum_{k=0}^{\infty} (\theta_j)^k E_t \{ Q_{t+k}(P_{jt}^* Y_{j,t+k}^i - \mathrm{MC}_{j,t+k} P_{t+k} Y_{j,t+k}^i) \} \qquad (2.12)$$

$$\mathrm{s.t.} \quad Y_{j,t+k}^i = (P_{jt}^*/P_{j,t+k})^{-\varepsilon_j} Y_{j,t+k}$$

其中,$Q_{t+k} = \beta^k (C_{t+k}/C_t)^{-\sigma}(P_t/P_{t+k})$ 为名义支付的折现因子(假设厂商采用与代表性家庭相同的方式对名义支付进行折现),β 为代表性家庭的效用折现因子,C_t 为代表性家庭在第 t 期的消费,σ 为相对风险厌恶系数。一阶条件为:

$$\sum_{k=0}^{\infty} (\theta_j)^k E_t \left\{ Q_{t+k} Y_{j,t+k}^i \left(P_{jt}^* - \frac{\varepsilon_j}{\varepsilon_j - 1} \mathrm{MC}_{j,t+k} P_{t+k} \right) \right\} = 0 \qquad (2.13)$$

其中,$M_j \equiv \varepsilon_j/(\varepsilon_j - 1)$ 为第 j 个中间商品生产部门的价格加成。

将式(2.13)在零通货膨胀稳态附近对数线性化后得到:

$$p_{jt}^* - p_{j,t-1} = (1 - \beta\theta_j) \sum_{k=0}^{\infty} (\beta\theta_j)^k E_t \{ (mc_{j,t+k} - mc_j) + (p_{t+k} - p_{j,t-1}) \}$$

$$(2.14)$$

从而可以得到第 j 个中间商品生产部门的新凯恩斯菲利普斯曲线为：

$$\pi_{jt} = \beta E_t\{\pi_{j,t+1}\} + \lambda_j(mc_{jt} - mc_j) + \lambda_j(p_t - p_{jt}) \quad (2.15)$$

其中，$\lambda_j \equiv (1 - \beta\theta_j)(1 - \theta_j)/\theta_j$。根据式（2.15），在多部门新凯恩斯模型中得到的部门新凯恩斯菲利普斯曲线与单部门新凯恩斯菲利普斯曲线类似的地方在于，第 j 个中间商品生产部门的通货膨胀受本部门的通货膨胀预期 $E_t\{\pi_{j,t+1}\}$ 和本部门的真实边际成本相对于稳态真实边际成本的对数偏离（$mc_{jt} - mc_j$）的影响。与单部门新凯恩斯菲利普斯曲线不同的地方在于，第 j 个中间商品生产部门的通货膨胀还受总体价格水平与部门价格水平之间的差异（$p_t - p_{jt}$）的影响，即部门价格水平有向总体价格水平回归的趋势。为了简便，定义 $\widehat{mc}_{jt} \equiv (mc_{jt} - mc_j)$ 并简称为部门边际成本缺口，定义 $\hat{p}_{jt} \equiv (p_t - p_{jt})$ 并简称为部门价格缺口，则第 j 个中间商品生产部门的新凯恩斯菲利普斯曲线可以表示为：

$$\pi_{jt} = \beta E_t\{\pi_{j,t+1}\} + \lambda_j\widehat{mc}_{jt} + \lambda_j\hat{p}_{jt} \quad (2.16)$$

因为 $\partial\lambda_j/\partial\theta_j < 0$，所以第 j 种中间商品的价格越灵活，则部门边际成本缺口和部门价格缺口对第 j 个中间商品生产部门的通货膨胀影响越大。

根据式（2.8）可以得到支出加权的价格指数，总体通货膨胀等于各部门通货膨胀的加权和，即 $\pi_t = \sum_{j=1}^{J} \xi_j\pi_{jt}$。根据这个公式，将各部门的新凯恩斯菲利普斯曲线加总，就可以得到最终商品生产部门的新凯恩斯菲利普斯曲线，即总体经济的新凯恩斯菲利普斯曲线：

$$\pi_t = \beta \sum_{j=1}^{J} \xi_j E_t\{\pi_{j,t+1}\} + \sum_{j=1}^{J} \lambda_j\xi_j\widehat{mc}_{jt} + \sum_{j=1}^{J} \lambda_j\xi_j\hat{p}_{jt} \quad (2.17)$$

由式（2.17）可知：① 总体经济的通货膨胀取决于各部门的通货膨胀预期、各部门的边际成本缺口以及各部门的价格缺口这三类因素；② 各部门对总体通货膨胀影响的大小均受本部门商品在总支出中所占比重 ξ_j 的影响，比重 ξ_j 越大则该部门对总体通货膨胀的影响也就越大，这是符合经济常识的；③ 各部门的边际成本缺口和价格缺口这两个因素对总体通货膨胀影响的大小还受本部门商品价格的黏性指数 θ_j 的影响，θ_j 越小即价格调整越灵活，则这两个部门因素对总体通货膨胀的影响也就越大。需要注意的是，总体经济的通货膨胀 π_t 是与 CPI 通货膨胀率类似的一种通货膨胀度量，并不是我们要求的核心通货膨胀，因为在各部门商品的价格变化中既包括核心通货膨胀也包括异质性相对价格变化。

如果所有中间商品生产部门具有相同的价格黏性水平（即 $\theta_j \equiv \theta$），则在总体经济的新凯恩斯菲利普斯曲线中部门价格缺口 $\hat{p}_{jt}$ 将消失，即

$$\pi_t = \beta \sum_{j=1}^{J} \xi_j E_t\{\pi_{j,t+1}\} + \sum_{j=1}^{J} \lambda_j\xi_j\widehat{mc}_{jt} \quad (2.18)$$

这表明在总体经济的新凯恩斯菲利普斯曲线中出现部门价格缺口 $\hat{p}_{jt}$ 的原因是不同的部门具有不同的价格黏性水平。

如果所有中间商品生产部门是同质的,即具有相同的价格黏性水平、相同的通货膨胀预期、相同的边际成本缺口、在总支出中占有相同的比重,则多部门新凯恩斯菲利普斯曲线退化为单部门新凯恩斯菲利普斯曲线:

$$\pi_t = \beta E_t\{\pi_{t+1}\} + \lambda\ \widehat{mc}_t \qquad (2.19)$$

其中,$\lambda \equiv (1 - \beta\theta)(1 - \theta)/\theta$。

第二节　部门商品价格变化的分解

式(2.1)所示的价格变化分解公式将各部门商品的价格变化分为核心通货膨胀和异质性相对价格变化两部分。核心通货膨胀的普遍性通货膨胀定义认为,异质性相对价格变化是由该部门特有的因素导致的价格变化,而这些因素对其他部门商品的价格没有影响,比如,天气和季节对食品价格的影响,天气、季节以及 OPEC 对石油价格的影响等。在剔除了由本部门特有因素所导致的价格变化之后,剩余的价格变化就是核心通货膨胀。但是,这只是一种经验的价格分解方式,核心通货膨胀和异质性相对价格变化各自受哪些因素的影响、核心通货膨胀和异质性相对价格变化对本部门商品的价格变化各有什么影响等这些问题都没有解决。采用前文证明的多部门新凯恩斯菲利普斯曲线可以有效地解答这些问题。

根据式(2.16)所示的中间商品生产部门的新凯恩斯菲利普斯曲线,对各部门商品的价格变化有影响的因素包括三类:部门通货膨胀预期 $E_t\{\pi_{j,t+1}\}$、部门边际成本缺口 $\widehat{mc}_{jt}$ 以及部门价格缺口 $\hat{p}_{jt}$。根据核心通货膨胀的普遍性通货膨胀定义,作者将这些因素进一步分解。首先,将影响通货膨胀预期的因素分为两类:一类因素对所有部门的通货膨胀预期都有影响,将这些因素决定的通货膨胀预期记为 π_{t+1}^e;一类因素仅对某个部门的通货膨胀预期有影响,将这些因素决定的通货膨胀预期记为 $E_t\{\pi_{j,t+1}'\}$,从而 $E_t\{\pi_{j,t+1}\} = \pi_{t+1}^e + E_t\{\pi_{j,t+1}'\}$。其次,将影响真实边际成本的因素也分为两类:一类因素对所有部门的真实边际成本都有影响,将这些因素决定的边际成本缺口记为 $\widehat{mc}_t$;一类因素仅对某个部门的真实边际成本有影响,将这些因素决定的边际成本缺口记为 $\widehat{mc}_{jt}'$,从而 $\widehat{mc}_{jt} = \widehat{mc}_t + \widehat{mc}_{jt}'$。所以,第 j 个中间商品生产部门的新凯恩斯菲利普斯曲线可以进一步记为:

$$\pi_{jt} = \beta\pi_{t+1}^e + \lambda_j\ \widehat{mc}_t + \beta E_t\{\pi_{j,t+1}'\} + \lambda_j\ \widehat{mc}_{jt}' + \lambda_j\hat{p}_{jt} \qquad (2.20)$$

因此,第 j 种中间商品的价格变化可以分为两部分:由对所有部门的通货膨胀预期和边际成本缺口都有影响的因素所导致的价格变化,即前两项;由仅对本部门商品的价格变化有影响的因素所导致的价格变化,即后三项。

最终商品生产部门的新凯恩斯菲利普斯曲线可以进一步记为:

$$\pi_t = \beta\pi_{t+1}^e + \widehat{mc}_t \sum_{j=1}^{J} \lambda_j\xi_j + \beta\sum_{j=1}^{J} \xi_j E_t\{\pi_{j,t+1}'\} +$$

$$\sum_{j=1}^{J} \lambda_j\xi_j \widehat{mc}_{jt}' + \sum_{j=1}^{J} \lambda_j\xi_j \hat{p}_{jt} \qquad (2.21)$$

根据式(2.21),最终商品的价格变化可以分为两部分:由对所有部门的通货膨胀预期和边际成本缺口都有影响的因素所导致的价格变化,即前两项;由仅对某个部门商品的价格变化有影响的因素所导致的价格变化,即后三项。根据普遍性通货膨胀的定义,式(2.21)中的前两项就是核心通货膨胀。因此,核心通货膨胀定义为:

$$\pi_t^* = \beta\pi_{t+1}^e + \widehat{mc}_t \sum_{j=1}^{J} \lambda_j\xi_j \qquad (2.22)$$

因为 π_{t+1}^e 是所有部门共同具有的通货膨胀预期,所以可以将之视为对核心通货膨胀的预期,记为 $\pi_{t+1}^e = E_t\{\pi_{t+1}^*\}$。因此,

$$\pi_t^* = \beta E_t\{\pi_{t+1}^*\} + \widehat{mc}_t \sum_{j=1}^{J} \lambda_j\xi_j \qquad (2.23)$$

根据式(2.23)可以将 $\widehat{mc}_t$ 表示成 $E_t\{\pi_{t+1}^*\}$ 和 π_t^* 的函数:

$$\widehat{mc}_t = (\pi_t^* - \beta E_t\{\pi_{t+1}^*\}) \Big/ \sum_{j=1}^{J} \lambda_j\xi_j \qquad (2.24)$$

将 $\widehat{mc}_t$ 的这个表达式代入式(2.20)中,可以得到部门商品价格变化的分解公式:

$$\pi_{jt} = \beta\Big(1 - \lambda_j \Big/ \sum_{j=1}^{J} \lambda_j\xi_j\Big)E_t\{\pi_{t+1}^*\} + \Big(\lambda_j \Big/ \sum_{j=1}^{J} \lambda_j\xi_j\Big)\pi_t^* +$$

$$\beta E_t\{\pi_{j,t+1}'\} + \lambda_j \widehat{mc}_{jt}' + \lambda_j\hat{p}_{jt} \qquad (2.25)$$

因此,第 j 种商品的价格变化可以分为两部分:由核心通货膨胀及其预期所决定的价格变化,即前两项;由仅对本部门商品的价格变化有影响的因素所导致的价格变化,即后三项。

与式(2.1)所示的价格变化分解公式相比,作者提出的分解公式具有如下的优势:① 作者提出的分解公式并非经验公式,而是建立在厂商优化行为的基础上;② 核心通货膨胀对不同部门商品价格变化的影响是不同的;③ 核心通货膨胀的预期也会影响各部门商品的价格变化;④ 考虑了部门价格缺口对各部门商品价格变化的影响。

容易证明,式(2.1)所示的商品价格变化的分解公式只是式(2.25)所示的商品价格变化的分解公式的一个特例。如果各部门具有相同的价格黏性水平,即 $\theta_j \equiv \theta$,则 $\lambda_j \equiv \lambda$,从而式(2.25)可以简化为:

$$\pi_{jt} = \pi_t^* + \beta E_t\{\pi_{j,t+1}'\} + \lambda_j \widehat{mc}_{jt}' + \lambda_j \hat{p}_{jt}$$

即只有在各部门具有相同的价格黏性水平的条件下,核心通货膨胀对各部门商品的价格变化才具有相同的影响,而且系数等于1。

第三节　核心通货膨胀的估计方法

一、变量和数据

估计核心通货膨胀需要如下的变量:部门商品的价格变化 π_{jt}、部门价格缺口 $\hat{p}_{jt}$、核心通货膨胀的预期 $E_t\{\pi_{t+1}^*\}$、所有部门共同的边际成本缺口 $\widehat{mc}_t$。

1. 部门商品的价格变化

采取中国 CPI 中的分类方法,按照用途将商品划分为八大类:食品、烟酒及用品、衣着、家庭设备用品及维修服务、医疗保健及个人用品、交通和通信、娱乐教育文化用品及服务、居住。由于这种分类方法自 2001 年 1 月开始实施并且 CPI 统计是按月进行的,所以采用从 2001 年 1 月到 2010 年 2 月中国 CPI 指数及其八个分类价格指数的月度同比数据。之所以没有采用月度环比数据,是因为月度环比数据噪声太多,无法得到稳健的分析结果;而第 t 期的月度同比数据等于从第 t 期往前到第 $t-11$ 期的 12 个月度环比数据之和,消去了月度效应并使无规则波动平均化。[①] 因为估计核心通货膨胀需要的样本容量很大,所以没有采用季度数据。

2. 部门价格缺口

在计算部门价格缺口时,将 2000 年 12 月作为基期并将 2000 年 12 月总体价格水平和各部门的价格水平都设定为 100,根据 CPI 指数和各部门的价格指数推算出从 2001 年 1 月到 2010 年 2 月期间总体价格水平和各部门的价格水平,两者分别取自然对数后相减得到部门价格缺口的数据。与价格变化的月度同比数据相对应,用从第 t 期往前到第 $t-11$ 期的部门价格缺口之和表示第 t 期的部门价格缺口同比值。

---

① 同样由于 CPI 指数及其分类指数的月度环比数据噪声太多,Bryan & Cecchetti(1993)采用了月度同比数据,Cristadoro et al. (2005)在使用月度环比数据时进行了年化处理并同时使用了月度同比数据,Reis & Watson(2010)采用了年化的季度环比数据。

3. 核心通货膨胀的预期

处理通货膨胀预期的常用方法有两种：一种方法假设预期偏差与工具变量不相关，采用广义距估计（GMM）来估计预期通货膨胀的系数，比如 Galí & Gertler（1999）和 Galí et al.（2001，2005）等；一种方法则采用通货膨胀预测值的微观调查数据代表通货膨胀预期，比如陈彦斌（2008）、Zhang et al.（2008）和 Chen & Huo（2009）。因为核心通货膨胀本身就是要估计的不可观测变量，所以第一种方法无法解决核心通货膨胀预期的问题。同时，目前核心通货膨胀的计算本身就存在很多争议，更缺乏核心通货膨胀预测值的微观调查数据。因此，作者在估计时采用适应性预期，用过去若干期的核心通货膨胀形成下一期核心通货膨胀的预期。

4. 所有部门共同的边际成本缺口

在通货膨胀动态的经验研究中[①]，有两种常用的处理边际成本缺口的方法：一种是用产出缺口（$y_t - y_t^n$）表示边际成本缺口，其中，y_t 为真实 GDP，y_t^n 为自然产出水平；一种是用劳动收入在 GDP 中的份额表示边际成本缺口，实际应用中一般用非农部门的真实单位劳动成本表示。Galí & Gertler（1999）和 Galí et al.（2001）推荐使用真实单位劳动成本，Lindé（2005）、Rudda & Whelan（2005）和 Zhang et al.（2008）发现产出缺口对通货膨胀的影响是显著的，而陈彦斌（2008）发现这两个指标对中国的通货膨胀都具有显著的解释能力。

因为中国的 GDP 和劳动报酬只有季度数据，没有月度数据，所以采用工业增加值缺口表示边际成本缺口。2007 年之前国家统计局每月公布按现行价格计算的工业增加值，而 2007 年之后改为每月公布按不变价格计算的工业增加值同比增长率和累计同比增长率。作者以 2000 年 12 月的价格为基期，根据 2007 年之前的工业增加值和 2007 年之后的工业增加值同比增长率及累计同比增长率，折算出按 2000 年 12 月的不变价格计算的从 2001 年 1 月至 2010 年 2 月的工业增加值。与价格变化的月度同比数据相对应，用从第 t 期往前到第 $t-11$ 期的工业增加值之和表示第 t 期的工业增加值同比值。

根据 Bjørnland et al.（2008），计算产出缺口的方法可以分为单变量方法和多变量方法。单变量方法仅根据产出序列本身所包含的信息计算潜在产出水平，常用的包括 HP 滤波、带通滤波和单变量不可观测成分法（univariate unob-

---

[①] Galí & Gertler（1999）、Galí et al.（2001，2005）、Lindé（2005）、Rudda & Whelan（2005）和 Zhang et al.（2008）等对美国与欧元区的通货膨胀动态进行了经验分析；陈彦斌（2008）、范志勇（2008）和杨继生（2009）等对中国的通货膨胀动态进行了经验分析。

served component)。因为单变量不可观测成分法通常采用卡尔曼滤波来估计不可观测的潜在产出水平,所以单变量不可观测成分法也被称为单变量卡尔曼滤波。多变量方法则根据结构化的宏观经济模型来估计潜在产出水平,包括生产函数法(production function)和多变量不可观测成分法(multivariate unobserved component)。至于哪种方法更好,目前还没有统一的结论。由于中国缺乏足够的月度数据,所以在这里多变量方法并不可行。在单变量方法中,带通滤波将序列的波动分成低频波动、中频波动和高频波动,在计算时需要滤去若干期期初观测值和期末观测值。由于作者采用的月度数据周期并不长,采用带通滤波将进一步减小样本容量,所以分别采用 HP 滤波和卡尔曼滤波计算工业增加值的缺口,结果见图 2.1(GAPHP 表示 HP 滤波得到的工业增加值缺口,GAPKL 表示卡尔曼滤波得到的工业增加值缺口,CPI 表示中国消费价格指数的月度同比增长率)。由图 2.1 可知,用 HP 滤波得到的工业增加值缺口与 CPI 的走势更加一致,而且大于零的工业增加值缺口(比如 2005 年前后和 2008 年前后)都引发了高通货膨胀。这表明通过 HP 滤波得到的工业增加值缺口对通货膨胀的解释能够更强。而且,在下文估计核心通货膨胀的过程中,采用通过 HP 滤波计算的工业增加值缺口能够取得更好的估计结果。因此,采用 HP 滤波得到的工业增加值缺口表示边际成本缺口。

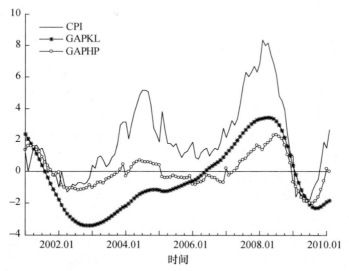

图 2.1　工业增加值缺口和 CPI

为了与理论模型相对应,以上数据均为取自然对数后的数据。因为月度同比数据已经自然地消除了月度效应,所以不再需要进行季节调整,仅对所有样本序列进行了去均值处理①。因为样本容量所限,所以作者在估计过程中没有进行结构性变化的统计检验。不过,作者采用的样本数据从 2001 年开始,而刘金全等(2006)和张成思(2008)的研究表明中国通货膨胀动态的结构性变化发生在 20 世纪 90 年代中期。

二、计量经济模型和估计方法

估计核心通货膨胀的计量经济模型由如下三组方程构成:

1. 描述核心通货膨胀的计量经济方程

采用适应性预期,根据过去 p 期的核心通货膨胀 $\pi_{t-1}^*, \pi_{t-2}^*, \cdots, \pi_{t-p}^*$ 来形成核心通货膨胀的预期 $E_t\{\pi_{t+1}^*\}$,从而描述核心通货膨胀的计量经济方程可以表示为:

$$\pi_t^* = \gamma_0 + \gamma_1 \pi_{t-1}^* + \gamma_2 \pi_{t-2}^* + \cdots + \gamma_p \pi_{t-p}^* + \gamma_{p+1} \widehat{mc}_t + u_t \qquad (2.26)$$

作者在估计过程中发现,根据 AIC 和 BIC 等信息标准,取 $p = 1$ 是最优的。

2. 描述部门异质性因素的计量经济方程

在实际的应用中,由于无法得到部门特有的通货膨胀预期 $E_t\{\pi_{j,t+1}'\}$ 和边际成本缺口 $\widehat{mc}_{jt}'$ 的数据,所以用 x_{jt} 表示部门异质性因素的影响并假设 x_{jt} 服从如下的 $AR(q)$ 过程:

$$x_{jt} = \beta_{j0} + \beta_{j1} x_{j,t-1} + \beta_{j2} x_{j,t-2} + \cdots + \beta_{jq} x_{j,t-q} + v_{jt} \qquad (j = 1, 2, \cdots, J)$$
$$(2.27)$$

3. 描述各部门商品价格变化的计量经济方程

在式(2.25)所示的描述各部门商品价格变化的方程中,如果采用适应性预期,即根据过去 p 期的核心通货膨胀 $\pi_{t-1}^*, \pi_{t-2}^*, \cdots, \pi_{t-p}^*$ 来形成核心通货膨胀的预期 $E_t\{\pi_{t+1}^*\}$(仍然取 $p = 1$),则本期的核心通货膨胀 π_t^* 和上一期的核心通货膨胀 π_{t-1}^* 存在显著的线性关系,从而导致本期的核心通货膨胀 π_t^* 和上一期的核心通货膨胀 π_{t-1}^* 都不显著;但是,如果删除上一期的核心通货膨胀 π_{t-1}^*,则本期的核心通货膨胀 π_t^* 非常显著。为了解决多重共线性问题,作者将描述部门商品价格变化的计量经济方程设定为:

$$\pi_{jt} = \alpha_{j0} + \alpha_{j1} \pi_t^* + \alpha_{j2} \hat{p}_{jt} + x_{jt} \qquad (j = 1, 2, \cdots, J) \qquad (2.28)$$

这个计量经济模型系统共包括 17 个方程:一个描述核心通货膨胀的方程、

---

① 去均值处理必须保证数据具有遍历性。这些变量的月度环比数据都是平稳序列,可以用 ARMA 模型描述,从而是遍历的。而第 t 期的月度同比数据等于从第 t 期往前到第 $t-11$ 期的 12 个月度环比数据之和,也是遍历的。

8 个描述部门异质性因素的方程和 8 个描述各部门商品价格变化的方程。在这 17 个方程中,共有 9 个不可观测变量:8 个 x_{jt} 和核心通货膨胀 π_t^*。常用于处理这类包含不可观测变量的计量经济方法是将这个计量经济模型系统表示为状态空间模型的形式,然后采用卡尔曼滤波来估计未知参数和不可观测的变量。[①] 在估计核心通货膨胀的计量经济模型的状态空间模型形式中,状态方程由 8 个描述 x_{jt} 的方程和 1 个描述核心通货膨胀的方程构成,观测方程由 8 个描述各部门商品价格变化的方程构成。

在状态空间模型的观测方程中,核心通货膨胀 π_t^* 及其系数 α_{j1} 都是需要估计的,这会造成不可识别问题。虽然在状态空间模型的状态方程中包含描述核心通货膨胀 π_t^* 的计量经济方程,但是最后的估计效果仍然很差。因此,卡尔曼滤波并不能直接处理作者提出的估计核心通货膨胀的计量经济模型。为了解决核心通货膨胀模型的估计问题,这里采用两阶段估计方法:第一阶段根据核心通货膨胀 π_t^* 的代理变量估计描述各部门商品价格变化的计量经济方程中核心通货膨胀 π_t^* 的系数 α_{j1},第二阶段根据 α_{j1} 的估计值估计状态空间模型中的核心通货膨胀 π_t^*。

在第一阶段估计核心通货膨胀 π_t^* 的系数 α_{j1} 时需要采用核心通货膨胀 π_t^* 的代理变量,而存在测量误差的代理变量会带来内生性问题,从而导致 α_{j1} 的估计值并非一致估计量。这里采用 Wooldridge(2001) 提出的多指示器方法(multiple indicator solution)和广义矩估计(GMM)来解决测量误差所导致的内生性问题。假设存在两个不同的核心通货膨胀 π_t^* 的代理变量,分别记为 $\pi_{(1)t}^*$ 和 $\pi_{(2)t}^*$。记 $\pi_{(1)t}^*$ 的测量误差为 a_{1t},则 $\pi_{(1)t}^* = \pi_t^* + a_{1t}$;记 $\pi_{(2)t}^*$ 的测量误差为 a_{2t},则 $\pi_{(2)t}^* = \pi_t^* + a_{2t}$。对于不同的代理变量,其测量误差的生成机制不同,因此可以假设两个代理变量的测量误差是不相关的,即 $\text{cov}(a_{1t}, a_{2t}) = 0$。将 $\pi_{(1)t}^* = \pi_t^* + a_{1t}$ 和 $\pi_{(2)t}^* = \pi_t^* + a_{2t}$ 分别代入部门商品价格变化的计量经济方程,得到:

$$\pi_{jt} = \alpha_0 + \alpha_{j1}\pi_{(1)t}^* + \alpha_{j2}\hat{p}_{jt} + (x_{jt} - \alpha_{j1}a_{1t}) \tag{2.29}$$

$$\pi_{jt} = \alpha_0 + \alpha_{j1}\pi_{(2)t}^* + \alpha_{j2}\hat{p}_{jt} + (x_{jt} - \alpha_{j1}a_{2t}) \tag{2.30}$$

采用多指示器方法和广义矩估计解决由测量误差带来的内生性的方法是,在方程(2.29)中采用 $\pi_{(1)t}^*$ 作为核心通货膨胀 π_t^* 的代理变量,并采用 $\pi_{(2)t}^*$ 作为 $\pi_{(1)t}^*$ 的工具变量来解决内生性问题,或者在方程(2.30)中采用 $\pi_{(2)t}^*$ 作为核心通货膨

---

① 作者提出的估计核心通货膨胀的计量经济模型除了描述各部门商品价格变化的计量经济方程之外,还包括描述核心通货膨胀和部门异质性因素的计量经济方程,而且描述各部门商品价格变化的计量经济方程除了核心通货膨胀这个动态因子之外还包括其他的解释变量。Cristadoro et al. (2005) 和 Reis & Watson(2010)采用的广义动态因子模型无法处理这类问题。

胀 π_t^* 的代理变量,并采用 $\pi_{(1)t}^*$ 作为 $\pi_{(2)t}^*$ 的工具变量来解决内生性问题,通过 GMM 得到 α_{j1} 的一致估计量 $\hat{\alpha}_{j1}(j=1,2,\cdots,J)$。

因此,两阶段估计方法的第一个阶段实际上包括三个步骤:首先估计 $\pi_{(1)t}^*$,然后估计 $\pi_{(2)t}^*$,最后估计 α_{j1}。从而,估计核心通货膨胀的计量经济模型实际上需要如下的四个步骤:

第一步,估计核心通货膨胀 π_t^* 的代理变量 $\pi_{(1)t}^*$。像 Bryan & Cecchetti (1993)、Cristadoro et al. (2005) 和 Reis & Watson(2010)那样,假设 $\alpha_{j1}=1(j=1,2,\cdots,J)$,则可以通过卡尔曼滤波得到核心通货膨胀 π_t^* 的估计值,将这个估计值记为 $\pi_{(1)t}^*$。[①] 由于 α_{j1} 实际上不等于1,所以 $\pi_{(1)t}^*$ 有测量误差。

第二步,估计核心通货膨胀 π_t^* 的代理变量 $\pi_{(2)t}^*$。采用如下的卡尔曼滤波迭代生成 $\pi_{(2)t}^*$:将 $\pi_{(1)t}^*$ 作为 π_t^* 的代理变量,估计状态空间模型中的 α_{j1};将 α_{j1} 的估计值代入状态空间模型,得到 π_t^* 的新的估计值,如此反复迭代。这种迭代虽然不能得到 π_t^* 的一致估计值,但是能够改进估计值的拟合优度。根据 AIC 和 BIC 选择这个迭代过程得到的最好估计量,记为 $\pi_{(2)t}^*$。

第三步,估计核心通货膨胀 π_t^* 的系数 α_{j1}。作为 π_t^* 的代理变量,$\pi_{(1)t}^*$ 和 $\pi_{(2)t}^*$ 的测量误差的生成机制是不同的。$\pi_{(1)t}^*$ 的测量误差来自不符合实际的假设 $\alpha_{j1}=1$,而 $\pi_{(2)t}^*$ 的测量误差来自采用了 α_{j1} 的非一致估计,因此可以假设两者的测量误差是不相关的,能够采用多指示器方法和 GMM 解决测量误差带来的内生性问题,从而得到 α_{j1} 的一致估计量 $\hat{\alpha}_{j1}$。因为计量经济方程(2.29)和(2.30)的随机误差项 x_{ji} 存在序列相关,所以采用异方差-序列相关稳健标准误。

第四步,估计核心通货膨胀 π_t^*。因为 $\hat{\alpha}_{j1}$ 是 α_{j1} 的一致估计量 $(j=1,2,\cdots,J)$,所以根据 Lütkepohl(2005),通过卡尔曼滤波可以得到核心通货膨胀 π_t^* 的一致估计量,记为 $\hat{\pi}_t^*$。

第四节　核心通货膨胀的估计及检验

一、第一阶段的估计结果

表 2.1 是计量经济方程(2.29)和(2.30)的估计结果。其中,第一组估计结果是方程(2.29)的估计结果,即以 $\pi_{(1)t}^*$ 作为 π_t^* 的代理变量并以 $\pi_{(2)t}^*$ 作为 $\pi_{(1)t}^*$

---

① 在估计过程中,作者在观测方程中加入了部门价格缺口,发现拟合效果得到明显改善,这表明部门价格缺口对本部门的商品价格变化有显著的影响。

的工具变量时得到的 GMM 估计;第二组估计结果是方程(2.30)的估计结果,即以 $\pi^*_{(2)t}$ 作为 π^*_t 的代理变量并以 $\pi^*_{(1)t}$ 作为 $\pi^*_{(2)t}$ 的工具变量时得到的 GMM 估计;第三组估计结果是以 $\pi^*_{(1)t}$ 作为 π^*_t 的代理变量时得到的 OLS 估计,估计过程中使用广义差分法修正误差项序列相关;第四组估计结果是以 $\pi^*_{(2)t}$ 作为 π^*_t 的代理变量时得到的 OLS 估计,估计过程中使用广义差分法修正误差项序列相关。在表 2.1 中,α_{j1} 一栏是 α_{j1} 的估计值及其显著性检验的 p 值;标准误一栏是 α_{j1} 的估计值的标准误;F 一栏是弱工具变量检验的统计量及其 p 值,原假设为弱工具变量;C 一栏是内生性检验的统计量及其 p 值,原假设为变量是外生的;ADF 一栏是对回归残差进行单位根检验的 ADF 统计量及其 p 值。

当没有内生性问题时,OLS 估计比 GMM 估计更有效,因此作者使用 Hayashi(2000)中的 C 统计量来检验使用代理变量是否带来了内生性问题,其原假设是代理变量是外生的。因为进行 C 检验的前提条件是存在有效的工具变量,所以作者在 GMM 估计的第一阶段回归中对所有工具变量进行了联合显著性检验,其统计量为 Stock & Yogo(2005)提出的广义 F 检验。Hall et al. (1996)的蒙特卡洛模拟表明,即使在 5% 或者 1% 的显著性水平上拒绝弱工具变量的原假设,有时仍然不能保证工具变量是有效的。Stock et al. (2002)认为 F 统计量大于 10 时拒绝原假设才是可靠的。根据表 2.1,除了食品部门商品价格变化的计量经济方程外,其他部门商品价格变化的计量经济方程都存在有效的工具变量。结合 C 检验的结果,作者认为:① 在烟酒及用品、家庭设备用品及维修服务、医疗保健及个人用品、交通和通信以及娱乐教育文化用品及服务这五个部门,以 $\pi^*_{(1)t}$ 作为 π^*_t 的代理变量没有带来显著的内生性问题,可以采用第三组的 OLS 估计;② 在衣着和住房这两个部门,以 $\pi^*_{(2)t}$ 作为 π^*_t 的代理变量没有带来显著的内生性问题,可以采用第四组的 OLS 估计;③ 在食品部门,第一组 GMM 估计和第二组 GMM 估计的 F 统计量均小于 10,这表明两组估计中的工具变量并非有效的工具变量,因此分别采用第三组 OLS 估计和第四组 OLS 估计进行第二阶段的估计,估计结果表明采用第三组 OLS 估计的效果更好。

因为相邻两个月的月度同比数据中包含相同的 11 个月的月度环比数据,所以 CPI 指数及其分类指数的月度同比数据具有很强的持续性,单位根检验表明都是 1 阶单整序列(结果略)。作者对上述四种估计得到的残差序列进行了不含常数项和线性趋势项的 ADF 检验,均显著拒绝具有单位根的原假设,这表明上述估计不存在伪回归问题。①

---

① 作者对第二阶段估计得到的残差序列也进行了 ADF 检验,均显著拒绝具有单位根的原假设。

表 2.1　计量经济方程（2.29）和（2.30）的估计结果

		食品	烟酒及用品	衣着	家庭设备用品及维修服务	医疗保健及个人用品	交通和通信	娱乐教育文化用品及服务	居住
1	α_{ji}	5.7525 (0.000)	1.0880 (0.001)	0.3832 (0.036)	1.6100 (0.000)	0.7022 (0.041)	0.6826 (0.000)	0.2910 (0.461)	5.0048 (0.128)
	标准误	1.5361	0.3158	0.1824	0.2553	0.3440	0.0965	0.3944	3.2900
	F	6.3000 (0.0136)	93.9859 (0.0000)	71.961 (0.0000)	108.822 (0.0000)	85.1083 (0.0000)	101.114 (0.0000)	40.1007 (0.0000)	4.7337 (0.0318)
	C	2.7036 (0.1001)	2.5136 (0.1129)	2.88846 (0.0892)	1.3104 (0.2523)	0.9056 (0.3413)	1.9462 (0.1630)	2.5388 (0.1111)	1.5996 (0.2060)
	ADF	-4.0279 (0.0001)	-1.4531 (0.1359)	-2.8299 (0.0050)	-2.2316 (0.0254)	-3.1306 (0.0020)	-3.7277 (0.0003)	-3.4051 (0.0008)	-1.9696 (0.0472)
2	α_{ji}	15.9391 (0.028)	1.1367 (0.001)	1.2820 (0.096)	3.4436 (0.000)	1.9889 (0.100)	1.7090 (0.008)	-2.9033 (0.326)	-0.7875 (0.729)
	标准误	7.2375	0.3415	0.7693	0.9742	1.2108	0.6436	2.9561	2.2716
	F	4.2165 (0.0425)	6.1409 (0.0148)	19.3402 (0.0000)	11.331 (0.0011)	5.8938 (0.0169)	20.4562 (0.0000)	4.0077 (0.0478)	26.1612 (0.0000)
	C	1.5246 (0.2169)	1.5326 (0.2157)	2.0281 (0.1544)	3.8094 (0.0510)	2.473 (0.1158)	2.7257 (0.0987)	1.8398 (0.1750)	1.9711 (0.1603)
	ADF	-4.5787 (0.0000)	-3.4477 (0.0007)	-2.5442 (0.0112)	-3.2255 (0.0015)	-3.1798 (0.0017)	-2.8313 (0.0050)	-4.2801 (0.0000)	-2.8144 (0.0052)

（续表）

		食品	烟酒及用品	衣着	家庭设备用品及维修服务	医疗保健及个人用品	交通和通信	娱乐教育文化用品及服务	居住
3	α_{j1}	2.9256 (0.0195)	1.1168 (0.0000)	0.8587 (0.0000)	1.4697 (0.0000)	1.2248 (0.0000)	1.0309 (0.0000)	-0.1923 (0.7220)	3.8375 (0.0000)
	标准误	1.2329	0.1156	0.1907	0.1463	0.2538	0.2317	0.5392	0.8758
	ADF	-4.6481 (0.0000)	-9.4055 (0.0000)	-8.2112 (0.0000)	-10.9576 (0.0000)	-10.7472 (0.0000)	-10.7988 (0.0000)	-12.0689 (0.0000)	-10.2293 (0.0000)
4	α_{j1}	5.2554 (0.0116)	1.2971 (0.0000)	0.7813 (0.0091)	1.5756 (0.0000)	1.0772 (0.0704)	1.2306 (0.0054)	0.0833 (0.9194)	4.9317 (0.0001)
	标准误	2.0461	0.1598	0.2938	0.2348	0.5891	0.4328	0.8219	1.2394
	ADF	-5.4142 (0.0000)	-9.5518 (0.0000)	-8.5054 (0.0000)	-3.9146 (0.0001)	-10.3177 (0.0000)	-11.3930 (0.0000)	-12.1072 (0.0000)	-10.1738 (0.0000)
CCPI	权重	0.93%	38.25%	10.38%	27.57%	7.57%	10.20%	0.00%	5.10%
CPI	权重	33.9%	4.7%	8.8%	7.0%	7.6%	9.9%	14.4%	13.8%

注：CPI 权重是作者的估算结果。国家统计局并没有正式公布我国 CPI 的权重。

二、第二阶段的估计结果

根据第一阶段得到的 α_{jt} 的估计量 $\hat{\alpha}_{jt}(j=1,2,\cdots,J)$，可以通过卡尔曼滤波估计状态空间模型中的核心通货膨胀，记为 CCPI，估计结果见图 2.2。CCPI 能够很好地拟合 CPI 的长期走势，但是 CCPI 的波动性远远小于 CPI 的波动性，起到了削峰去谷的作用。当然，这只是一个直观的判断。本节的第三部分将对 CCPI 是否是一个有效的核心通货膨胀度量进行严格的检验。

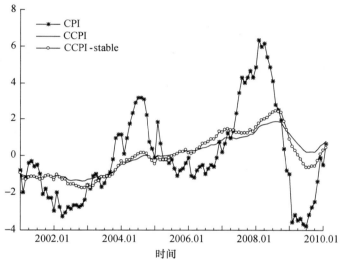

图 2.2　核心通货膨胀的估计值

虽然根据两阶段估计方法可以估计出中国的核心通货膨胀，但是这种估计方法的运算过程非常复杂。为了便于应用，作者根据求解卡尔曼滤波稳态的方法[①]，求出了在稳态中 CPI 的八个分类价格指数在核心通货膨胀中的权重（见表 2.1 的倒数第二行）。采用计算出来的稳态权重，作者根据从 2001 年 1 月到 2010 年 2 月中国 CPI 中八个分类价格指数的月度同比数据重新计算了核心通货膨胀（记为 CCPI-stable，见图 2.2）。依据图 2.2，根据稳态权重计算出来的 CCPI-stable 与根据两阶段估计方法估计出来的 CCPI 基本一致，这表明根据稳态权重计算核心通货膨胀的简化计算方法是足够有效的。

表 2.1 的最后一行给出了中国 CPI 中八个分类价格指数的权重。对比八个分类价格指数在 CPI 中的权重和在核心通货膨胀中的权重可以发现，食品、烟酒

---

①　求解卡尔曼滤波稳态的方法详见 Tsay（2005）。

及用品、家庭设备用品及维修服务以及娱乐教育文化用品及服务这四个分类价格指数的权重变化最大,其他四个分类价格指数的权重变化较小。其中,食品和娱乐教育文化用品及服务这两个分类价格指数在核心通货膨胀中的权重几乎减小为零,而烟酒及用品和家庭设备用品及维修服务这两个分类价格指数在核心通货膨胀中的权重与其在 CPI 中的权重相比增大了很多。图 2.3 至图 2.6 中对这四个分类价格指数、CPI 和 CCPI 的序列走势进行了对比。从各个分类价格指数、CPI 和 CCPI 的关系来看:

（1）食品价格指数在中国 CPI 中的权重高达 33.9%,而且食品价格指数波动很大,这导致食品价格指数带动 CPI。食品价格指数剧烈的波动性(最大时甚至为 CPI 的 3 倍)表明,食品价格指数包含的异质性相对价格变化太多,包含的核心通货膨胀的信息太少,因此在核心通货膨胀中的权重很小。这一结论与在度量核心通货膨胀时剔除食品价格的传统处理方法是一致的。

（2）娱乐教育文化用品及服务价格指数与 CPI 的走势完全背离,这表明该分类价格指数与其他的分类价格指数几乎没有共同的成分,即几乎没有包含任何核心通货膨胀的信息。与食品价格指数的波动性相比,该分类指数的波动性并不是很强,但是其在核心通货膨胀中的权重却比食品价格指数在核心通货膨胀中的权重还小,这表明在度量核心通货膨胀时仅考虑波动性是不够的。

（3）烟酒及用品和家庭设备用品及维修服务这两个分类价格指数与 CPI 的长期走势非常一致,而且波动性远远小于 CPI 的波动性。这与核心通货膨胀的

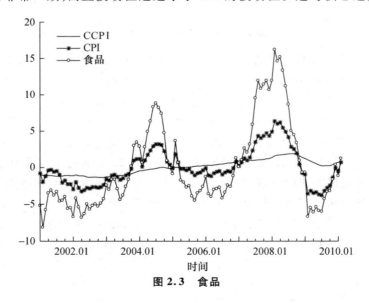

图 2.3　食品

的性质是非常一致的,这也表明这两类分类价格指数中包含更多的核心通货膨胀信息,因此这两类分类价格指数在核心通货膨胀中的权重很大。

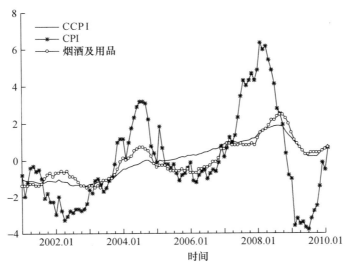

图 2.4　烟酒及用品

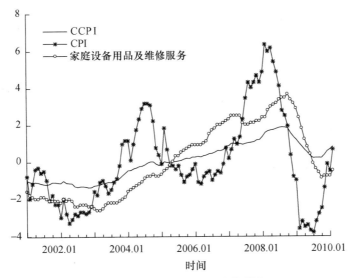

图 2.5　家庭设备用品及维修服务

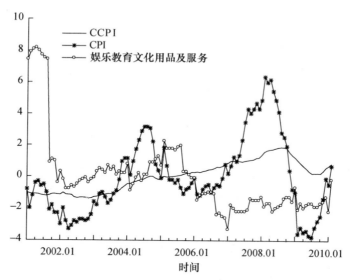

图 2.6　娱乐教育文化用品及服务

三、核心通货膨胀的有效性评价

本章将从如下三个角度对 CCPI 和 CCPI-stable 这两个核心 CPI 进行有效性检验（检验思路详见第四章）：

1．基本统计性质检验

从基本统计性质的角度来看，一个有效的核心通货膨胀度量应该具有比标题通货膨胀更小的波动性；而且，标题通货膨胀和核心通货膨胀之间的差异 $\pi_t - \pi_t^*$ 应该是一个平稳序列，不应该有任何的趋势。表 2.2 给出了 CPI、CCPI 和 CCPI-stable 的均值与标准差以及序列 $\pi_t - \pi_t^*$ 的 ADF 检验统计量。检验结果表明，CCPI 和 CCPI-stable 具有比 CPI 更小的标准差，而且与 CPI 之间的差异是一个平稳序列。

表 2.2　基本统计性质检验

	均值	标准差	ADF 检验
CPI	0.0000	0.0244	—
CCPI	0.0003	0.0098	0.0114 **
CCPI-stable	0.0000	0.0115	0.0126 **

注：** 表示在 5% 的显著性水平上拒绝原假设。

2. 核心通货膨胀是标题通货膨胀的吸引子

"核心通货膨胀是标题通货膨胀的吸引子"检验核心通货膨胀度量能否显著地剔除由暂时性和部门特有冲击导致的价格变化。一个有效的核心通货膨胀应该是标题通货膨胀的吸引子——如果标题通货膨胀高于核心通货膨胀,则未来的标题通货膨胀会回落;如果标题通货膨胀低于核心通货膨胀,则未来的标题通货膨胀会上升。因此,在式(2.31)所示的回归模型中,$\pi_t - \pi_t^*$ 的系数 α 应该小于零:

$$\pi_{t+h} - \pi_t = \alpha_0 + \alpha_1(\pi_{t+h-1} - \pi_{t-1}) + \cdots +$$
$$\alpha_p(\pi_{t+h-p} - \pi_{t-p}) + \alpha(\pi_t - \pi_t^*) + \varepsilon_{t+h} \qquad (2.31)$$

这里根据 AIC 和 BIC 等统计标准选择滞后阶数 p,并采用 Newey-West 自相关稳健性程序处理随机误差项的序列相关问题,检验结果见表 2.3。表 2.3 所示的估计结果表明,对于 CCPI 和 CCPI-stable,从 $h = 1$ 到 $h = 12$,在式(2.31)所示的回归模型中,$\pi_t - \pi_t^*$ 的系数 α 的估计值都小于零,而且都是统计显著的。这表明,CCPI 和 CCPI-stable 均能显著地剔除由暂时性及部门特有冲击导致的价格变化。

表 2.3　核心通货膨胀是标题通货膨胀的吸引子

h	CCPI	CCPI-stable
1	− 0.102318 ***	− 0.091513 **
2	− 0.095529 **	− 0.144820 ***
3	− 0.151572 ***	− 0.166564 ***
4	− 0.186203 ***	− 0.202450 ***
5	− 0.214699 ***	− 0.234293 ***
6	− 0.241130 ***	− 0.262240 ***
7	− 0.324147 ***	− 0.352816 ***
8	− 0.356096 ***	− 0.387810 ***
9	− 0.369605 ***	− 0.399018 ***
10	− 0.502980 ***	− 0.547448 ***
11	− 0.444623 ***	− 0.479211 ***
12	− 0.585490 ***	− 0.627160 ***

注:***、** 表示在1%和5%的显著性水平上拒绝原假设。

3. 标题通货膨胀不是核心通货膨胀的吸引子

"标题通货膨胀不是核心通货膨胀的吸引子"检验核心通货膨胀度量能否彻底地剔除由暂时性和部门特有冲击导致的价格变化。如果核心通货膨胀度量已经彻底剔除了由暂时性和部门特有冲击导致的价格变化,则这部分价格变化,即标题通货膨胀和核心通货膨胀之间的差异 $\pi_t - \pi_t^*$,不应该对未来的核心通货膨胀有任何的影响。因此,在式(2.32)所示的回归模型中,$\pi_t - \pi_t^*$ 的系数 β 应该等于 0:

$$
\begin{aligned}
\pi_{t+h}^* - \pi_t^* = \beta_0 &+ \beta_1(\pi_{t+h-1}^* - \pi_{t-1}^*) + \cdots + \\
&\beta_q(\pi_{t+h-q}^* - \pi_{t-q}^*) + \beta(\pi_t - \pi_t^*) + \eta_{t+h}
\end{aligned} \quad (2.32)
$$

这里根据 AIC 和 BIC 等统计标准选择滞后阶数 q,并采用 Newey-West 自相关稳健性程序处理随机误差项的序列相关问题,检验结果见表 2.4。表 2.4 所示的估计结果表明,CCPI 和 CCPI-stable 可以比较彻底地剔除由暂时性和部门特有冲击导致的价格变化。

表 2.4 标题通货膨胀不是核心通货膨胀的吸引子

h	CCPI	CCPI-stable
1	0.002660	0.003004
2	− 0.005849	0.001053
3	− 0.006220	0.002896
4	− 0.012381**	0.000569
5	− 0.014762**	− 0.013227
6	− 0.009941	− 0.020075*
7	− 0.011008*	− 0.019876*
8	− 0.017687***	− 0.020353
9	− 0.025726***	− 0.027160*
10	− 0.026807***	− 0.031875**
11	− 0.019541***	− 0.033751***
12	− 0.029773***	− 0.051079***

注:***、**、* 分别表示在 1%、5% 和 10% 的显著性水平上拒绝原假设。

第五节 小 结

基于普遍性通货膨胀定义的核心通货膨胀理论假设各种商品的价格变化可以表示为核心通货膨胀与异质性相对价格变化之和。然而,这个分解公式既缺乏理论基础又违背经济直觉。本章证明了多部门新凯恩斯菲利普斯曲线,在此基础上提出了商品价格变化的理论分解公式,发现核心通货膨胀对不同部门商品价格变化的影响是不同的,而且核心通货膨胀的预期和部门价格缺口也会影响各部门商品的价格变化。此外,作者还证明了,只有在各部门具有相同的价格黏性水平的条件下,核心通货膨胀对各部门商品的价格变化才具有相同的影响而且系数等于1,即式(2.1)所示的商品价格变化的分解公式只是式(2.25)所示的商品价格变化的分解公式的一个特例,仅在所有部门具有相同价格黏性的条件下成立。

以这个分解公式为理论基础,本章提出了估计核心通货膨胀的计量经济模型及其两阶段估计方法,估计出了中国的核心通货膨胀并给出了根据稳态权重估计核心通货膨胀的简便方法。有效性检验表明,根据两阶段估计方法得到的核心通货膨胀 CCPI 和根据稳态权重得到的核心通货膨胀 CCPI-stable 都是有效的核心通货膨胀度量。

第三章 | 住房价格应该纳入通货膨胀的统计范围吗

自福利分房制度于 1998 年基本消亡后,中国城镇居民主要通过市场购买的方式获取住房。在改善居住条件和城镇化等因素导致的消费需求以及流动性过剩及缺乏投资渠道等因素导致的投资需求的共同刺激下,近年来中国房地产市场空前繁荣,住房价格一路飙升,居民住房负担明显加重。然而,作为反映与居民生活有关的商品及服务价格水平的重要经济指标,CPI 无法真实反映住房价格变化对居民生活的影响。这引发了社会各界对住房价格是否应该纳入通货膨胀统计范围的广泛争论。

作者认为,研究住房价格是否应该纳入通货膨胀的统计范围,首先需要研究如何度量通货膨胀。关于如何度量通货膨胀,目前存在标题通货膨胀和核心通货膨胀两种不同的度量方法。以 CPI 为代表的标题通货膨胀度量生活成本的变化,而核心通货膨胀则为执行货币政策服务。因此,研究住房价格是否应该纳入通货膨胀的统计范围,需要分别从度量生活成本和执行货币政策两个角度,研究住房价格是否应该纳入标题通货膨胀的统计范围以及是否应该纳入核心通货膨胀的统计范围。从度量生活成本的角度看,由于住房支出是在家庭消费支出中占比最大的单类支出,所以居民必然要求将住房价格纳入 CPI 的统计范围。然而,由于住房兼有耐用消费品和投资品的特征,所以将住房价格纳入 CPI 的统计范围困难重重。本章将在第一节回顾为了能够在 CPI 中真实反映居民的自有住房成本,各国学者和统计部门所作的种种努力和探索,并分析各种处理方法的优缺点及目前的困境。从执行货币政策的角度看,如果住房价格对核心通货膨胀具有显著影响,则需要将住房价格纳入核心通货膨胀的统计范围。本章将在第二节采用侯成琪等(2011)提出的计量经济模型估计中国的核心通货膨胀并通过求解卡尔曼滤波稳态的方法分析住房价格对核心通货膨胀的影响,研究从执行货币政策的角度应该如何在度量通货膨胀时处理住房价格。

第一节　从度量生活成本的角度看住房价格与通货膨胀的关系

一、在 CPI 统计框架下处理住房价格的方法

是否应该将住房价格纳入 CPI 的统计范围,在全球都是一个富有争议的话题。目前世界上还没有哪个国家直接将住房价格纳入 CPI 的统计范围,其原因在于:① 住房既有消费品的特征,又有投资品的特征。根据当前的统计国际标准即联合国统计司向各个成员国推荐的 93SNA,住房被列入固定资本形成范畴(即投资范畴),因此目前中国及国外统计部门都没有直接把住房价格纳入 CPI。② 住房属于耐用消费品,住房的购买与消费在时间上是严重脱节的。购买住房的一次性支出非常大,而住房的使用年限很长,按月调查当月价格水平的 CPI 很难处理住房消费。③ 住房支出是家庭消费支出中最大的一类支出,按照 CPI 支出加权的方法,住房价格将在 CPI 中占据很大的比重,而住房兼有的投资品属性使其价格波动剧烈,这将导致 CPI 剧烈波动。

虽然住房价格没有被直接纳入 CPI 的统计范围,但是由于与住房相关的支出是每个家庭生活支出中的重要组成部分,所以从反映居民生活成本变化的角度来说,住房价格必须在度量通货膨胀时予以考虑。为了能够在 CPI 中反映住房价格,世界各国的统计部门采用了等价租金法(rental equivalence approach)、使用者成本法(user cost approach)、净购置法(acquisitions approach)和支出法(payments approach)等折中的方法。

(1)等价租金法用同等住房的市场租金来估算自有住房的成本,有效地度量了自有住房的消费价值。使用这一方法面临的主要问题是:当住房租赁市场较小,用于租赁的房屋的类型与自有住房的类型不同时,很难建立和维持一个具有代表性的租赁房屋样本来计算自有住房的成本;房屋租赁市场可能在一定程度上被政府控制,房屋租金并不是完全由市场决定,比如公房的租金可能低于市场上私房的租金。

(2)使用者成本法将期初购买住房的价格、当期使用住房的相关成本(维修

和维护费用、税收和保险支出等）与机会成本之和减去期末卖出住房的价格作为当期住房使用成本。这种方法同时考虑住房的消费品属性和投资品属性,但是依然存在一些问题:第一,机会成本很难测算;第二,受房价波动影响很大,如果住房价格上升则使用者成本可能是负的;第三,几乎没有家庭会在期初购买并在期末卖出住房。

（3）净购置法将居民部门购买新房的实际支出视为住房的费用,包括住房价格、相关税收和保险费用,但是不包括土地价格。考虑到住房兼有投资品和消费品的特征,这种方法用土地代表住房的投资品属性,因此在将土地价格剔除之后,其余的支出可以代表住房的消费性支出。该方法面临的问题是,土地价格不易估算,而且土地并不能完全代表住房的投资品属性。

（4）支出法将当期与住房相关的现金流出作为住房的费用,这些现金流出主要包括住房的维修和维护支出、税收和保险、住房抵押贷款利息支付和首付金额等。采用这种方法时,只关心居民为得到住房服务而发生的支付额,从而会出现住房尚未交付使用就开始统计住房支出的情况。而且,考虑抵押贷款的利息支付这个做法也受到质疑,因为其他消费信贷的利息支出并没有计入 CPI。

显然,这些方法在处理住房价格时都具有各自的优势和劣势。表 3.1 给出了 OECD 各成员国在 CPI 中处理自有住房的方法。根据表 3.1 可知,在上面提到的四种方法中,使用最多的是等价租金法。除了等价租金法之外,使用最多的方法是干脆在 CPI 中剔除自有住房。虽然作为家庭消费支出中占比最大的单类支出,自有住房的价格应该纳入 CPI 的统计范围,但是由于在 CPI 统计中处理自有住房的几种方法都存在缺陷,而这种缺陷导致的统计偏差会传导到 CPI 中,影响 CPI 的准确性和可靠性,所以还不如直接统计剔除自有住房的 CPI,这样至少能够得到除了自有住房之外其他消费支出的价格变化的较为准确的数据。

表 3.1　OECD 成员国在 CPI 中处理自有住房的方法

方法		国家
CPI 中不包括自有住房		比利时　法国　希腊　意大利　卢森堡　波兰　德国　葡萄牙　西班牙
CPI 中包括自有住房	等价租金法	美国　墨西哥　日本　韩国　捷克　丹麦　匈牙利　冰岛　荷兰　挪威　斯洛伐克　瑞士　土耳其
	使用者成本法	加拿大　芬兰　瑞典　英国
	净购置法	澳大利亚　新西兰
	支出法	爱尔兰

资料来源:OECD 网站。

至今为止,关于如何在 CPI 中处理自有住房,仍然是国民经济统计和通货膨胀度量领域中一个悬而未决的难题。国际知名的《住房经济学杂志》(*Journal of Housing Economics*)2009 年组织了一期专刊,系统地介绍了这个领域的最新进展。然而,正像这本专刊在序言中讲到的那样,关于这个难题的争论仍然很多,问题的解决还有待相关领域学者的进一步深入研究。

二、Alchian & Klein(1973)的方法

CPI 根据相对固定的一篮子商品的价格,通过支出比例加权来度量生活成本。这是目前世界各国普遍采用的生活成本度量方法。但是,由于住房兼有耐用消费品和投资品的特征,所以将住房价格纳入 CPI 的统计范围困难重重。那么,是否还有其他的度量生活成本的方法,可以在度量生活成本时妥善地处理住房价格呢? Alchian & Klein(1973)曾经提出了一种度量生活成本的方法,而采用这种方法来处理住房价格将非常容易。

Alchian & Klein(1973)首先提出,应该从维持某一特定福利水平或者效用水平所需的货币成本的角度来度量通货膨胀,这其实与 CPI 如出一辙。而关键的地方在于,Alchian & Klein(1973)追随费雪和萨缪尔森的思想,提出在计算该不变效用水平时不仅要考虑当期的消费,还要考虑未来的消费。因为从动态的角度来说,消费者追求的是终身效用最大化,所以需要考虑终身消费。然而,未来消费品的价格是未知的,而不同期限资产的当前价格可以作为不同期限未来消费的当前价格的代理变量,因此在度量生活成本时应该综合考虑当期消费品的价格和当期资产的价格,通过两者的加权平均就可以得到生活成本的度量指标,其中,两者的权重分别等于当前消费和未来消费在终身消费中的比重。由于住房具有资产属性,所以可以作为众多资产的一种纳入生活成本的度量中。

然而,Alchian & Klein(1973)的分析还存在诸多不足之处:

(1)费雪和萨缪尔森是在研究如何度量社会福利的时候提出要同时考虑当期消费和未来消费的。萨缪尔森举了这样一个例子:A 和 B 两个国家具有相同的收入水平,A 把当期收入全部用于当期消费,B 把部分当期收入用于投资,则随着时间的推移 B 将有更高的收入和更多的消费。在比较这两个国家的社会福利水平时,仅考虑当期消费会提供误导的信号,必须考虑所有时期的消费。然而,度量通货膨胀时考虑的不变效用水平或者生活标准,一般指当期消费所带来的当期效用满足,不需要考虑跨期消费和跨期效用。

(2)采用资产价格代表未来消费的价格在现实中存在诸多困难。首先,金融资产和非金融资产、流动性资产和非流动性资产等所有能够产生未来消费的资产都应该包括进来,但是很多资产的价格是观察不到的,比如个人所拥有的人力资产。其次,有很多原因会导致资产价格的变化,比如一般物价水平的上涨、

消费者和投资者的偏好变化、宏观经济的周期波动、部门之间技术进步水平的差异、资产市场的情绪和噪声等,而在度量通货膨胀时需要考虑的主要是一般物价水平的上涨。

(3)采用 Alchian & Klein(1973)的思想来度量通货膨胀,则代表未来消费价格的资产价格在价格指数中所占的比例将非常大。其原因在于,所有未来的消费都要贴现到当期。为了简单起见,假设消费水平不变,如果折现率是3%,则当期消费价格的权重是3%,资产价格的权重高达97%。由于现实经济中资产价格的波动非常剧烈,所以采用这种方法得到的通货膨胀率也将随着资产价格的剧烈波动而剧烈波动。

因此,采用 Alchian & Klein(1973)的方法,将住房价格作为一种资产价格在度量通货膨胀时予以考虑,不仅面临理论上的困境,而且面临实践上的难题,不具有可行性。

第二节 从执行货币政策的角度看住房价格与通货膨胀的关系

一、住房价格与核心通货膨胀

既然核心通货膨胀比 CPI 更适合作为货币政策的通货膨胀目标,那么从执行货币政策的角度看,研究住房价格与核心通货膨胀之间的关系更有意义。研究住房价格与核心通货膨胀之间的关系需要解决两个问题:首先是如何估计核心通货膨胀,其次是如何描述住房价格对核心通货膨胀的影响。

虽然核心通货膨胀的理念已经被中央银行和经济学家广泛接受,但是关于如何度量核心通货膨胀,还有很多争议,存在许多不同的核心通货膨胀度量方法。这些度量方法主要建立在持续性通货膨胀理论和普遍性通货膨胀理论之上。

弗里德曼将通货膨胀定义为一般价格水平的持续上升。因为货币政策要经过一个较长且不确定的时滞期才能发挥作用,所以货币政策不应该关注通货膨胀的暂时性部分,只应该关注其持续性部分即核心通货膨胀。记 π_t 为标题通货膨胀,π_t^* 为标题通货膨胀的持续性部分即核心通货膨胀,x_t 为标题通货膨胀的暂时性部分即暂时性通货膨胀,则按照核心通货膨胀的持续性通货膨胀定义,标题通货膨胀 π_t 可以分解为:

$$\pi_t = \pi_t^* + x_t \tag{3.1}$$

但是,根据式(3.1)计算的核心通货膨胀度量一般比较粗略,无法了解哪些因素决定暂时性通货膨胀 x_t，哪些因素决定核心通货膨胀 π_t^*。

奥肯和弗莱明将通货膨胀定义为商品价格的普遍性上涨。因为货币政策是一种总量调节政策，并不具备结构调节功能，所以一些部门特有冲击导致的价格变化，比如 OPEC 减产导致的石油价格上涨、自然灾害和天气原因导致的农产品价格上涨，不应该影响中央银行的货币政策。根据核心通货膨胀的普遍性通货膨胀定义，可以将各部门商品的价格变化分解为：

$$\pi_{jt} = \pi_t^* + x_{jt} \quad (j = 1, 2, \cdots, J) \tag{3.2}$$

其中，π_{jt} 表示第 j 个部门的商品在第 t 期的价格变化；π_t^* 表示第 t 期所有商品价格的共同变化趋势，即核心通货膨胀；x_{jt} 表示第 j 个部门的商品在第 t 期的异质性相对价格变化。目前常用的核心通货膨胀度量方法，比如剔除法、加权中位数法、截尾平均法和波动性加权法，都建立在式（3.2）的基础上。

侯成琪等（2011）认为，式（3.2）假设核心通货膨胀对所有商品的价格变化具有相同的影响，这是有悖于经济直觉的。至少从价格黏性的角度来说，不同类型商品的价格黏性程度是不同的，价格黏性越小，则商品价格对核心通货膨胀的反应就越快。该文证明了多部门新凯恩斯菲利普斯曲线，在此基础上将各部门商品的价格变化在核心通货膨胀和部门异质性相对价格变化之间进行合理分解，提出了能够有效估计核心通货膨胀的计量经济模型。将房地产行业作为一个特殊的生产部门加入到新凯恩斯模型中，不会改变各部门的新凯恩斯菲利普斯曲线和商品价格变化的分解公式。因此，本章采用侯成琪等（2011）提出的计量经济模型估计中国的核心通货膨胀，在此基础上通过求解卡尔曼滤波稳态分析住房价格对核心通货膨胀的影响。

估计核心通货膨胀的计量经济模型包括如下三组方程：

1. 描述各部门商品价格变化的计量经济方程

描述各部门商品价格变化的计量经济方程为：

$$\pi_{jt} = \alpha_{j0} + \alpha_{j1}\pi_t^* + \alpha_{j2}\hat{p}_{jt} + x_{jt} (j = 1, 2, \cdots, J) \tag{3.3}$$

其中，π_{jt} 表示第 j 个部门商品的价格变化，π_t^* 表示核心通货膨胀，$\hat{p}_{jt}$ 表示总体价格水平和部门价格水平的对数之差（简称为部门价格缺口），x_{jt} 表示仅对第 j 个部门商品的价格变化有影响的部门特有因素。

2. 描述核心通货膨胀的计量经济方程

描述核心通货膨胀的计量经济方程为：

$$\pi_t^* = \gamma_0 + \gamma_1\pi_{t-1}^* + \gamma_2\pi_{t-2}^* + \cdots + \gamma_p\pi_{t-p}^* + \gamma_{p+1}\widehat{mc}_t + u_t \tag{3.4}$$

其中，$\widehat{mc}_t$ 表示所有部门共同的边际成本缺口，u_t 表示随机误差项，滞后阶数 p 通过 AIC 和 BIC 等信息标准来选取。

3. 描述部门特有因素的计量经济方程

在实际应用中,由于缺乏足够的部门数据,所以部门特有因素 x_{jt} 实际上是观察不到的。作者采用如下的 AR(q) 模型描述部门特有因素 x_{jt} 的动态:

$$x_{jt} = \beta_{j0} + \beta_{j1}x_{j,t-1} + \beta_{j2}x_{j,t-2} + \cdots + \beta_{jq}x_{j,t-q} + v_{jt} \quad (j = 1,2,\cdots,J) \quad (3.5)$$

滞后阶数 q 通过 AIC 和 BIC 等信息标准来选取。

这三组方程构成了一个状态空间模型,其中,观测方程为描述各部门商品价格变化的计量经济方程,传递方程为描述核心通货膨胀和部门特有因素的计量经济方程,核心通货膨胀和部门特有因素是不可观测的状态变量。估计这个计量经济模型的难点在于,在式(3.3)所示的观测方程中,核心通货膨胀 π_t^* 及其系数 α_{j1} 都需要估计,这会造成不可识别问题。针对这一问题,侯成琪等(2011)提出了一个二阶段估计方法:第一阶段首先生成两个核心通货膨胀的代理变量,然后利用代理变量估计式(3.3)中的系数 α_{j1},估计过程中采用多指示器方法(multiple indicator solution)和广义矩估计(GMM)来解决测量误差所导致的内生性问题;第二阶段利用第一阶段得到的系数 α_{j1} 的一致估计量,通过卡尔曼滤波估计核心通货膨胀 π_t^*。为了分析住房价格对核心通货膨胀的影响,作者将利用第二阶段的估计结果求解卡尔曼滤波稳态,估计在稳态中住房价格对核心通货膨胀的影响。

二、变量和数据

估计核心通货膨胀的计量经济模型需要如下变量:部门商品的价格变化 π_{jt}、部门价格缺口 $\hat{p}_{jt}$、所有部门共同的边际成本缺口 $\widehat{mc}_t$。

1. 部门商品的价格变化

采取中国 CPI 的分类方法,按照用途将经济划分为八大部门:食品、烟酒及用品、衣着、家庭设备用品及维修服务、医疗保健及个人用品、交通和通信、娱乐教育文化用品及服务、居住,通过对这八大分类价格指数进行对数差分计算部门商品的价格变化。由于这种分类方法自 2001 年开始实施,而估计核心通货膨胀的状态空间模型对样本容量的要求较高,所以这里采用月度同比数据。之所以没有采用月度环比数据,是因为月度环比数据噪声太多,无法得到稳健的分析结果。鉴于统计口径的调整会影响 2001 年同比数据的可比性,所以样本期从 2002 年 1 月开始。

为了研究住房价格对核心通货膨胀的影响,需要一种房价指数。70 个大中城市房屋销售价格指数是目前国内广泛采用的房价指数,1998 年起按季度公布 35 个大中城市的房屋销售价格,2005 年 7 月起将调查范围扩大到 70 个大中城市并按月公布。作者通过插值的方法将 2002 年第一季度到 2005 年第二季度的 70 个大中城市房屋销售价格季度同比指数转化成月度同比指数。因为同比数据的趋势性很强,所以插值方法是可行的。因为从 2011 年起国家统计局停止发布 70 个大中城市房屋销售价格指数,所以样本期从 2002 年 1 月至 2010 年 12 月。

　　中国 CPI 的居住类包括四个子类:一是建房及装修材料,包括木材、木地板、砖、水泥、涂料等 10 个商品集群;二是房租,包括公房房租、私房房租、其他费用三项;三是自有住房,包括房屋贷款利率、物业管理费用、维护修理费用等;四是水、电、燃料,其中包括水费、电费、液化石油气、管道燃气、其他燃料等五项。但是,因为国家统计局并没有公布各子类的价格指数,所以无法分离出自有住房价格指数并用 70 个大中城市房屋销售价格指数取而代之。因此,作者将住房单独作为一个部门,代替 CPI 分类中的居住类,并用 70 个大中城市房屋销售价格指数作为房地产部门的商品价格指数。

　　因此,作者在估计核心通货膨胀时将整个经济分为八个部门:食品、烟酒及用品、衣着、家庭设备用品及维修服务、医疗保健及个人用品、交通和通信、娱乐教育文化用品及服务、居住。图 3.1 是 CPI 通货膨胀率与住房价格通货膨胀率的走势图。由图 3.1 可知,中国的 CPI 和 70 个大中城市房屋销售价格指数的变化趋势基本一致,只是房价指数的同比增长更加迅猛。

图 3.1　CPI 通货膨胀率与住房价格通货膨胀率

2. 部门价格缺口

在计算部门价格缺口 $\hat{p}_{jt}$ 时,作者将 2001 年 12 月作为基期并将 2001 年 12 月总体价格水平及各部门的价格水平都设定为 100,根据 CPI 指数和各部门的价格指数推算出从 2002 年 1 月到 2010 年 12 月期间总体价格水平和各部门的价格水平,两者分别取自然对数后相减得到部门价格缺口的数据。与价格变化的月度同比数据相对应,用从第 t 期往前到第 $t-11$ 期的部门价格缺口之和表示第 t 期的部门价格缺口同比值。

3. 所有部门共同的边际成本缺口

在通货膨胀动态的经验研究中,有两种常用的处理边际成本缺口 $\widehat{mc}_t$ 的方法:一种是用产出缺口表示边际成本缺口,另一种是用劳动收入在 GDP 中的份额表示边际成本缺口。因为中国的 GDP 和劳动报酬只有季度数据,没有月度数据,所以这里用工业增加值的缺口表示所有部门共同的边际成本缺口 $\widehat{mc}_t$。与价格变化的月度同比数据相对应,用从第 t 期往前到第 $t-11$ 期的工业增加值之和表示第 t 期的工业增加值同比值,通过 HP 滤波计算工业增加值的缺口。

因为月度同比数据已经自然地消除了月度效应,所以不再需要进行季节调整。因为样本容量所限,作者在估计过程中没有进行结构性变化的统计检验。不过,作者采用的样本数据从 2002 年开始,而刘金全、金春雨和郑挺国(2006)以及张成思(2008)等研究表明,中国通货膨胀动态的结构性变化发生在 20 世纪 90 年代中期。

三、估计结果

1. 第一阶段和第二阶段的估计结果

因为采用多指示器方法需要两个代理变量,所以会得到 $\alpha_{j1}(j=1,2,\cdots,8)$ 的两组不同的估计值。表 3.2 给出了其中一组估计值,采用这组估计值可以在第二阶段更好地估计核心通货膨胀。在表 3.2 中,α_{j1} 一栏是 α_{j1} 的估计值及其显著性检验的 p 值;标准误一栏是 α_{j1} 估计值的标准误;F 一栏是弱工具变量广义 F 检验及其 p 值,原假设为弱工具变量;Shea 一栏使用 Shea's partial R-squared 进行弱工具变量检验;ADF 一栏是对回归残差的 ADF 检验。

根据表 3.2,弱工具变量检验的 F 统计量远远大于 10,而且 partial R-squared 也很高,这表明这里的 GMM 估计不存在弱工具变量问题。因为相邻两个月的月度同比数据中包含相同的 11 个月的月度环比数据,所以月度同比数据具有很强的持续性,单位根检验表明都是 1 阶单整序列(结果略)。作者对第一阶段估计的残差序列进行了不含常数项和线性趋势项的 ADF 检验,结果均显著拒绝具有单位根的原假设,这表明不存在伪回归问题。因此,根据弱工具变量广义 F 检验、Shea's partial R-squared 以及回归残差的 ADF 检验可知,第一阶段估计可以得到 α_{j1} 的一致估计。根据表 3.2 中给出的 α_{j1} 的估计值,通过卡尔曼滤波可以得到核心通货膨胀 π_t^* 的一致估计,见图 3.2。根据图 3.2 可知,估计出来的核心通货膨胀 CCPI 能够很好地拟合 CPI 的长期走势,同时又消去了 CPI 的短期波动,比较符合核心通货膨胀的定义。

表 3.2 估计结果

		食品	烟酒及用品	衣着	家庭设备用品及维修服务	医疗保健及个人用品	交通和通信	娱乐教育文化用品及服务	居住
GMM	α_{j1}	5.38 (0.00)	1.28 (0.00)	0.79 (0.00)	2.72 (0.00)	1.68 (0.00)	0.74 (0.00)	−0.57 (0.23)	0.51 (0.64)
	标准误	1.39	0.10	0.15	0.07	0.35	0.15	0.27	1.12
	F	3 073 (0.00)	1 535 (0.00)	2 357 (0.00)	1 433 (0.00)	2 436 (0.00)	2 439 (0.00)	2 055 (0.00)	367 (0.00)
	Shea	0.96	0.97	0.96	0.98	0.96	0.96	0.96	0.94
	ADF	−1.96 (0.04)	−1.78 (0.07)	−2.68 (0.00)	−1.58 (0.10)	−3.08 (0.00)	−3.67 (0.00)	−3.27 (0.00)	−3.95 (0.00)
CCPI	权重	1.02%	26.55%	9.78%	51.75%	6.30%	4.60%	0.00%	0.00%

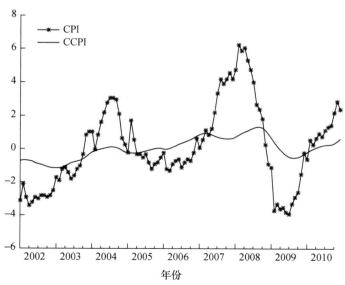

图 3.2 核心通货膨胀

2. 第三阶段的估计结果

根据本章附录给出的估计核心通货膨胀的计量经济模型的状态-空间表示以及卡尔曼滤波的相关理论,核心通货膨胀可以表示成如下的形式:

$$\pi_t^* = (1 \quad \underset{1 \times (p-1+Jq)}{\mathbf{0}}) \sum_{j=0}^{\infty} ((I - G_t H)B)^j ((I - G_t H)\boldsymbol{\delta}_0 +$$

$$(I - G_t H)\boldsymbol{\delta}_1 \widehat{mc}_{t-j} + G_t(\boldsymbol{\Pi}_{t-j} - \boldsymbol{\alpha}_0 - \boldsymbol{\alpha}_2 \hat{p}_{t-j})) \tag{3.6}$$

其中,G_t 是卡尔曼滤波增益矩阵。因为卡尔曼滤波增益矩阵 G_t 是随时间变化的,所以各类商品的价格变化 $\boldsymbol{\Pi}_t$ 对核心通货膨胀的影响也是随时间变化的。要想得到不随时间变化的影响,需要根据卡尔曼滤波的稳态来计算。记卡尔曼滤波增益 G_t 的稳态值为 G,则第 t 期各类商品的价格变化对第 $t+j$ 期核心通货膨胀的影响为:

$$(1 \quad \underset{1 \times (p-1+Jq)}{\mathbf{0}})((I - GH)B)^{t+j}G \tag{3.7}$$

显然,各类商品的价格变化不仅对核心通货膨胀有同期的影响,而且有滞后的影响。然而,在作者估计出来的计量经济模型中,滞后效应很弱,几乎可以忽略不计。表 3.2 的最后一行是将各类商品的价格变化对核心通货膨胀的同期影响折算成百分比权重后的数值。很显然,住房价格对核心通货膨胀没有影响,即在度量核心通货膨胀时无须考虑住房价格。

第三节　检验结果的理论分析

为什么住房价格对核心通货膨胀的影响如此之小呢?作者认为,各类商品的价格变化对核心通货膨胀的影响程度取决于两个因素。

第一个因素是该类商品的价格黏性程度,价格黏性越大则该类商品的价格变化对核心通货膨胀的影响越大,反之亦然。相对于住房价格而言,调整住房价格的成本微乎其微,所以住房价格的黏性很小。因此,从价格黏性的角度来说,住房价格对核心通货膨胀的影响会很小。这一结论与 Aoki(2001)和 Benigno(2004)的结论是一致的。Aoki(2001)假设经济中存在两个不同的生产部门,其中一个部门的商品价格有黏性,一个部门的商品价格无黏性。Aoki 的福利分析表明,最优的货币政策仅需对具有价格黏性的商品的价格变化作出反应,而且核心通货膨胀就等于具有价格黏性的商品的价格变化。Benigno(2004)假设在一个货币联盟中存在两个具有不同价格黏性程度的国家,发现在度量核心通货膨胀时应该给价格黏性更大的地区赋予更大的权重。

第二个因素是部门特有因素 x_{jt},部门特有因素越大则该部门商品的价格变化对核心通货膨胀的影响就越小,反之亦然。x_{jt} 表示仅对第 j 个部门的商品价格变化有影响的因素。按照核心通货膨胀的思想,应该在度量核心通货膨胀时剔除掉这些部门特有因素。作为一种特殊的商品,住房价格受住房需求、住房供给等行业基本面因素以及房地产市场的情绪、噪声等行为因素的影响很大,住房价格的波动特征与各种金融资产价格的波动特征更相似,这些都表明住房价格受房地产市场特有因素的影响非常大。因此,从部门特有因素的角度来说,住房价格对核心通货膨胀的影响会很小。这一结论与基于波动性的核心通货膨胀计算方法是一致的,因为部门特有因素越大,则价格波动性越大,该部门商品的价格变化对核心通货膨胀的影响就越小。比如,O'Sullivan(2008)采用波动性加权法,根据欧元区 HICP(harmonized index of consumer prices)的分类指数计算了欧元区的核心通货膨胀,发现住房价格在核心通货膨胀中的权重只有 2.47%。

本章的研究表明,由于价格黏性较小并受较多的部门特有因素影响,住房价格对核心通货膨胀的影响很小,所以在度量核心通货膨胀时无须考虑住房价格。

需要注意的是,度量核心通货膨胀时无须考虑住房价格并不意味着货币政策无须考虑住房价格。这个结论仅仅表明,从稳定物价的角度来说,货币政策无须考虑住房价格;或者说,如果稳定物价是货币政策的唯一目标,则货币政策无须考虑住房价格。然而,稳定物价并非货币政策的唯一目标。即使是实行通货膨胀目标制的国家,稳定物价也仅仅是一个中长期目标。中国的货币政策更是具有明显的多目标特征,除了稳定物价水平之外,还必须兼顾保持经济增长等其他目标。而且,房地产业在中国国民经济中具有举足轻重的地位,并对上下游产业具有很强的拉动作用,金融加速器机制的存在也使得住房价格与产出水平之间存在强烈的相互影响——实体经济的繁荣推动资产价格的上涨,资产价格的上涨通过金融加速器机制促进实体经济的繁荣。因此,从稳定产出的角度看,货币政策仍须重视住房价格。鉴于中国的货币政策需要兼顾价格稳定和产出稳定等多个目标以及房地产业对中国国民经济产出水平的重要影响,必须采用一般均衡的分析框架才能深入研究"货币政策应该如何应对住房价格波动"这一问题。Iacoviello(2005)和 Iacoviello & Neri(2010)采用新凯恩斯主义的动态随机一般均衡分析框架,研究了住房价格波动对宏观经济的影响以及货币政策应该如何应对住房价格波动。然而,他们的研究存在两大缺陷:首先,没有考虑房地产业对上下游产业的拉动作用;其次,假设住房价格不存在泡沫,从而只引入了被动的金融加速器机制——实体经济首先影响资产价格,然后才会触发金融加速器机制。如何在新凯恩斯主义的动态随机一般均衡分析框架中引入房地产业与其他产业之间的投入产出关系,以及住房价格泡沫和主动的金融加速器机制,依然是货币经济学中的一个难题。

第四节　小　结

从度量生活成本的角度看,应该将住房价格纳入 CPI 的统计范围。然而,因为住房兼有耐用消费品和投资品的特征,所以通常不是将住房价格直接计入 CPI,而是采用等价租金法、使用者成本法、净购置法和支出法等折中的方法来处理。然而,这些折中的方法总是存在某些局限性。比如,最常用的等价租金法虽然最具理论基础,但是现实中也面临等价租金估计偏差的问题。那么,对于中国而言,应该如何在 CPI 中处理住房价格呢？由于中国人更倾向于购买住房而不是租房,所以这个问题显得尤为重要。但是,中国的租房市场非常分散,准确地估计自有住房的等价租金将更加困难。如果采用等价租金法处理自有住房的成本,则会将等价租金的估计偏差传导到 CPI 中。因此,作者认为,针对中国目前的情况,应该分别统计剔除自有住房的 CPI 和度量自有住房成本的住房成本指数。这样,CPI 的数据将更加准确可靠,而根据加权平均也很容易得到包含自有住房成本的 CPI。

从执行货币政策的角度看,考虑到核心通货膨胀比 CPI 更适合作为货币政策的通货膨胀目标,作者估计了中国的核心通货膨胀并通过求解卡尔曼滤波稳态的方法分析了住房价格对核心通货膨胀的影响,发现由于住房价格的黏性较小并且受较多的部门特有因素影响,所以对核心通货膨胀的影响很小,即在度量核心通货膨胀时无须考虑住房价格。这个结论表明,如果稳定物价是货币政策的唯一目标,则货币政策无须考虑住房价格。然而,由于中国的货币政策需要兼顾多个目标且住房价格会显著影响产出水平,所以从稳定产出的角度看,货币政策仍须重视住房价格。上述原因也决定了必须采用一般均衡的分析框架才能进一步深入地研究"货币政策应该如何应对住房价格波动"这一问题,而如何在新凯恩斯主义的动态随机一般均衡分析框架中引入房地产业与其他产业之间的投入产出关系,以及住房价格泡沫和主动的金融加速器机制,依然是货币经济学中的一个难题。

附　录

估计核心通货膨胀的计量经济模型由如下三组方程构成:

1. 描述各部门商品价格变化的计量经济方程:

$$\pi_{jt} = \alpha_{j0} + \alpha_{j1}\pi_t^* + \alpha_{j2}\hat{p}_{jt} + x_{jt} \quad (j = 1, 2, \cdots, J)$$

记 $\mathbf{\Pi}_t = (\pi_{1t}, \pi_{2t}, \cdots, \pi_{Jt})'$，$\mathbf{\alpha}_0 = (\alpha_{10}, \alpha_{20}, \cdots, \alpha_{J0})'$，$\mathbf{\alpha}_1 = (\alpha_{11}, \alpha_{21}, \cdots, \alpha_{J1})'$，$\underset{J \times 1}{}$ $\underset{J \times 1}{}$ $\underset{J \times 1}{}$

$$\underset{J \times J}{\mathbf{\alpha}_2} = \begin{bmatrix} \alpha_{12} & 0 & \cdots & 0 \\ 0 & \alpha_{22} & \cdots & 0 \\ \vdots & \vdots & & \vdots \\ 0 & 0 & \cdots & \alpha_{J2} \end{bmatrix}, \underset{J \times 1}{\hat{\mathbf{p}}_t} = (\hat{p}_{1t}, \hat{p}_{2t}, \cdots, \hat{p}_{Jt})', \underset{J \times 1}{\mathbf{x}_t} = (x_{1t}, x_{2t}, \cdots, x_{Jt})'，则其矩$$

阵形式为 $\mathbf{\Pi}_t = \mathbf{\alpha}_0 + \mathbf{\alpha}_1 \pi_t^* + \mathbf{\alpha}_2 \hat{\mathbf{p}}_t + \mathbf{x}_t$。

2. 描述核心通货膨胀的计量经济方程

$$\pi_t^* = \gamma_0 + \gamma_1 \pi_{t-1}^* + \gamma_2 \pi_{t-2}^* + \cdots + \gamma_p \pi_{t-p}^* + \gamma_{p+1} \widehat{mc}_t + u_t$$

其 VAR(1) 形式为：

$$\begin{bmatrix} \pi_t^* \\ \pi_{t-1}^* \\ \vdots \\ \pi_{t-p+1}^* \end{bmatrix} = \begin{bmatrix} \gamma_0 \\ 0 \\ \vdots \\ 0 \end{bmatrix} + \begin{bmatrix} \gamma_1 & \gamma_2 & \cdots & \gamma_{p-1} & \gamma_p \\ 1 & 0 & \cdots & 0 & 0 \\ 0 & 1 & \cdots & 0 & 0 \\ \vdots & \vdots & & \vdots & \vdots \\ 0 & 0 & \cdots & 1 & 0 \end{bmatrix} \begin{bmatrix} \pi_{t-1}^* \\ \pi_{t-2}^* \\ \vdots \\ \pi_{t-p}^* \end{bmatrix} + \gamma_{p+1} \widehat{mc}_t + \begin{bmatrix} u_t \\ 0 \\ \vdots \\ 0 \end{bmatrix}$$

记 $\underset{p \times 1}{\mathbf{\Pi}_t^*} = (\pi_t^* \quad \pi_{t-1}^* \quad \cdots \quad \pi_{t-p+1}^*)'$，$\underset{p \times 1}{\mathbf{\gamma}_0} = (\gamma_0, 0, \cdots, 0)'$，$\underset{p \times 1}{\mathbf{\gamma}_{p+1}} = (\gamma_{p+1}, 0, \cdots, 0)'$，

$$\underset{p \times 1}{\mathbf{e}_u} = (1 \quad \underset{1 \times (p-1)}{\mathbf{0}})', \underset{p \times p}{\mathbf{\gamma}} = \begin{bmatrix} \gamma_1 & \gamma_2 & \cdots & \gamma_{p-1} & \gamma_p \\ 1 & 0 & \cdots & 0 & 0 \\ 0 & 1 & \cdots & 0 & 0 \\ \vdots & \vdots & & \vdots & \vdots \\ 0 & 0 & \cdots & 1 & 0 \end{bmatrix}，则其 VAR(1) 形式可以记为：$$

$\mathbf{\Pi}_t^* = \mathbf{\gamma}_0 + \mathbf{\gamma} \mathbf{\Pi}_{t-1}^* + \mathbf{\gamma}_{p+1} \widehat{mc}_t + \mathbf{e}_u u_t$。

3. 描述部门特有因素 x_{jt} 的计量经济方程

$$x_{jt} = \beta_{j0} + \beta_{j1} x_{j,t-1} + \beta_{j2} x_{j,t-2} + \cdots + \beta_{jq} x_{j,t-q} + v_{jt} \quad (j = 1, 2, \cdots, J)$$

记 $\underset{J \times 1}{\mathbf{\beta}_0} = (\beta_{10}, \beta_{20}, \cdots, \beta_{J0})'$，$\underset{J \times J}{\mathbf{\beta}_i} = \begin{bmatrix} \beta_{1i} & 0 & \cdots & 0 \\ 0 & \beta_{2i} & \cdots & 0 \\ \vdots & \vdots & & 0 \\ 0 & 0 & \cdots & \beta_{Ji} \end{bmatrix} (i = 1, 2, \cdots, q)$，$\underset{J \times 1}{\mathbf{v}_t} = (v_{1t},$

$v_{2t}, \cdots, v_{3t})'$，则 $\mathbf{x}_t = \mathbf{\beta}_0 + \mathbf{\beta}_1 \mathbf{x}_{t-1} + \mathbf{\beta}_2 \mathbf{x}_{t-2} + \cdots + \mathbf{\beta}_q \mathbf{x}_{t-q} + \mathbf{v}_t$。记 $\underset{Jq \times 1}{\mathbf{X}_t} = (\mathbf{x}_t',$

$x'_{t-1}, \cdots, x'_{t-q+1})'$，$\underset{J \times (q-1)}{\boldsymbol{e}_v} = (\boldsymbol{I}_J \quad \boldsymbol{0})'$，$\underset{Jq \times 1}{\boldsymbol{\beta}_0} = (\boldsymbol{\beta}_0, 0, \cdots, 0)'$，$\underset{Jq \times Jq}{\boldsymbol{\beta}} =$

$$\begin{bmatrix} \boldsymbol{\beta}_1 & \boldsymbol{\beta}_2 & \cdots & \boldsymbol{\beta}_{q-1} & \boldsymbol{\beta}_q \\ \boldsymbol{I}_J & 0 & \cdots & 0 & 0 \\ 0 & \boldsymbol{I}_J & \cdots & 0 & 0 \\ \vdots & \vdots & & \vdots & \vdots \\ 0 & 0 & \cdots & \boldsymbol{I}_J & 0 \end{bmatrix}$$，其中 $\boldsymbol{I}_J$ 为 J 阶单位矩阵，则其 VAR(1) 形式为 $\boldsymbol{X}_t =$

$\boldsymbol{\beta}_0 + \boldsymbol{\beta} \boldsymbol{X}_{t-1} + \boldsymbol{e}_v \boldsymbol{v}_t$。

如果将上述估计核心通货膨胀的计量经济模型表述成状态空间模型的形式，则传递方程（transition equation）为：

$$\begin{bmatrix} \boldsymbol{\Pi}_t^* \\ \boldsymbol{X}_t \end{bmatrix} = \begin{bmatrix} \boldsymbol{\gamma}_0 \\ \boldsymbol{\beta}_0 \end{bmatrix} + \begin{bmatrix} \boldsymbol{\gamma} & 0 \\ 0 & \boldsymbol{\beta} \end{bmatrix} \begin{bmatrix} \boldsymbol{\Pi}_{t-1}^* \\ \boldsymbol{X}_{t-1} \end{bmatrix} + \begin{bmatrix} \boldsymbol{\gamma}_{p+1} \\ 0 \end{bmatrix} \widehat{mc}_t + \begin{bmatrix} \boldsymbol{e}_u & 0 \\ 0 & \boldsymbol{e}_v \end{bmatrix} \begin{bmatrix} \boldsymbol{u}_t \\ \boldsymbol{v}_t \end{bmatrix}$$

观测方程（observation equation）为：

$$\underset{J \times 1}{\boldsymbol{\Pi}_t} = \boldsymbol{\alpha}_0 + \left(\underset{J \times 1}{\boldsymbol{\alpha}_1} \quad \underset{J \times (p-1)}{\boldsymbol{0}} \quad \boldsymbol{I}_J \quad \underset{J \times (q-1)}{\boldsymbol{0}} \right) \begin{bmatrix} \boldsymbol{\Pi}_t^* \\ \boldsymbol{X}_t \end{bmatrix} + \underset{J \times J}{\boldsymbol{\alpha}_2} \hat{p}_t$$

记 $\underset{(p+Jq) \times 1}{\boldsymbol{Z}_t} = \begin{bmatrix} \boldsymbol{\Pi}_t^* \\ \boldsymbol{X}_t \end{bmatrix}$，$\underset{(p+Jq) \times 1}{\boldsymbol{\delta}_0} = \begin{bmatrix} \boldsymbol{\gamma}_0 \\ \boldsymbol{\beta}_0 \end{bmatrix}$，$\underset{(p+Jq) \times (p+Jq)}{\boldsymbol{B}} = \begin{bmatrix} \boldsymbol{\gamma} & 0 \\ 0 & \boldsymbol{\beta} \end{bmatrix}$，$\underset{(p+Jq)}{\boldsymbol{\delta}_1} = \begin{bmatrix} \boldsymbol{\gamma}_{p+1} \\ 0 \end{bmatrix}$，

$\underset{(p+Jq) \times (J+1)}{\boldsymbol{e}_\varepsilon} = \begin{bmatrix} \boldsymbol{e}_u & 0 \\ 0 & \boldsymbol{e}_v \end{bmatrix}$，$\underset{(1+J) \times 1}{\boldsymbol{\varepsilon}} = \begin{bmatrix} \boldsymbol{u}_t \\ \boldsymbol{v}_t \end{bmatrix}$，$\underset{J \times (p+Jq)}{\boldsymbol{H}} = \left(\underset{J \times 1}{\boldsymbol{\alpha}_1} \quad \underset{J \times (p-1)}{\boldsymbol{0}} \quad \boldsymbol{I}_J \quad \underset{J \times (q-1)}{\boldsymbol{0}} \right)$，则

状态空间模型可以记为：$\begin{cases} \boldsymbol{\Pi}_t = \boldsymbol{\alpha}_0 + \boldsymbol{H} \boldsymbol{Z}_t + \boldsymbol{\alpha}_2 \hat{p}_t \\ \boldsymbol{Z}_t = \boldsymbol{\delta}_0 + \boldsymbol{B} \boldsymbol{Z}_{t-1} + \boldsymbol{\delta}_1 \widehat{mc}_t + \boldsymbol{e}_\varepsilon \boldsymbol{\varepsilon} \end{cases}$。

根据卡尔曼滤波的修正公式可以最终得到：

$$\boldsymbol{Z}_{t|t} = (\boldsymbol{I} - (\boldsymbol{I} - \boldsymbol{G}_t \boldsymbol{H}) \boldsymbol{B} L)^{-1} ((\boldsymbol{I} - \boldsymbol{G}_t \boldsymbol{H}) \boldsymbol{\delta}_0 +$$
$$(\boldsymbol{I} - \boldsymbol{G}_t \boldsymbol{H}) \boldsymbol{\delta}_1 \widehat{mc}_t + \boldsymbol{G}_t (\boldsymbol{\Pi}_t - \boldsymbol{\alpha}_0 - \boldsymbol{\alpha}_2 \hat{p}_t))$$

从而

$$\pi_t^* = \left(1 \quad \underset{1 \times (p-1+Jq)}{\boldsymbol{0}} \right) \sum_{j=0}^{\infty} ((\boldsymbol{I} - \boldsymbol{G}_t \boldsymbol{H}) \boldsymbol{B})^j ((\boldsymbol{I} - \boldsymbol{G}_t \boldsymbol{H}) \boldsymbol{\delta}_0 +$$
$$(\boldsymbol{I} - \boldsymbol{G}_t \boldsymbol{H}) \boldsymbol{\delta}_1 \widehat{mc}_{t-j} + \boldsymbol{G}_t (\boldsymbol{\Pi}_{t-j} - \boldsymbol{\alpha}_0 - \boldsymbol{\alpha}_2 \hat{p}_{t-j}))$$

第四章 | 评价核心通货膨胀:方法及检验

    自 20 世纪 70 年代第一种核心通货膨胀度量(在标题通货膨胀中剔除食品和能源价格)诞生以来,出现了许多不同的核心通货膨胀度量方法。根据 Roger(1998)、Silver(2007)、Wynne(2008)以及侯成琪和龚六堂(2013)等理论综述,核心通货膨胀度量有几十种之多。然而,在这些不同的核心通货膨胀度量中,哪些是有效的,目前还存在很多争议。Bihan & Sedillot(2000,2002)、Marquesa et al.(2003)、Dixon & Lim(2004)、Rich & Steindel(2007)、Bermingham(2010)和 Down et al.(2010)等采用不同国家的样本数据对多种常用的核心通货膨胀度量进行了有效性检验,但是检验结果差异很大。究其原因,除了不同国家的价格波动特征存在差异之外,这些研究采用的检验标准也存在很大差异。在这些评价核心通货膨胀的研究中,常用的评价标准有两个:一个是 Bryan et al.(1997)、Cecchetti(1997)和 Clark(2001)等提出的追踪通货膨胀趋势标准,一个是 Bryan & Cecchetti(1993)、Clark(2001)和 Smith(2004)等提出的预测标题通货膨胀标准。但是,上述研究根据这两个评价标准建立的统计检验模型又存在很大差异。

    国内学者对如何度量核心通货膨胀进行了较多的研究。范跃进和冯维江(2005)采用剔除法、加权中位数法和截尾平均法计算了中国的核心通货膨胀,并讨论了核心通货膨胀与宏观经济状况的关系。简泽(2005)、赵昕东(2008)和张延群(2011)等扩展了 Quah & Vahey(1995)提出的 SVAR 方法来估计中国的核心通货膨胀。王少平和谭本艳(2009)运用协整-误差修正模型荷载矩阵的正交分解技术度量了中国的核心通货膨胀,发现核心通货膨胀的惯性要比标题通货膨胀大。侯成琪等(2011)以多部门新凯恩斯菲利普斯曲线为理论基础提出了估计核心通货膨胀的计量经济模型及其两阶段估计方法。赵昕东和汤丹（2012）采用动态因子模型估计核心通货膨胀，发现估计的核心通货膨胀能够较好地反映通货膨胀趋势。但是，国内学者对于如何评价核心通货膨胀这个问题的研究较少。龙革生等（2008）从平稳性、相关性和可预测性等角度出发比较了五种核心通货膨胀度量方法。

综上所述，在核心通货膨胀理论中，除了在如何度量核心通货膨胀方面存在很多争议之外，关于如何评价核心通货膨胀，同样存在很大争议。本章将从核心通货膨胀的基本理念出发，首先研究追踪通货膨胀趋势和预测标题通货膨胀这两个常用的核心通货膨胀评价标准是否有效；然后研究除了这两个标准之外，一个有效的核心通货膨胀度量还应该满足哪些标准；最后采用中国的 CPI 数据对12 种常用的核心通货膨胀度量进行有效性检验，并根据相关的货币理论对检验结果进行理论分析。

第一节　核心通货膨胀的评价标准

在核心通货膨胀理论中，之所以存在这么多不同的核心通货膨胀度量方法，是因为关于如何定义核心通货膨胀，始终缺乏统一认识。各种不同的核心通货膨胀度量都倾向于定义一种特定的方法来计算核心通货膨胀，而不是定义核心通货膨胀应该度量什么。Roger（1998）以及侯成琪和龚六堂（2013）从经典的通货膨胀理论出发，不仅提炼出了基于持续性通货膨胀、基于普遍性通货膨胀和基于福利损失等三种核心通货膨胀定义，而且这三种核心通货膨胀定义正好能够回答为什么货币政策应该盯住核心通货膨胀这个该领域首要的理论问题。

基于持续性通货膨胀的定义将标题通货膨胀的持续性部分定义为核心通货膨胀，其理论依据是弗里德曼对通货膨胀和货币政策时滞性的经典论述。弗里德曼发现，因为存在名义刚性，所以货币政策要经过一个较长的时滞期才能对价格水平产生影响，而且时滞期的长短具有很大的不确定性（弗里德曼发现在美国货币政策的价格时滞大约为 12—18 月）。因此，如果货币政策对暂时性价格上涨作出反应，则当货币政策发挥作用时，暂时性价格上涨可能已经结束。从而，货币政策不但不能熨平宏观经济的周期波动，反而会增加宏观经济的波动。因此，货币政策仅应该对标题通货膨胀的持续性部分即核心通货膨胀作出反应。

基于普遍性通货膨胀的定义将标题通货膨胀的普遍性部分即所有商品价格变化的共同趋势定义为核心通货膨胀，其理论依据是奥肯和弗莱明对通货膨胀的经典论述。奥肯和弗莱明都将通货膨胀定义为物价水平的普遍性上升。作为一种总量调节政策，货币政策并不具备结构调节功能。因此，当货币政策对一些部门特有冲击导致的价格上涨作出反应时(比如恶劣天气、瘟疫和病虫害等原因会导致农副产品减产,从而导致食品价格上升),虽然紧缩的货币政策能够抑制这些部门的价格上涨,但是也会使那些未出现价格上涨的部门陷入衰退。因此,货币政策仅应该对所有商品价格变化的共同趋势即核心通货膨胀作出反应。

基于福利损失的定义将有助于货币当局把福利损失最小化的通货膨胀指标定义为核心通货膨胀。Wynne(2008)、Siviero & Veronese(2011)和 Eusepi et al.(2011)等认为,既然货币政策的目标是经济稳定或者福利损失最小化(将代表性家庭的效用函数在稳态附近二阶泰勒展开可以发现,经济稳定与福利损失最小化是完全一致的),而核心通货膨胀被定义为货币政策应该盯住的通货膨胀指标,那么盯住核心通货膨胀应该有助于货币当局实现稳定经济的目标,即有助于实现福利损失最小化。因此,核心通货膨胀就是当货币政策盯住该通货膨胀指标时外生冲击导致的福利损失最小化的通货膨胀度量方法。

Siviero & Veronese(2011)认为,对于基于福利损失定义的核心通货膨胀而言,评价的关键是通过福利分析检验其能否降低名义摩擦导致的福利损失,从而改善货币政策的效果,不需要评价其统计性质。因此,作者主要从核心通货膨胀的持续性通货膨胀定义和普遍性通货膨胀定义出发,研究核心通货膨胀应该度量什么以及一个有效的核心通货膨胀度量应该满足哪些性质。根据核心通货膨胀的持续性通货膨胀定义和普遍性通货膨胀定义,核心通货膨胀就是要度量标题通货膨胀的持续性部分和普遍性部分,或者说,度量核心通货膨胀需要剔除标题通货膨胀中的暂时性价格波动和由部门特有冲击导致的某些商品特有的价格变化即异质性相对价格变化。作者将从这个性质出发,首先研究追踪通货膨胀趋势和预测标题通货膨胀这两个常用的核心通货膨胀评价标准是否有效,然后研究除了这两个标准之外,一个有效的核心通货膨胀度量还应该满足哪些性质。

从核心通货膨胀追踪通货膨胀趋势的能力这个角度评价核心通货膨胀的方法由 Bryan et al.(1997)、Cecchetti(1997)和 Clark(2001)等提出。他们认为,既然核心通货膨胀必须剔除标题通货膨胀中的暂时性波动,度量通货膨胀的长期趋势,那么就应该根据核心通货膨胀追踪通货膨胀趋势的能力评价核心通货膨胀。这个理念是很有价值的,因为如果核心通货膨胀能够追踪通货膨胀的趋势,则货币政策盯住核心通货膨胀要优于盯住标题通货膨胀。在检验核心通货膨胀追踪通货膨胀趋势的能力时,需要首先构造一个能够反映通货膨胀长期趋势的序列,然后采用均方根误差等统计标准度量核心通货膨胀与通货膨胀长期趋势之间的差异。因此,在评价核心通货膨胀追踪通货膨胀趋势的能力时,采用不同的反映通货膨胀长期趋势的序列,就可能会得到不同的结论。但是,如何度量通货膨胀的长期趋势,本身就是一个颇有争议的话题。而且,根据核心通货膨胀的持续性通货膨胀定义,核心通货膨胀就是要度量标题通货膨胀的长期趋势,这种检验存在自我认定的嫌疑和矛盾。因此,作者认为,因为缺乏可操作性,所以追踪通货膨胀趋势不是一个有效的评价核心通货膨胀的标准。

从核心通货膨胀预测标题通货膨胀的能力这个角度评价核心通货膨胀的方法由 Bryan & Cecchetti(1993)、Clark(2001)和 Smith(2004)等提出,他们认为,因为货币政策要经过一个较长的时滞期才能发挥作用,所以如果核心通货膨胀能够预测未来的标题通货膨胀,则货币政策盯住核心通货膨胀显然要优于盯住标题通货膨胀。上述研究虽然采取不同的统计模型进行检验,但是基本的原理都是相同的——以核心通货膨胀及其若干期的滞后值为解释变量,以标题通货膨胀为被解释变量,首先通过回归分析得到标题通货膨胀的预测值,然后采用均方根误差等统计标准评价预测的质量。但是,这种检验方法受到了一些经济学家的批评。Marquesa et al.(2003)认为,为了能够很好地预测未来的标题通货膨胀,核心通货膨胀必须能够描述标题通货膨胀中的短期波动;但是,度量核心通货膨胀必须剔除标题通货膨胀中的暂时性波动,这是自相矛盾的。Wynne(2008)认为,如果度量核心通货膨胀是为了预测标题通货膨胀,那么为什么不采用信息更多、效果更好的多元预测方法呢?Crone et al.(2013)的研究表明,常用的核心通货膨胀度量并不比标题通货膨胀自身的滞后值具有更强的预测能力。

作者认为,采用 Marquesa et al.(2003)提出的"核心通货膨胀是标题通货膨胀的吸引子"这个性质来检验核心通货膨胀预测标题通货膨胀的能力是比较可取的。记标题通货膨胀为 π_t,核心通货膨胀为 π_t^*。假设暂时性或部门特有冲击导致了较大幅度的价格上升,即 $\pi_t - \pi_t^* > 0$,因为这种价格上升是暂时性的,所以预计未来的标题通货膨胀会回落,即 $\pi_{t+h} - \pi_t < 0$;反之,假设暂时性或部门特有冲击导致了较大幅度的价格下降,即 $\pi_t - \pi_t^* < 0$,因为这种价格下降是暂时性的,所以预计未来的标题通货膨胀会上升,即 $\pi_{t+h} - \pi_t > 0$。因此,如果标题通货膨胀高于核心通货膨胀,则未来的标题通货膨胀会回落;如果标题通货膨胀低于核心通货膨胀,则未来的标题通货膨胀会上升,即核心通货膨胀是标题通货膨胀的吸引子。因为 Marquesa et al.(2003)提出的检验模型仅适用于一阶单整序列,所以作者提出如下的模型来检验"核心通货膨胀是标题通货膨胀的吸引子"是否成立:

$$\pi_{t+h} - \pi_t = \alpha_0 + \alpha_1(\pi_{t+h-1} - \pi_{t-1}) + \cdots +$$
$$\alpha_p(\pi_{t+h-p} - \pi_{t-p}) + \alpha(\pi_t - \pi_t^*) + \varepsilon_{t+h} \qquad (4.1)$$

因为核心通货膨胀是标题通货膨胀的吸引子,所以 $\pi_t - \pi_t^*$ 的系数 α 应该小于零。在回归模型中加入被解释变量 $\pi_{t+h} - \pi_t$ 的滞后值是为了保证其他条件不变,检验 $\pi_t - \pi_t^*$ 的边际预测能力。

因此,在追踪通货膨胀趋势和预测标题通货膨胀这两个常用的核心通货膨胀评价标准中,因为如何度量标题通货膨胀的长期趋势存在争议,所以本章放弃从追踪通货膨胀趋势的角度评价核心通货膨胀,仅采用式(4.1)所示的回归模型,从核心通货膨胀是标题通货膨胀的吸引子的角度评价核心通货膨胀预测标题通货膨胀的能力。那么,除此之外,一个有效的核心通货膨胀度量还应该满足哪些性质呢?

作者认为,既然核心通货膨胀剔除了标题通货膨胀中由暂时性或部门特有冲击导致的价格变化,那么核心通货膨胀就应该具有比标题通货膨胀更小的波动性;而且,标题通货膨胀和核心通货膨胀之间的差异 $\pi_t - \pi_t^*$ 不应该有任何的趋势,否则将导致标题通货膨胀持久地偏离核心通货膨胀,因此序列 $\pi_t - \pi_t^*$ 应该是一个平稳序列。要求 $\pi_t - \pi_t^*$ 是一个平稳序列具有非常深刻的经济学内涵,因为这意味着长期而言盯住核心通货膨胀 π_t^* 与盯住标题通货膨胀 π_t 是无差异的,盯住核心通货膨胀不仅有助于制定更加有效的货币政策,而且可以兼顾居民更加关心的度量生活成本变化的标题通货膨胀。因此,可以从核心通货膨胀是否具有比标题通货膨胀更小的波动性、标题通货膨胀和核心通货膨胀之间的差异 $\pi_t - \pi_t^*$ 是不是平稳序列的角度评价核心通货膨胀,作者将这两个检验统称为基本统计性质检验。

不管是检验"核心通货膨胀是标题通货膨胀的吸引子"还是检验核心通货膨胀的基本统计性质,其理论基础都是在度量核心通货膨胀时需要剔除标题通货膨胀中的暂时性价格波动和异质性相对价格变化。很显然,由暂时性或部门特有冲击导致的价格变化被剔除得越彻底,核心通货膨胀越有效。然而,上述两种方法很难检验由暂时性或部门特有冲击导致的价格变化是否已经被彻底地剔除。"核心通货膨胀是标题通货膨胀的吸引子"要求标题通货膨胀和核心通货膨胀之间的差异 $\pi_t - \pi_t^*$ 对未来的标题通货膨胀有预测作用。$\pi_t - \pi_t^*$ 是由暂时性或部门特有冲击所导致的,应该在度量核心通货膨胀时被剔除掉。因此,如果在度量核心通货膨胀时由暂时性或部门特有冲击所导致的价格变化已经被彻底地剔除掉,则标题通货膨胀和核心通货膨胀之间的差异 $\pi_t - \pi_t^*$ 就代表标题通货膨胀中的暂时性价格波动和异质性相对价格变化,与核心通货膨胀本身不应该有任何的相关性,也不应该对未来的核心通货膨胀有任何的影响。作者将这个性质描述为"标题通货膨胀不是核心通货膨胀的吸引子"并采用如下的模型来检验这个性质:

$$\pi_{t+h}^* - \pi_t^* = \beta_0 + \beta_1(\pi_{t+h-1}^* - \pi_{t-1}^*) + \cdots +$$

$$\beta_q(\pi_{t+h-q}^* - \pi_{t-q}^*) + \beta(\pi_t - \pi_t^*) + \eta_{t+h} \quad (4.2)$$

因为标题通货膨胀不是核心通货膨胀的吸引子,所以 $\pi_t - \pi_t^*$ 的系数 β 应该等于 0。在回归模型中加入被解释变量 $\pi_{t+h}^* - \pi_t^*$ 的滞后值是为了保证其他条件不变,检验 $\pi_t - \pi_t^*$ 的边际预测能力。

第二节　核心通货膨胀的有效性检验

一、核心通货膨胀的计算方法

采用 Roger(1998)以及侯成琪和龚六堂(2013)的方法,将核心通货膨胀度量方法分为基于持续性通货膨胀定义的核心通货膨胀度量和基于普遍性通货膨胀定义的核心通货膨胀度量。其中,常用的基于持续性通货膨胀定义的核心通货膨胀度量方法包括 HP 滤波法、指数平滑法和 SVAR 法;常用的基于普遍性通货膨胀定义的核心通货膨胀度量又可以分为三类:基于波动性的计算方法,包括剔除法、加权中位数法、截尾平均法和波动性加权法;基于动态因子的计算方法和基于持续性加权的计算方法。下面简要介绍本章考虑的 12 种核心通货膨胀度量的计算方法。

1. 基于持续性通货膨胀定义的核心通货膨胀度量

HP 滤波法和指数平滑法分别采用 HP 滤波和指数平滑提取标题通货膨胀的持续性部分即核心通货膨胀。Quah & Vahey(1995)提出的 SVAR 法从货币长期中性的假设出发,将核心通货膨胀定义为在长期对真实产出没有影响的那部分通货膨胀。他们将真实产出增长率 Δy_t、通货膨胀率 π_t 面临的随机冲击划分为核心通货膨胀冲击和非核心通货膨胀冲击,核心通货膨胀冲击对真实产出没有长期影响(记为 ε_1),非核心通货膨胀冲击对通货膨胀和真实产出的影响不受约束,但必须与核心通货膨胀冲击在任何的领先期和滞后期都不相关(记为 ε_2),则真实产出增长率 Δy_t 和通货膨胀率 π_t 可以表示成如下的向量移动平均过程:

$$\boldsymbol{x}_t = \begin{bmatrix} \Delta y_t \\ \pi_t \end{bmatrix} = \sum_{j=0}^{\infty} \begin{bmatrix} d_j^{11} & d_j^{12} \\ d_j^{21} & d_j^{22} \end{bmatrix} \begin{bmatrix} \varepsilon_{1,t-j} \\ \varepsilon_{2,t-j} \end{bmatrix} \quad (4.3)$$

核心通货膨胀冲击对真实产出没有长期影响意味着 $\sum_{j=0}^{\infty} d_j^{11} = 0$,而核心通货膨

胀 π_t^* 定义为 $\pi_t^* = \sum\limits_{j=0}^{\infty} d_j^{21} \varepsilon_{1,t-j}$。因为核心通货膨胀冲击 ε_1 和非核心通货膨胀冲击 ε_2 无法直接观测,所以估计核心通货膨胀需要如下的步骤。首先,估计简化式 VAR 模型:

$$x_t = A_1 x_{t-1} + A_2 x_{t-2} + \cdots + A_p x_{t-p} + u_t \tag{4.4}$$

其中,u_t 为简化式冲击。然后,通过施加结构化约束,将简化式 VAR 转化为结构化 VAR 模型(即 SVAR):

$$A x_t = AA_1 x_{t-1} + AA_2 x_{t-2} + \cdots + AA_p x_{t-p} + B\varepsilon_t \tag{4.5}$$

其中,结构化冲击 ε_t 与简化式冲击 u_t 的关系为 $u_t = A^{-1}B\varepsilon_t$。核心通货膨胀冲击对真实产出没有长期影响要求矩阵 $C \equiv (I_k - A_1 - \cdots - A_p)^{-1}A^{-1}B$ 的右上角元素等于零。施加这个长期约束之后,可以将式(4.5)所示的 SVAR 模型变换为与式(4.3)等价的结构向量移动平均模型:

$$x_t = (I_k - A_1 L - \cdots - A_p L^p)^{-1} A^{-1} B\varepsilon_t \tag{4.6}$$

进而可以计算核心通货膨胀。

2. 基于波动性的核心通货膨胀度量

剔除法首先剔除价格波动剧烈的商品,然后对剩余各类商品的价格变化进行支出比例加权平均来计算核心通货膨胀。加权中位数法和截尾平均法首先将各类商品按照价格变化的波动性进行排序,加权中位数法将位于中位数上的那类商品的价格变化定义为核心通货膨胀,而截尾平均法需要首先剔除一定比例的高波动性和低波动性的商品,然后对剩余各类商品的价格变化进行支出比例加权平均来计算核心通货膨胀。

波动性加权法以各类商品价格变化的波动性指标的倒数为权重,对各类商品的价格变化进行加权平均来计算核心通货膨胀。很显然,当采用不同的波动性指标时,各类商品在核心通货膨胀中的权重也会不同。因此,作者在采用波动性加权法计算核心通货膨胀时,分别采用方差和标准差度量价格变化的波动性,将之称为方差倒数加权法和标准差倒数加权法。

在波动性加权法中,权重完全取决于各类商品价格变化的波动性水平,与各类商品的支出权重无关。Anderson et al. (2007)提出了一种改进的波动性加权法,各类商品在核心通货膨胀中的权重既取决于价格变化的波动性,又取决于商品的支出权重。比如,当分别采用方差和标准差度量波动性时,改进的方差倒数加权法和标准差倒数加权法的计算公式分别为:

$$\pi_t^* = \sum_{j=1}^{J} \frac{\xi_j/\sigma_j^2}{\sum\limits_{j=1}^{J} \xi_j/\sigma_j^2} \pi_{jt}, \quad \pi_t^* = \sum_{j=1}^{J} \frac{\xi_j/\sigma_j}{\sum\limits_{j=1}^{J} \xi_j/\sigma_j} \pi_{jt} \tag{4.7}$$

其中,π_{jt}表示第j种商品在第t期的价格变化;σ_j^2、σ_j分别为第j种商品价格变化的方差和标准差,ξ_j表示第j种商品的支出权重。

3. 基于动态因子的核心通货膨胀度量

基于动态因子的核心通货膨胀度量将各类商品的价格变化分解为:

$$\pi_{jt} = \pi_t^* + x_{jt} \quad (j = 1,2,\cdots,J) \tag{4.8}$$

其中,x_{jt}表示第j种商品在第t期的异质性相对价格变化。因此,核心通货膨胀π_t^*就是各类商品价格变化中包含的动态因子,在估计时一般将估计核心通货膨胀的计量经济模型表示成状态空间模型的形式,并用卡尔曼滤波估计不可观测的核心通货膨胀。记$\boldsymbol{\pi}_t = (\pi_{1t}, \pi_{2t}, \cdots, \pi_{Jt})'$,$\mathbf{1} = (1,1,\cdots,1)'$,$\boldsymbol{x}_t = (x_{1t}, x_{2t}, \cdots, x_{Jt})'$,则式(4.8)的矩阵形式为:

$$\boldsymbol{\pi}_t = \mathbf{1}\pi_t^* + \boldsymbol{x}_t \tag{4.9}$$

假设核心通货膨胀π_t^*服从p阶自回归过程,即

$$\pi_t^* = \delta + \phi_1 \pi_{t-1}^* + \phi_2 \pi_{t-2}^* + \cdots + \phi_p \pi_{t-p}^* + u_t \tag{4.10}$$

假设异质性相对价格变化向量$\boldsymbol{x}_t$服从k阶向量自回归过程,即

$$\boldsymbol{x}_t = \boldsymbol{d}_1 \boldsymbol{x}_{t-1} + \boldsymbol{d}_2 \boldsymbol{x}_{t-2} + \cdots + \boldsymbol{d}_k \boldsymbol{x}_{t-k} + \boldsymbol{v}_t \tag{4.11}$$

因为π_t^*和$\boldsymbol{x}_t$都是观察不到的,所以要将上述模型表示成状态空间模型的形式,然后用卡尔曼滤波来估计π_t^*和$\boldsymbol{x}_t$以及其他的参数。其中,观测方程由式(4.9)组成,传递方程由式(4.10)和式(4.11)组成。

4. 基于持续性加权的核心通货膨胀度量方法

本章采用 Bilke & Stracca(2007)提出的方法计算基于持续性加权的核心通货膨胀度量方法。首先采用如下的自回归模型描述各类商品价格变化:

$$\pi_{jt} = \alpha_j + \sum_{i=1}^{q_j} \rho_j^i \pi_{j,t-i} + u_{jt} \quad (j = 1,2,\cdots,J) \tag{4.12}$$

并将持续性系数定义为$\gamma_j = \sum_{i=1}^{q_j} \rho_j^i$(如果某个$\gamma_j$取负值,则将其设定为0),然后以持续性系数为权重对各类商品的价格变化进行加权平均来计算核心通货膨胀。

二、样本数据

计算基于持续性通货膨胀定义的核心通货膨胀度量仅需要标题通货膨胀的历史数据,这里采用 CPI 表示中国的标题通货膨胀。计算基于普遍性通货膨胀定义的核心通货膨胀度量则需要各分类价格指数的历史数据。这里采取中国 CPI 的分类方法,按照用途将经济划分为八大部门:食品、烟酒及用品、衣着、

家庭设备用品及维修服务、医疗保健及个人用品、交通和通信、娱乐教育文化用品及服务、居住。由于这种分类方法自 2001 年开始实施,所以作者采用的样本数据从 2001 年 1 月至 2013 年 11 月。[①] 这里通过对数差分来计算 CPI 及其八大分类价格指数的月度环比增长率,并采用 X12 方法剔除上述变量中的季节效应。

三、检验结果

根据第一节的分析,本节从基本统计性质、核心通货膨胀是标题通货膨胀的吸引子(记为吸引子检验 I)和标题通货膨胀不是核心通货膨胀的吸引子(记为吸引子检验 II)三个方面评价核心通货膨胀。

1. 基本统计性质检验

从基本统计性质的角度来看,一个有效的核心通货膨胀度量应该具有比标题通货膨胀更小的波动性;而且,标题通货膨胀和核心通货膨胀之间的差异 $\pi_t - \pi_t^*$ 应该是一个平稳序列,不应该有任何的趋势。表 4.1 给出了 CPI 与根据 12 种方法计算的核心 CPI 的均值和标准差以及序列 $\pi_t - \pi_t^*$ 的 ADF 检验统计量。均值检验的原假设为核心 CPI 与 CPI 具有相同的均值,方差检验的原假设为核心 CPI 与 CPI 具有相同的方差,ADF 检验的原假设为 $\pi_t - \pi_t^*$ 是非平稳序列。

表 4.1　基本统计性质检验

	均值	标准差	ADF 检验
CPI	0.002055	0.004075	—
HP 滤波法	0.002056	0.001023***	−11.94059***
指数平滑法	0.002028	0.001852***	−13.20281***
SVAR 法	0.002124	0.003409**	−16.13093***
剔除法	0.000705***	0.001597***	−6.096094***
截尾平均法	0.001733	0.003069***	−9.558643***
加权中位数法	−0.000558***	0.002113***	−4.643921***
方差倒数加权法	0.000626***	0.001232***	−6.103215***
改进的方差倒数加权法	0.000682***	0.001364***	−6.004200***
标准差倒数加权法	0.000706***	0.001385***	−6.044723***

---

① 采用季度数据会导致样本容量偏小,不利于检验中用到的大样本方法,因此这里没有采用季度数据。

（续表）

	均值	标准差	ADF 检验
改进的标准差倒数加权法	0.001078 ***	0.002038 ***	− 5.998150 ***
持续性加权法	0.001049 ***	0.001762 ***	− 6.500118 ***
动态因子法	0.002047	0.000719 ***	− 11.76818 ***

注：***、** 分别表示在 1% 和 5% 的显著性水平上拒绝原假设。

均值比较的结果表明,根据 HP 滤波法、指数平滑法、SVAR 法、截尾平均法和动态因子法计算的核心 CPI 具有与 CPI 相同的均值;根据其他各种方法计算的核心 CPI 的均值都小于 CPI 的均值。这说明,在样本期内暂时性冲击和部门特有冲击导致价格水平上涨而非下跌。方差检验的结果表明,根据这 12 种方法计算的核心 CPI 的标准差都比 CPI 的标准差要小。这说明,这 12 种核心通货膨胀度量方法都在不同程度上剔除了由暂时性冲击或者部门特有冲击导致的价格变化,因此核心 CPI 的波动性才会小于 CPI 的波动性。ADF 检验的结果表明,根据这 12 种方法计算的核心 CPI 与 CPI 之间的差异 $\pi_t - \pi_t^*$ 是一个平稳序列。这表明,CPI 不会持久地偏离核心 CPI,两者具有相同的长期趋势。

2. 核心通货膨胀是标题通货膨胀的吸引子

"核心通货膨胀是标题通货膨胀的吸引子"检验核心通货膨胀度量能否显著地剔除由暂时性和部门特有冲击导致的价格变化。一个有效的核心通货膨胀应该是标题通货膨胀的吸引子——如果标题通货膨胀高于核心通货膨胀,则未来的标题通货膨胀会回落;如果标题通货膨胀低于核心通货膨胀,则未来的标题通货膨胀会上升。因此,在式(4.1)所示的回归模型中,$\pi_t - \pi_t^*$ 的系数 α 应该小于零。这里根据 AIC 和 BIC 等统计标准选择滞后阶数 p,并采用 Newey-West 自相关稳健性程序处理随机误差项的序列相关问题,检验结果见表 4.2。

表 4.2 所示的估计结果表明,对于本章考虑的 12 种核心通货膨胀度量方法,从 $h = 1$ 到 $h = 12$,在式(4.1)所示的回归模型中,$\pi_t - \pi_t^*$ 的系数 α 的估计值都小于零,而且都是统计显著的(除了 $h = 1$ 时根据截尾平均法和 SVAR 法计算的核心 CPI)。这表明,这些核心通货膨胀度量方法均能显著地剔除由暂时性和部门特有冲击导致的价格变化。

表 4.2 核心通货膨胀是标题通货膨胀的吸引子

h	HP 滤波法	指数平滑法	SVAR 法	剔除法
1	− 0.811535***	− 0.801086***	0.115717	− 0.441367***
2	− 0.850742***	− 0.772168***	− 0.359998***	− 0.898440***
3	− 0.906765***	− 0.827305***	− 0.511482***	− 0.962301***
4	− 0.947671***	− 0.843496***	− 0.696893***	− 0.988880***
5	− 0.963184***	− 0.863004***	− 0.732594***	− 1.047444***
6	− 0.958086***	− 0.911082***	− 0.718308***	− 0.990299***
7	− 0.914859***	− 0.898439***	− 0.787561***	− 0.992350***
8	− 0.883163***	− 0.777827***	− 0.860192***	− 0.912275***
9	− 1.110784***	− 1.029431***	− 0.900066***	− 1.186384***
10	− 1.101444***	− 1.025218***	− 0.750103***	− 1.212265***
11	− 0.894224***	− 0.751817***	− 0.781400***	− 0.944149***
12	− 1.350464***	− 1.273701***	− 1.087412***	− 1.473620***

h	截尾平均法	加权中位数法	方差倒数加权法	改进的方差倒数加权法
1	− 0.027174	− 0.420521***	− 0.781750***	− 0.868536***
2	− 0.383298***	− 0.563846***	− 0.859432***	− 1.135592***
3	− 0.639247***	− 0.641518***	− 0.924180***	− 1.547935***
4	− 0.700724***	− 0.750415***	− 0.952584***	− 1.743558***
5	− 0.746888***	− 0.820986***	− 0.987059***	− 1.625685***
6	− 0.628645***	− 0.781822***	− 0.972929***	− 1.762267***
7	− 0.699960***	− 0.746024***	− 0.948655***	− 1.636283***
8	− 0.581285***	− 0.764297***	− 0.888942***	− 1.873794***
9	− 0.851463***	− 0.931141***	− 1.114088***	− 1.228544***
10	− 0.902368***	− 0.946333***	− 1.128118***	− 1.247070***
11	− 0.617672***	− 0.748299***	− 0.908049***	− 0.999392***
12	− 1.021829***	− 1.165438***	− 1.408461***	− 1.550762***

h	标准差倒数加权法	改进的标准差倒数加权法	持续性加权法	动态因子法
1	− 0.836408***	− 0.865307***	− 1.084639***	− 0.796250***
2	− 0.950590***	− 1.329186***	− 1.132099***	− 0.833080***
3	− 1.020513***	− 1.414851***	− 1.214064***	− 0.885816***
4	− 1.049522***	− 1.450514***	− 1.246143***	− 0.920032***
5	− 1.097906***	− 1.537227***	− 1.297068***	− 0.935990***

（续表）

h	标准差倒数 加权法	改进的标准差 倒数加权法	持续性 加权法	动态 因子法
6	− 1.071913 ***	− 1.476043 ***	− 1.273297 ***	− 0.929862 ***
7	− 1.052228 ***	− 1.479017 ***	− 1.264268 ***	− 0.900534 ***
8	− 0.978985 ***	− 1.356320 ***	− 1.144851 ***	− 0.861578 ***
9	− 1.235023 ***	− 1.734391 ***	− 1.447701 ***	− 1.080876 ***
10	− 1.252386 ***	− 1.760176 ***	− 1.481216 ***	− 1.087398 ***
11	− 1.006137 ***	− 1.405757 ***	− 1.178205 ***	− 0.864878 ***
12	− 1.556431 ***	− 2.165075 ***	− 1.826075 ***	− 1.338950 ***

注：*** 表示在 1% 的显著性水平上拒绝原假设。

3. 标题通货膨胀不是核心通货膨胀的吸引子

"标题通货膨胀不是核心通货膨胀的吸引子"检验核心通货膨胀度量能否彻底地剔除由暂时性和部门特有冲击导致的价格变化。如果核心通货膨胀度量已经彻底地剔除了由暂时性和部门特有冲击导致的价格变化，则这部分价格变化，即标题通货膨胀和核心通货膨胀之间的差异 $\pi_t - \pi_t^*$，不应该对未来的核心通货膨胀有任何的影响。因此，在式(4.2)所示的回归模型中，$\pi_t - \pi_t^*$ 的系数 β 应该等于 0。这里根据 AIC 和 BIC 等统计标准选择滞后阶数 q，并采用 Newey-West 自相关稳健性程序处理随机误差项的序列相关问题，检验结果见表 4.3。

表 4.3　标题通货膨胀不是核心通货膨胀的吸引子

h	HP 滤波法	指数平滑法	SVAR 法	剔除法
1	− 0.000018 **	0.175996 ***	0.023206	0.007485
2	0.000066 ***	0.153117 ***	0.035148	0.000945
3	0.000041 ***	0.103240 ***	− 0.090515	− 0.074481
4	0.000041 ***	0.075318 ***	− 0.003402	− 0.069489
5	0.000045 ***	0.055891 ***	0.000662	− 0.095508 **
6	0.000040 ***	0.045332 **	0.087750	− 0.108507 **
7	0.000037 ***	0.042180 **	0.118068	− 0.163986 ***
8	0.000033 **	0.044368 **	0.056280	− 0.160685 ***
9	0.000019 *	0.057899 **	0.150208	− 0.192217 ***
10	0.000023 **	0.016333	0.320444 **	− 0.175478 ***
11	0.000009	0.019324	0.291503 **	− 0.112458 **
12	0.000005	0.056718 **	0.065116	− 0.205784 ***

h	截尾 平均法	加权 中位数法	方差倒数 加权法	改进的方差 倒数加权法
1	0.115341	0.021411	− 0.004149	− 0.018952
2	0.172265 **	0.067977	− 0.021393	− 0.043550
3	0.240273 **	0.046066	− 0.052133 **	− 0.068914 **
4	0.227331 **	0.089962 **	− 0.055587 **	− 0.142873 ***
5	0.184104 *	0.150626 ***	− 0.050667 **	− 0.134312 ***
6	0.175352 *	0.096342 **	− 0.064792 **	− 0.157585 ***
7	0.090504	0.046453	− 0.094359 ***	− 0.195578 ***
8	0.126985	0.074159	− 0.076212 ***	− 0.172998 ***
9	0.001721	0.043494	− 0.109801 ***	− 0.224133 ***
10	0.061291	0.002792	− 0.093694 **	− 0.208546 ***
11	0.241605 **	0.035012	− 0.068270 ***	− 0.155471 ***
12	0.054661	0.054913	− 0.118482 ***	− 0.250398 ***

h	标准差倒数 加权法	改进的标准差 倒数加权法	持续性 加权法	动态 因子法
1	− 0.028133	− 0.152863	− 0.188729 ***	− 0.000130
2	− 0.046547	− 0.349907 ***	− 0.160412 ***	− 0.002003
3	− 0.075469 **	− 0.402169 ***	− 0.302429 ***	− 0.014996 **
4	− 0.147864 ***	− 0.384927 ***	− 0.318317 ***	− 0.014063 **
5	− 0.150052 ***	− 0.578790 ***	− 0.354481 ***	− 0.017562 **
6	− 0.163890 ***	− 0.563884 ***	− 0.381074 ***	− 0.016095 **
7	− 0.201572 ***	− 0.606793 ***	− 0.367649 ***	− 0.025104 ***
8	− 0.176989 ***	− 0.565037 ***	− 0.329350 ***	− 0.018382 ***
9	− 0.231570 ***	− 0.730189 ***	− 0.448284 ***	− 0.028221 ***
10	− 0.214960 ***	− 0.713697 ***	− 0.433702 ***	− 0.021299 ***
11	− 0.158186 ***	− 0.547227 ***	− 0.315056 ***	− 0.012692 **
12	− 0.256287 ***	− 0.848135 ***	− 0.500384 ***	− 0.028508 ***

注：***、**、*分别表示可以在1%、5%和10%的显著性水平上拒绝原假设。

表4.3所示的估计结果表明,根据 SVAR 法和加权中位数法这两种方法计算的核心 CPI 在吸引子检验 II 中具有较好的表现,表明这两种核心通货膨胀度量方法可以比较彻底地剔除由暂时性和部门特有冲击导致的价格变化;根据其他 10 种方法计算的核心 CPI 则在吸引子检验 II 中表现较差,其中,根据 HP 滤波法、指数平滑法和持续性加权法等三种方法计算的核心 CPI 几乎完全不能通

过吸引子检验 II,表明这些核心通货膨胀度量方法无法彻底地剔除由暂时性和部门特有冲击导致的价格变化。

第三节　检验结果的理论分析

上文的检验结果表明,本章考虑的 12 种核心通货膨胀度量方法都可以通过基本统计性质检验和"核心通货膨胀是标题通货膨胀的吸引子"检验,这表明这12 种核心通货膨胀度量方法都可以显著地剔除由暂时性冲击和部门特有冲击导致的价格变化。但是,这 12 种核心通货膨胀度量方法在"标题通货膨胀不是核心通货膨胀的吸引子"检验中的表现差异很大,SVAR 法和加权中位数法的表现较好,而 HP 滤波法、指数平滑法和持续性加权法的表现较差。这表明,除了SVAR 法和加权中位数法之外,其他方法,尤其是 HP 滤波法、指数平滑法和持续性加权法,都不能比较彻底地剔除由暂时性冲击和部门特有冲击导致的价格变化。那么,这一检验结果背后的理论原因是什么呢?自诞生之日起,核心通货膨胀一直被认为是货币政策应该盯住的通货膨胀指标。因此,作者将从货币政策应该盯住什么通货膨胀指标出发,对上述经验结论进行理论解释。

对于基于持续性通货膨胀定义的核心通货膨胀度量而言,其核心是区分哪些冲击导致的价格变化应该引起货币政策的反应,哪些冲击导致的价格变化不应该引起货币政策的反应。弗里德曼认为货币政策仅应该关注持续性冲击导致的持续性价格变化,从而应该在度量核心通货膨胀时剔除由暂时性冲击导致的暂时性价格变化。然而,弗里德曼并没有给出识别暂时性冲击和持续性冲击的方法,因此只能用 HP 滤波和指数平滑等统计方法去剔除暂时性价格变化。本章的检验结果表明,在未对各种冲击进行有效识别的情况下仅通过统计方法不能比较彻底地剔除由暂时性冲击导致的价格变化。Quah & Vahey(1995)推广了弗里德曼将冲击划分为暂时性冲击和持续性冲击的方法,根据 Blanchard & Quah(1989)提出的识别冲击的方法和长期菲利普斯曲线垂直的经典结论,提出将冲击划分为核心通货膨胀冲击和非核心通货膨胀冲击以及根据长期约束 SVAR 模型识别这两种冲击的方法。因此,SVAR 法可以有效地识别核心通货膨胀冲击和非核心通货膨胀冲击,从而能够比较彻底地剔除由非核心通货膨胀冲击导致的价格变化。这正是 SVAR 法在"标题通货膨胀不是核心通货膨胀的吸引子"检验中表现较好的原因。

对于基于普遍性通货膨胀定义的核心通货膨胀度量而言,其核心是区分哪些部门的价格变化应该引起货币政策的反应,哪些部门的价格变化不应该引起货币政策的反应。Aoki(2001)、Benigno(2004)和 Eusepi et al.(2011)等对此进行了比较系统的理论研究。Aoki(2001)假设经济中存在两个不同的生产部门，其中一个部门的商品价格有黏性，一个部门的商品价格无黏性。Aoki 的福利分析表明，最优的货币政策仅需对存在价格黏性部门的价格变化作出反应，即仅需稳定具有价格黏性部门的价格水平。其原因在于，外生冲击会导致福利损失的主要原因是经济中存在名义刚性——在价格存在黏性的部门，价格黏性使得厂商无法迅速调整商品价格并快速恢复原来的均衡，从而偏离均衡水平的价格波动会影响资源的有效配置并带来福利损失，因此货币政策应该重视这些部门的价格稳定；但是，在价格可以灵活调整的部门，厂商可以迅速调整商品价格从而快速恢复原来的均衡，外生冲击不会带来任何的福利损失，因此货币政策不需要对这些部门的价格波动作出任何反应。在 Aoki(2001)的基础上，Benigno(2004)进一步假设在一个货币联盟中存在两个具有不同价格黏性程度的国家，发现货币政策应该更加重视价格黏性更大地区的价格稳定，这意味着度量核心通货膨胀时应该给价格黏性更大的地区赋予更大的权重。Eusepi et al. (2011)建立了一个多部门新凯恩斯模型并通过最小化福利损失来求解各部门通货膨胀在核心通货膨胀中的最优权重，得到了一种新的核心通货膨胀度量 CONDI。他们发现，决定各部门在 CONDI 中权重大小的关键因素是各部门商品的价格黏性，价格黏性越大则该部门在核心通货膨胀中的权重越大。三类基于普遍性通货膨胀定义的核心通货膨胀度量方法，包括基于波动性的核心通货膨胀度量方法、基于动态因子的核心通货膨胀度量方法和基于持续性的核心通货膨胀度量方法，都是根据各类商品价格变化中蕴含的信息来度量核心通货膨胀的。这些核心通货膨胀方法其实都将各部门价格水平面临的冲击分为两类：一类是对各部门价格水平都有影响的冲击，一类是仅对本部门价格水平有影响的部门特有冲击。根据 Aoki(2001)、Benigno(2004)和 Eusepi et al. (2011)，一个部门面临的部门特有冲击越大，则该部门的价格波动越剧烈即价格黏性越小，该部门在核心通货膨胀中的权重也应该越小。

在本章考虑的基于普遍性通货膨胀定义的核心通货膨胀度量方法中，加权中位数法在"标题通货膨胀不是核心通货膨胀的吸引子"检验中的表现较好。根据 Bils & Klenow(2004)的研究，各类商品的价格调整频率服从非常明显的偏态分布，从而建议采用加权中位数的方法计算加总的价格黏性水平，这也许就是加权中位数法在检验中表现较好的根本原因。截尾平均法虽然与加权中位数法的原理基本相同，但是在采用截尾平均法计算核心通货膨胀时，不仅需要剔除价格波动最强的那些部门，而且需要剔除价格波动最弱的那些部门。剔除价格波动最强的那些部门是与 Aoki(2001)、Benigno(2004)和 Eusepi et al. (2011)的研究结论相吻合的，但是剔除价格波动最弱的那些部门是与理论相背离的，因为价格波动最弱即价格黏性最大的那些部门恰恰是货币政策应该重视的部门,应该在核心通货膨胀中具有更大的权重而不是在核心通货膨胀中将其剔除。这也许就是截尾平均法在检验中表现不如加权中位数法的原因。剔除法要求在计算核心通货膨胀时剔除价格波动最强即价格黏性最小的商品,这正好符合 Aoki(2001)的结论。但是,严格来说,根据 Aoki(2001)的理论,仅应该剔除价格可以完全灵活调整的部门的价格变化,而调整比较频繁的食品和能源价格依然不是完全灵活调整的,依然存在一定的价格黏性。此外,根据 Benigno(2004)和 Euse-pi et al.(2011),对于剩下的存在价格黏性的部门,依然需要根据价格黏性的大小区别对待。但是,剔除法在剔除了波动最强的部门价格变化之后,没有根据价格波动的高低区别对待剩余部门的价格变化。因此,剔除法在检验中的表现也不如加权中位数法。

除了截尾平均法和剔除法之外,方差倒数加权法、标准差倒数加权法以及改进的方差倒数加权法和标准差加权法等四种方法在"标题通货膨胀不是核心通货膨胀的吸引子"检验中的表现也不尽如人意,甚至还不如截尾平均法和剔除法。这是因为,除了价格黏性之外,Aoki(2001)、Benigno(2004)和 Eusepi et al.(2011)发现另一个决定部门通货膨胀在核心通货膨胀中权重的因素是部门的支出权重,但是波动性加权法忽略了支出权重的作用,这是存在缺陷的。假设一个部门的支出权重越来越大并趋近于1,即该部门在经济中的重要性越来越大,则即使该部门的价格黏性很小、价格波动非常剧烈,货币政策也必须对该部门的价格上涨作出足够的反应。因此,方差倒数加权法和标准差倒数加权法在检验中的表现并不好。改进的方差倒数加权和标准差倒数加权虽然考虑了支出权重的作用,但是支出权重与方差倒数和标准差倒数的量纲缺乏可比性,方差倒数和标准差倒数的数值远远大于支出权重,支出权重的作用没有体现出来,因此这两种改进的方法并未在检验中有更好的表现。

基于动态因子的核心通货膨胀在"标题通货膨胀不是核心通货膨胀的吸引子"检验中的表现也不好。基于动态因子的核心通货膨胀计算方法假设各种商品的价格变化可以按照式(4.4)所示的方式表示为核心通货膨胀与异质性相对价格变化之和。然而,式(4.4)假设核心通货膨胀对所有商品的价格变化具有相同的影响,这是有悖于经济直觉的。至少从价格黏性的角度来说,不同类型商品的价格黏性程度是不同的,价格黏性越小,则商品价格对核心通货膨胀的反应就越快。侯成琪等(2011)根据部门新凯恩斯菲利普斯曲线提出了各部门商品价格变化的理论分解公式,发现核心通货膨胀对各部门价格变化的影响是不同的,取决于各部门的价格黏性和支出权重。

基于持续性加权的核心通货膨胀度量方法在检验中的表现较差,在式(4.2)所示的回归模型中,不论 h 取何值,$\pi_t - \pi_t^*$ 的系数 β 都显著地不等于 0。这说明,基于持续性加权的核心通货膨胀度量方法不能彻底地剔除由暂时性和部门特有冲击导致的价格变化。实质上,根据各类商品价格变化的持续性计算权重可能与核心通货膨胀的基本理念背道而驰。假设 π_{jt} 服从 $AR(1)$ 过程 $\pi_{jt} = \alpha_j + \rho_j \pi_{j,t-1} + u_{jt}(u_{jt} \sim N(0, \sigma^2))$,则 π_{jt} 的方差为 $\sigma_j^2 = \dfrac{\sigma^2}{1 - \rho_j^2}$。因此,保持其他条件不变,$\pi_{jt}$ 的持续性越强从而自相关系数 ρ_j 越大,则 π_{jt} 的方差越大。根据波动性加权的原理,π_{jt} 在核心通货膨胀中的权重应该越小。但是,在持续性加权法中,π_{jt} 的持续性越强,则 π_{jt} 在核心通货膨胀中的权重越大。

第四节 小 结

本章从持续性通货膨胀和普遍性通货膨胀等核心通货膨胀的基本理念出发,提出评价核心通货膨胀的关键之处在于,检验一个核心通货膨胀度量方法能否有效、彻底地剔除标题通货膨胀中由暂时性冲击或部门特有冲击导致的价格变化,进而提出从基本统计性质、核心通货膨胀是标题通货膨胀的吸引子、标题通货膨胀不是核心通货膨胀的吸引子等三个角度对核心通货膨胀度量进行有效性评价。基本统计性质检验要求核心通货膨胀具有比标题通货膨胀更小的波动性,且两者之间的差异不应该有任何的趋势;"核心通货膨胀是标题通货膨胀的吸引子"检验要求核心通货膨胀能够显著地剔除由暂时性冲击和部门特有冲击导致的价格变化;"标题通货膨胀不是核心通货膨胀的吸引子"检验要求核心通货膨胀能够彻底地剔除由暂时性冲击和部门特有冲击导致的价格变化。

采用这三个评价标准,作者利用中国的 CPI 数据对 12 种常用的核心通货膨胀度量方法进行了有效性检验,并根据相关的货币理论对检验结果进行了理论分析。本章的研究结果表明,SVAR 法和加权中位数法是比较有效的核心通货膨胀度量方法,而其他度量方法均不能比较彻底地剔除由暂时性冲击和部门特有冲击导致的价格变化。SVAR 法和加权中位数法的优势在于,SVAR 法可以根据货币政策长期中性这个经典结论有效地区分暂时性价格变化和持续性价格变化,而加权中位数法可以根据部门价格黏性的差异区分哪些部门的价格变化应该引起货币政策的反应,哪些部门的价格变化不应该引起货币政策的反应。这表明,为了得到有效的核心通货膨胀度量,必须首先从理论上弄清哪些价格变化应该引起货币政策的反应、哪些价格变化不应该引起货币政策的反应,然后采用稳健的计量经济方法来识别不同种类的价格变化。

　　自 20 世纪 70 年代核心通货膨胀理论诞生以来,虽然经济学界和中央银行对于如何度量和评价核心通货膨胀存在诸多争议,但是也存在一个基本的共识:盯住核心通货膨胀更有利于实现稳定经济的货币政策目标,Bodenstein et al. (2008)、Siviero & Veronese(2011)和 Eusepi et al. (2011)等理论研究也已经证实了这个观点。因此,中央银行应该在货币政策反应函数中用核心通货膨胀指标代替标题通货膨胀指标,根据核心通货膨胀指标的变化进行货币政策操作。然而,关于如何在货币政策操作中合理地运用核心通货膨胀指标,相关的理论研究和应用研究还较少,还需要进一步地深入研究。

第五章 | 部门价格黏性的异质性与货币政策的传导

许多实证研究已经表明,各类商品的价格黏性存在显著的差异。Bils & Klenow(2004)采用美国劳动统计局(BLS)调查的微观价格数据,估计了美国 CPI 各大类商品的价格调整频率,发现各大类商品的价格黏性具有显著的差异。Nakamura & Steinsson(2008)使用了比 Bils & Klenow(2004)更加详尽的微观价格调查数据,对美国 CPI 各大类商品的价格黏性进行了更加深入的分析,同样发现了显著的部门价格黏性异质性的证据。lvarez et al.(2006)、Dhyne et al.(2006)和 Vermeulen et al.(2006)发现,在欧元区各大类商品的价格黏性也存在显著的差异。此外,一些理论研究表明,部门价格黏性的异质性对于货币政策的传导机制具有至关重要的影响。Carvalho(2006)的研究发现,与缺乏部门价格黏性异质性的经济相比,在存在部门价格黏性异质性的经济中,货币政策冲击具有更强的真实效应,即对真实产出具有更加显著的影响。Bouakez et al.(2009)的研究表明,不同部门价格黏性的异质性对货币政策的传导渠道具有重要的影响。当货币供应量出现意料之外的暂时性增加时,价格黏性最强的部门的产出上升得最多。Nakamura & Steinsson(2010)发现,不同部门价格黏性的异质性对于解释名义冲击对经济波动的影响至关重要。通过在模型中引入部门价格黏性的异质性,名义冲击可以解释美国经济周期波动中的 23%,与 Shapiro & Waston(1988)的实证结论非常一致。除了部门价格黏性的异质性之外,Eusepi et al.(2011)还考虑了各部门在生产技术和价格加成方面的异质性。但是,Eusepi et al. (2011) 发现，在他们提出的核心通货膨胀度量 CONDI 中，各部门的权重主要由其价格黏性程度决定。这些理论研究表明，在诸多部门异质性中，价格黏性的异质性对于理解货币政策的传导机制和经济周期波动具有至关重要的作用。国内学者在部门异质性及其对货币政策分析的影响等方面进行了一些研究。张成思(2009)的实证研究表明，中国 CPI 八大类子成分自身动态传导特征与总体 CPI 表现不同，货币政策本身的变化与不可预料的随机货币政策冲击对各大类通货膨胀指标的影响存在明显差异。侯成琪等(2011)采用部门新凯恩斯菲利普斯曲线描述了 CPI 各大类商品的通货膨胀动态，提出了一种更具货币经济学理论基础的核心通货膨胀度量方法。然而，上述研究并未估计中国各大类商品的价格黏性，从而也未能在部门价格黏性存在异质性的条件下研究中国货币政策的传导机制。

本章将按照中国 CPI 八大类商品的划分方法将中国经济划分为八个部门，首先估计中国 CPI 八大类商品的价格黏性指数，然后采用多部门新凯恩斯的分析框架，在部门价格黏性存在异质性的条件下研究中国货币政策的传导机制，并与假设所有部门完全同质情形下的货币政策传导机制进行对比。在估计各部门商品的价格黏性指数时，由于缺乏国外同类研究所采用的微观水平的价格调查数据，所以作者将证明存在多个异质性生产部门情形下的混合型新凯恩斯菲利普斯曲线，在此基础上建立采用中国 CPI 及相关宏观经济变量的历史数据估计 CPI 八大类商品价格黏性指数的计量经济模型。正如 Carvalho & Dam (2010) 指出的那样，采用加总的宏观经济数据估计部门价格黏性是一个非常有意义的研究工作。首先，如果采用宏观经济数据得到的估计结果与采用微观经济数据得到的估计结果是一致的，则可以放心地在缺乏微观经济数据的时候采用宏观经济数据进行相关的估计。其次，因为有些微观价格调整并不包含宏观经济信息，而采用宏观经济数据得到的估计结果会包含与宏观经济动态相关的价格调整信息，所以即使存在微观经济数据，采用宏观经济数据估计部门价格黏性也具有独特的意义。在研究部门价格黏性存在异质性情形下的货币政策传导机制时，本章将重点分析货币政策对不同部门产出和通货膨胀的不同影响，以及忽略部门价格黏性的异质性会给货币政策分析带来哪些影响。

第一节　一个基准的多部门新凯恩斯模型

本章采用与侯成琪等(2011)类似的多部门新凯恩斯分析框架。假设经济存在一个代表性家庭、一个完全竞争的最终商品厂商、J 个中间商品生产部门。每个中间商品生产部门都由连续统(0,1)上的垄断竞争厂商组成，对应着生产

CPI 分类中的一大类商品。在每一期,代表性家庭理性选择消费水平和劳动供给;第 j 个中间商品生产部门的所有垄断竞争厂商向代表性家庭租赁资本和雇用劳动来生产中间商品 j,然后以垄断竞争的价格出售给最终商品生产商($j=1$,$2,\cdots,J$);最终商品厂商以 J 种中间商品作为投入生产最终商品,并以完全竞争的价格出售给家庭。作者按照中国 CPI 八大类商品的划分方法将中国经济划分为八个部门,即 $J=8$。① 如果这 J 个中间商品生产部门是完全同质的,则可以将同质的中间商品生产部门合并,从而多部门新凯恩斯模型退化为单部门新凯恩斯模型。因为在新凯恩斯模型中最终商品厂商的作用是把各种中间商品复合成最终商品供家庭消费,其模型设定是相对标准化的,所以这里采用与侯成琪等(2011)相同的模型设定。为了节约篇幅,这里不再赘述。下文仅分析多部门新凯恩斯模型中其他参与者(包括中间商品厂商、家庭和中央银行)的决策。

一、中间商品厂商

每个中间商品生产部门都由连续统(0,1)上的垄断竞争厂商组成,在每一期只有部分厂商可以重新定价。采用 Calvo(1983)提出的随机价格调整模型,假设在每一期第 j 个中间商品生产部门的厂商重新定价的概率为 $1-\theta_j$,其中,θ_j 为价格黏性指数,θ_j 越大则价格黏性越大。因为第 j 个中间商品生产部门的所有厂商具有相同的生产技术,面临相同的需求函数,所以在重新定价时会选择相同的最优价格 P_{jt}^*。因为 Galí & Gertler(1999)、Zhang et al. (2008)、张成思和刘志刚(2007)、陈彦斌(2008)等国内外的经验研究都已经证实了通货膨胀动态中存在显著的惯性特征,所以采用 Christiano et al. (2005)的处理方法引入通货膨胀惯性:对于不能重新定价的厂商,假设他们会根据上一期的部门通货膨胀对产品价格进行指数化,因此这些厂商第 t 期的产品价格为 $P_{j,t-1}\Pi_{j,t-1}$,其中,$\Pi_{jt}=P_{jt}/P_{j,t-1}$,$P_{jt}$ 为第 j 个中间商品生产部门的价格指数,对应于 CPI 的一个分类价格指数。根据以上约定,在第 t 期第 j 种中间商品的价格水平为:

$$P_{jt}=\left(\theta_j\left(\Pi_{j,t-1}P_{j,t-1}\right)^{1-\varepsilon_j}+\left(1-\theta_j\right)\left(P_{jt}^*\right)^{1-\varepsilon_j}\right)^{1/(1-\varepsilon_j)} \qquad (5.1)$$

其中,ε_j 为第 j 种中间商品之间的替代弹性。

---

① 基准新凯恩斯模型中的中间商品已经是可供家庭消费的商品。本章建立的是多部门新凯恩斯模型,按照中国 CPI 八大类商品的划分方法将经济划分为八个中间商品部门,对应着生产 CPI 分类中的一大类商品。因此,在本章中各类中间商品也已经是可供家庭消费的商品,并非现实经济统计中 PPI 对应的原材料和半成品。从而,下文的分析都采用 CPI 的分类统计数据而非 PPI 的分类统计数据。

中间商品生产商向代表性家庭雇用劳动来生产中间产品。[①] 假设第 j 个中间商品生产部门的生产函数为：

$$Y_{jt}^i = A_{jt}N_{jt}^i \qquad (5.2)$$

其中，N_{jt}^i 为劳动；A_{jt} 为第 j 个部门面临的供给冲击，服从如下的 AR(1) 过程：

$$\ln A_{jt} = \rho_j \ln A_{j,t-1} + u_{jt} \qquad (5.3)$$

其中，ρ_j 为第 j 个部门面临的供给冲击的一阶自相关系数，$u_{jt} \sim N(0, \sigma_j^2)$。假设第 j 个中间商品生产部门的真实工资为 W_{jt}，则第 j 个中间商品生产部门的真实边际成本为：

$$MC_{jt} = W_{jt}(\partial N_{jt}/\partial Y_{jt}) = W_{jt}/A_{jt} \qquad (5.4)$$

中间商品生产厂商通过求解如下的优化问题来重新定价：

$$\max_{P_{jt}^*} \sum_{k=0}^{\infty} (\theta_j)^k E_t \{ Q_{t+k}(P_{jt}^* X_{j,t+k} Y_{j,t+k}^i - MC_{j,t+k} P_{t+k} Y_{jt}^i) \}$$

$$\text{s.t.} \quad Y_{j,t+k}^i = (P_{jt}^* X_{j,t+k}/P_{j,t+k})^{-\varepsilon_j} Y_{j,t+k} \qquad (5.5)$$

其中，$Y_{j,t+k}$ 为第 j 个中间商品生产部门的总产出；$Q_{t+k} = \beta^k (C_{t+k}/C_t)^{-\sigma}(P_t/P_{t+k})$ 为名义支付的折现因子（假设厂商采用与代表性家庭相同的方式对名义支付进行折现），β 为代表性家庭的效用折现因子，C_t 为代表性家庭在第 t 期的消费，σ 为相对风险厌恶系数；$X_{j,t+k} = \begin{cases} \Pi_{jt} \times \Pi_{j,t+1} \times \cdots \times \Pi_{j,t+k-1} & k \geqslant 1 \\ 1 & k = 0 \end{cases}$ 表示价格的指数化系数。[②] 该优化问题的一阶条件为：

$$\sum_{k=0}^{\infty} (\theta_j)^k E_t \{ Q_{t+k} Y_{j,t+k}^i (P_{jt}^* X_{j,t+k} - M_j MC_{j,t+k} P_{t+k}) \} = 0 \qquad (5.6)$$

其中，$M_j \equiv \varepsilon_j/(\varepsilon_j - 1)$ 为第 j 个中间商品生产部门的价格加成。

将式(5.6)在零通货膨胀稳态附近对数线性化后得到：

$$p_{jt}^* - p_{j,t-1} = (1 - \beta\theta_j) \sum_{k=0}^{\infty} (\beta\theta_j)^k E_t \{ \widehat{mc}_{j,t+k} + (\hat{p}_{t+k} - \hat{p}_{j,t+k-1}) \}$$

从而可以得到第 j 个中间商品生产部门的新凯恩斯菲利普斯曲线为：

$$\pi_{jt} = \frac{\beta}{1+\beta} E_t \{\pi_{j,t+1}\} + \frac{1}{1+\beta} \pi_{j,t-1} + \lambda_j \widehat{mc}_{jt} + \lambda_j(\hat{p}_t - \hat{p}_{jt}) \qquad (5.7)$$

[①] 因为中国缺乏与 CPI 分类口径一致的产出数据，从而无法估计各部门的生产函数，所以本章假设中间商品生产部门的厂商仅使用劳动一种投入，没有资本投入。因为本章的主题是研究部门价格黏性的异质性对货币政策传导的影响，而 Eusepi et al.(2011) 的研究也表明生产技术的部门异质性对于货币政策分析的影响不大，所以这种简化处理不会影响下文的分析。

[②] 因为中间商品生产部门的成本取决于各种投入品的价格、工资水平和资本租金等众多因素，所以在式(5.5)中应该采用加总价格水平 P_{t+k} 而非部门价格水平折算中间商品生产部门的真实边际成本。

其中，$\lambda_j \equiv (1 - \beta\theta_j)(1 - \theta_j)/(1 + \beta)\theta_j$。本章在多部门新凯恩斯模型中得到的部门菲利普斯曲线与 Christiano et al.(2005)在单部门新凯恩斯模型中得到的菲利普斯曲线的类似之处在于，第 j 个中间商品生产部门的通货膨胀受本部门的通货膨胀预期 $E_t\{\pi_{j,t+1}\}$、本部门的通货膨胀惯性 $\pi_{j,t-1}$ 和本部门的真实边际成本相对于稳态真实边际成本的对数偏离 $\widehat{mc}_{jt}$（简称为部门边际成本缺口）的影响。两者的不同之处在于，第 j 个中间商品生产部门的通货膨胀还受总体价格水平与部门价格水平之间的差异 $\hat{p}_t - \hat{p}_{jt}$（简称为部门价格缺口）的影响。因为 $\partial\lambda_j/\partial\theta_j < 0$，所以第 j 种中间商品的价格黏性越小即 θ_j 越小，则部门边际成本缺口和部门价格缺口对第 j 个中间商品生产部门的通货膨胀影响越大。这也意味着，一个部门的商品价格黏性越小即价格调整越灵活，则货币政策对该部门的通货膨胀影响越迅速。在中国缺乏微观水平的价格调查数据的条件下，作者将通过对部门新凯恩斯菲利普斯曲线的结构化估计得到部门价格黏性指数 θ_j 的估计值。

二、代表性家庭

代表性家庭理性选择消费水平和劳动供给，使终身效用最大化：

$$\max E_0 \sum_{t=0}^{\infty} \beta^t U_t = \sum_{t=0}^{\infty} \beta^t \left\{ \frac{C_t^{1-\sigma}}{1-\sigma} - \frac{N_t^{1+\varphi}}{1+\varphi} \right\}$$

其中，β 为折现因子，C_t 为家庭的消费水平，N_t 为家庭的劳动供给，σ 为相对风险厌恶系数，φ 为劳动 N_t 的真实工资弹性的倒数。家庭的劳动供给 N_t 是其在各部门劳动供给的加总，称为复合劳动。因为劳动不能在各部门之间完全自由流动，所以根据 Horvath(2000)，假设 $N_t = \left(\sum_{j=1}^{J} (\xi_j^N)^{-1/\gamma} (N_{jt})^{(\gamma+1)/\gamma} \right)^{\gamma/(\gamma+1)}$，其中，$N_{jt}$ 为家庭对第 j 个部门的劳动供给，γ 为各部门劳动投入之间的替代弹性，ξ_j^N 为稳态时第 j 个部门的劳动收入在加总劳动收入中所占的比重。

在第 t 期，家庭的支出包括两部分：一部分是消费支出 $C_t P_t$，一部分是购买单期名义无风险债券的支出 B_t。家庭的收入也包括两部分：一部分是工资收入 $\sum_{j=1}^{J} N_{jt} W_{jt} P_t$，一部分是第 $t-1$ 期购买的、在第 t 期到期的单期名义无风险债券的收益 $I_{t-1} B_{t-1}$，其中，I_t 为债券的名义利率。代表性家庭面临的预算约束为：

$$\sum_{j=1}^{J} N_{jt} W_{jt} P_t + I_{t-1} B_{t-1} = C_t P_t + B_t$$

等式两边都除以 P_t，则代表性家庭面临的预算约束可以表示为：

$$\sum_{j=1}^{J} N_{jt} W_{jt} + \frac{I_{t-1} b_{t-1}}{\Pi_t} = C_t + b_t$$

其中，$b_t = B_t/P_t$，$\Pi_t = P_t/P_{t-1}$。

采用拉格朗日乘子法，可以得到关于消费的一阶条件为：

$$1 = \beta E_t \left\{ \left(\frac{C_{t+1}}{C_t} \right)^{-\sigma} \frac{I_t}{\Pi_{t+1}} \right\} \tag{5.8}$$

关于劳动供给的一阶条件为：

$$N_t^\varphi C_t^\sigma (\xi_j^N N_t/N_{jt})^{-1/\gamma} = W_{jt} \quad (j = 1,2,\cdots,J) \tag{5.9}$$

三、货币政策规则

采用 Taylor(1993)提出的利率规则描述货币政策，并采用 Clarida, Gali & Gertler(2000)的方法引入利率平滑：

$$\hat{i}_t = \rho_I \hat{i}_{t-1} + (1 - \rho_I)(\phi_\pi E_t \{\pi_{t+1}\} + \phi_y E_t \{\hat{y}_{t+1}\}) + v_t \tag{5.10}$$

其中，$\hat{i}_t$ 表示作为货币政策工具的基准利率；ρ_I 为利率平滑系数；v_t 表示货币政策冲击，服从如下的 AR(1)过程：

$$v_t = \rho_v v_{t-1} + u_{v,t} \tag{5.11}$$

其中，ρ_v 为货币政策冲击的一阶自相关系数，$u_{v,t} \sim N(0, \sigma_v^2)$。[①]

本章建立的多部门新凯恩斯模型的均衡由方程(5.2)、(5.3)、(5.4)、(5.7)、(5.8)、(5.9)、(5.10)和(5.11)组成。作者将采用对数线性化的方法，将上述均衡性条件转化为线性方程并采用 dynare 软件进行参数估计、模型比较和冲击-响应分析。

第二节　部门价格黏性指数的估计

由于缺乏国外同类研究所采用的微观水平的价格调查数据，所以作者采用中国 CPI 及相关宏观经济变量的历史数据，通过对部门菲利普斯曲线的结构化

[①]　到底应该用价格型货币政策规则还是应该用数量型货币政策规则描述中国的货币政策，是一个素来就有争议的话题。为了检验结论的稳健性，作者采用货币效用(money in utility, MIU)的方式在模型中引入货币，并假设中央银行采用控制名义货币增长率的方式执行货币政策，重新估计了多部门新凯恩斯模型和单部门新凯恩斯模型，发现本章的结论依然成立。详见本章附录2。

估计得到中国 CPI 八大类商品的价格黏性指数。①

一、估计方法

要采用计量经济方法估计式(5.7)所示的部门菲利普斯曲线,必须解决如下两个问题:如何处理部门通货膨胀预期 $E_t\{\pi_{j,t+1}\}$ 以及如何处理部门边际成本缺口 $\widehat{mc}_{jt}$。

1. 部门通货膨胀预期

处理通货膨胀预期的常用方法有两种:一种方法采用理性预期假设描述通货膨胀预期。在理性预期假设下预期偏差与工具变量不相关,因此可以采用广义距估计(GMM)来估计预期通货膨胀的系数,比如 Galí & Gertler(1999)和 Galí et al.(2001,2005)等。一种方法则采用通货膨胀预测值的微观调查数据代表通货膨胀预期,比如陈彦斌(2008)、Zhang et al.(2008)和 Chen & Huo(2009)。中国仅有总体通货膨胀预测值的微观调查数据,没有 CPI 八大分类价格指数预测值的微观调查数据,因此本章采用理性预期假设描述部门通货膨胀预期,从而理性预期的误差 $\pi_{j,t+1} - E_t\{\pi_{j,t+1}\}$ 与 t 期以前的信息不相关。部门菲利普斯曲线可以表示为:

$$\pi_{jt} = \frac{\beta}{1+\beta}\pi_{j,t+1} + \frac{1}{1+\beta}\pi_{j,t-1} + \lambda_j\ \widehat{mc}_{jt} + \lambda_j(\hat{p}_t - \hat{p}_{jt}) + \varepsilon_{jt} \qquad (5.12)$$

其中,$\varepsilon_{jt} = -\frac{\beta}{1+\beta}(\pi_{j,t+1} - E_t\{\pi_{j,t+1}\})$。

2. 单部门经济中的边际成本缺口

处理边际成本缺口的常用方法有两种:一种是用产出缺口 $\tilde{y}_t$ 表示边际成本缺口,一种是用劳动收入在 GDP 中的份额 ls_t 表示边际成本缺口。然而,即使在单部门经济中,产出缺口 $\tilde{y}_t$ 和劳动收入份额 ls_t 与边际成本缺口 $\widehat{mc}_t$ 之间都存在一些差异。这些差异对于菲利普斯曲线的简化式估计或许不重要,但是对于结构式估计却非常重要,可能会显著影响价格黏性指数的估计值。

---

① 作者尝试通过对第二部分建立的多部门新凯恩斯模型进行贝叶斯估计得到部门价格黏性指数的估计值,却发现估计结果的质量很差。其原因在于,为了更好地估计部门价格黏性指数,需要在贝叶斯估计中使用式(5.7)所示的部门新凯恩斯菲利普斯曲线中的两个重要变量——部门边际成本缺口和部门价格缺口的观测数据。然而,DSGE 模型的贝叶斯估计要求,观测变量的个数必须小于或等于外生冲击的个数。从而,为了使用这两个重要变量的数据,必须在模型中引入过多的外生冲击(中国 CPI 分为八大类,从而需要引入 16 个外生冲击),而过多的外生冲击会影响估计结果的质量;但是,如果不使用这两个重要变量的数据,则无法对部门通货膨胀动态进行深入的分析,也会导致较低的估计质量。基于如上原因,作者选择通过对部门菲利普斯曲线的结构化估计得到中国 CPI 八大类商品的价格黏性指数。

首先,产出缺口与边际成本缺口之间存在差异。假设家庭的效用函数为 $U_t = \frac{C_t^{1-\sigma}}{1-\sigma} - \frac{N_t^{1+\phi}}{1+\phi}$,生产函数为 $Y_t = A_t N_t^{1-\alpha}$,Gali(2008)证明了,当价格黏性是唯一的名义摩擦时,边际成本缺口与产出缺口之间存在比例关系,即 $\widehat{mc}_t = \left(\sigma + \frac{\phi+\alpha}{1+\alpha}\right)\tilde{y}_t$。进一步地,如果劳动力市场也存在摩擦,则 $\widehat{mc}_t = \left(\sigma + \frac{\phi+\alpha}{1+\alpha}\right)\tilde{y}_t + \ln(\mu_t^w/\mu^w)$,其中,$\alpha$ 为生产函数中资本的份额,$\ln(\mu_t^w/\mu^w)$ 表示第 t 期的工资加成相对于其稳态水平的对数偏离。如果除了劳动之外,厂商还有资本和原材料等其他可变投入,则产出缺口 $\tilde{y}_t$ 和边际成本缺口 $\widehat{mc}_t$ 之间的关系就更复杂了。因此,对数线性化之后,边际成本缺口与产出缺口之间大致存在如下的线性关系:

$$\widehat{mc}_t = \phi\tilde{y}_t + \eta_t$$

其中,η_t 表示测量误差。从而,当以产出缺口表示边际成本缺口时,单部门经济的新凯恩斯菲利普斯曲线应该表示为:

$$\pi_t = \frac{\beta}{1+\beta}E_t\{\pi_{t+1}\} + \frac{1}{1+\beta}\pi_{t-1} + \lambda\phi\tilde{y}_t + \lambda\eta_t \qquad (5.13)$$

其中,$\lambda = (1-\beta\theta)(1-\theta)/(1+\beta)\theta$,$\theta$ 为单部门经济中的价格黏性指数。

其次,劳动收入份额与边际成本缺口之间也存在差异。Gali & Gertler(1999)认为,在理论上劳动收入份额 ls_t 可以比较准确地度量边际成本缺口 $\widehat{mc}_t$。然而,Gali,Gertler & Lopez-Salido(2001)指出,如果考虑厂商真实边际成本与经济平均真实边际成本之间的差异,则单部门经济的新凯恩斯菲利普斯曲线为:

$$\pi_t = \frac{\beta}{1+\beta}E_t\{\pi_{t+1}\} + \frac{1}{1+\beta}\pi_{t-1} + \lambda\Theta\widehat{mc}_t$$

其中,ε 表示单部门经济中中间商品之间的替代弹性,$\Theta = \frac{1-\alpha}{1-\alpha+\alpha\varepsilon}$。因此,即使在理论上劳动收入份额 ls_t 可以比较准确地度量边际成本缺口 $\widehat{mc}_t$,但是由于厂商真实边际成本与经济平均真实边际成本之间的差异以及劳动收入份额的统计误差等问题,当采用劳动收入份额表示边际成本缺口时,单部门经济的新凯恩斯菲利普斯曲线应该表示为:

$$\pi_t = \frac{\beta}{1+\beta}E_t\{\pi_{t+1}\} + \frac{1}{1+\beta}\pi_{t-1} + \lambda\phi'ls_t + \lambda\eta_t' \qquad (5.14)$$

式(5.13)和式(5.14)表明,在单部门经济新凯恩斯菲利普斯曲线的简化式估计中,产出缺口 $\tilde{y}_t$ 和劳动收入份额 ls_t 的系数不是 λ,而是 λ 乘以某个常数。

3. GMM 估计

通过上面的分析可以发现,即使在单部门经济中,由于影响因素较多从而无法得到 ϕ 或者 ϕ' 的比较准确的参数化形式,所以根据产出缺口 $\tilde{y}_t$ 或劳动收入份额 ls_t 的系数估计值不能反推出 λ 和 θ 的估计值,即在单部门经济中 λ 和 θ 是不可识别的,很难通过对新凯恩斯菲利普斯曲线的结构化估计得到加总的价格黏性指数 θ 的估计值。在多部门经济中,这个问题更加难以解决,因为即使是在经济统计非常规范和全面的美国,也没有 CPI 口径的部门产出或者部门劳动收入份额的数据。作者采用如下的方法处理多部门经济中的部门边际成本缺口。

假设部门边际成本缺口 $\widehat{mc}_{jt}$ 与总体产出缺口 $\tilde{y}_t$ 具有如下的关系:

$$\widehat{mc}_{jt} = \phi_j \tilde{y}_t + \eta_{jt}$$

其中,η_{jt} 表示测量误差,主要取决于部门特有的边际成本冲击。带入到式(5.12)中,得到:

$$\pi_{jt} = \frac{\beta}{1+\beta}\pi_{j,t+1} + \frac{1}{1+\beta}\pi_{j,t-1} + \lambda_j\phi_j\tilde{y}_t + \lambda_j(\hat{p}_t - \hat{p}_{jt}) + w_{jt} \quad (5.15)$$

其中,$w_{jt} = \varepsilon_{jt} + \lambda_j\eta_{jt}$。从式(5.15)可以发现一个非常有趣的现象,从单部门菲利普斯曲线到部门菲利普斯曲线,虽然 ϕ_j 的构成更加复杂而且根据总体产出缺口 $\tilde{y}_t$ 的系数依然不能识别出 λ_j 和 ϕ_j,但是在部门菲利普斯曲线中部门价格缺口的系数是 λ_j。这个特征增强了 λ_j 和 θ_j 的识别性。

作者采用非线性 GMM 对部门菲利普斯曲线进行结构化估计,正交条件为:

$$E\{[(1+\beta)\theta_j\pi_{jt} - \beta\theta_j\pi_{j,t+1} - \theta_j\pi_{j,t-1} - (1-\beta\theta_j)(1-\theta_j)\phi_j\tilde{y}_t -$$
$$(1-\beta\theta_j)(1-\theta_j)(\hat{p}_t - \hat{p}_{jt})]z_t\} = 0 \quad (5.16)$$

其中,z_t 为工具变量集。[①] 因为本章的估计采用季度数据,所以工具变量集包括滞后四个季度的部门通货膨胀、部门价格缺口、总体产出缺口、总体通货膨胀、$M2$ 增长率和基准利率。因为理性预期假设保证了 ε_{jt} 与 t 期以前的信息不相关,η_{jt} 取决于在第 t 期部门特有的边际成本冲击,从而也与 t 期以前的信息不相关,所以正交条件成立。

---

① 本章推导的部门新凯恩斯菲利普斯曲线存在通货膨胀惯性。当扰动项存在序列相关时,通货膨胀滞后项与扰动项非正交,这样就会导致其他相关时序变量的滞后项也与扰动项相关,最终导致估计结果非一致和有偏。张成思(2012)在估计存在通货膨胀惯性的新凯恩斯菲利普斯曲线时,采用了 Godfrey(1994)提出的方法来处理这种序列相关。因为本章的过度识别约束检验均无法拒绝"正交性条件成立"的原假设,所以这种可能存在的序列相关并不影响本章 GMM 估计结果的一致性。

二、样本数据

根据式(5.16)所示的正交条件,估计部门菲利普斯曲线需要如下变量的样本数据:总体通货膨胀、部门通货膨胀、部门价格缺口、总体产出缺口、M2 增长率和基准利率。

1. 总体通货膨胀和部门通货膨胀

采取中国 CPI 的分类方法,按照用途将商品划分为八大类:食品、烟酒及用品、衣着、家庭设备用品及维修服务、医疗保健及个人用品、交通和通信、娱乐教育文化用品及服务、居住。由于这种分类方法自 2001 年 1 月开始实施,所以采用 CPI 及其八大分类价格指数从 2001 年第一季度到 2013 年第一季度的对数环比增长率度量总体通货膨胀和部门通货膨胀。

2. 部门价格缺口

在计算部门价格缺口时,将 2000 年 12 月作为基期,并将 2000 年 12 月总体价格水平和各部门的价格水平都设定为 1,根据 CPI 及其八大分类价格指数推算出从 2001 年第一季度到 2013 年第一季度期间总体价格水平和各部门的价格水平,两者分别取自然对数后相减再进行 HP 滤波得到各部门的价格缺口。

3. 总体产出缺口、M2 增长率和基准利率

利用 CPI 将 2001 年第一季度到 2013 年第一季度期间的名义 GDP 折算为真实 GDP,先取自然对数然后采用 HP 滤波计算总体产出缺口。根据月末 M2 的存量计算月度 M2 的对数增长率,本季度 3 个月份的 M2 增长率之和即为本季度的 M2 增长率。基准利率采用中国银行间同业拆借加权平均利率(Chibor)。

所有的样本数据都来自中经网统计数据库,并采用 X12 方法剔除上述变量中的季节效应。

三、估计结果

GMM 估计的一致性取决于正交条件是否成立。这里采用 Hansen J 检验对八大部门的正交条件都进行了过度识别约束检验,均无法拒绝"正交性条件成立"的原假设(检验结果见表 5.1)。作者还采用 Stock & Yogo(2005)提出的广义 F 检验,检验可能存在内生性的提前一期的部门通货膨胀 $\pi_{j,t+1}$ 和部门价格缺口 $(\hat{p}_t - \hat{p}_{jt})$ 是否存在弱工具变量问题,发现广义 F 统计量都大于 10,即不存在弱工具变量问题(检验结果见表 5.1)。

表 5.1　过度识别约束检验和弱工具变量检验

	过度识别约束检验		广义 F 检验	
	J 统计量	P 值	pi	$(\hat{p}_t - \hat{p}_{jt})$
食品	3.5273	1.0000	65.4286	302.537
烟酒及用品	3.8925	1.0000	90.2806	382.373
衣着	6.0708	1.0000	73.8942	614.176
家庭设备用品及维修服务	3.3674	1.0000	159.4600	844.714
医疗保健及个人用品	3.4074	1.0000	24.1948	148.756
交通和通信	5.0812	1.0000	230.3640	225.009
娱乐教育文化用品及服务	4.4938	1.0000	51.9680	2 003.770
居住	3.2616	1.0000	15.1738	541.200

中国 CPI 八大类商品价格黏性指数的估计值见表 5.2。在中国 CPI 八大类商品中,价格黏性最小的是食品和居住,价格黏性指数分别为 26.98% 和 27.55%,这表示一个季度之后食品价格、居住价格保持不变的概率分别为 26.98% 和 27.55%,也表示食品价格、居住价格的调整周期分别为 1.37 个季度和 1.38 个季度。价格黏性最大的是家庭设备用品及维修服务,价格黏性指数为 68.71%,这表示一个季度之后家庭设备用品及维修服务价格保持不变的概率为 68.71%,也表示家庭设备用品及维修服务价格的调整周期为 3.20 个季度。为了检验估计结果的稳健性,作者还采用劳动收入份额表示边际成本缺口,发现对估计结果的影响不大。[①]

表 5.2　CPI 八大类商品的价格黏性指数　　　　　　　　　　　　单位:%

	产出缺口		劳动收入份额		Bils & Klenow(2004)	
	θ_j	95% 置信区间	θ_j	95% 置信区间	类别	θ_j
食品	26.98	(26.02, 27.95)	27.49	(26.77, 28.22)	食品	41.68
烟酒及用品	61.36	(59.41, 63.31)	64.48	(63.48, 65.49)		
衣着	51.52	(47.06, 55.98)	52.91	(51.28, 54.55)	衣着	35.49

---

① 采用与陈彦斌(2008)相同的处理方法,根据"城镇单位就业人员劳动报酬"占名义 GDP 的比例计算劳动收入份额。

（续表）

	产出缺口		劳动收入份额		Bils & Klenow(2004)	
	θ_j	95% 置信区间	θ_j	95% 置信区间	类别	θ_j
家庭设备用品及维修服务	68.71	(67.88, 69.55)	74.30	(73.49, 75.12)		
医疗保健及个人用品	38.51	(36.56, 40.47)	39.66	(37.55, 41.77)	医疗	74.37
交通和通信	52.42	(50.17, 54.66)	53.18	(49.54, 56.81)	交通	22.25
娱乐教育文化用品及服务	59.93	(57.61, 62.26)	60.28	(54.94, 65.61)	娱乐	69.79
居住	27.55	(25.25, 29.84)	29.68	(27.28, 32.10)	家具	39.87

表 5.2 还给出了 Bils & Klenow(2004)根据微观水平的价格调查数据估计的美国 CPI 各大类商品的价格黏性指数。由于中美两国 CPI 的分类口径不大一致,所以仅给出了与中国 CPI 分类口径有一定可比性的六类。其中,美国的食品(food)、衣着(apparel)和医疗(medical care)三类与中国的食品、衣着和医疗保健及个人用品三类的口径基本一致,但是价格黏性指数的差异很大。这与 Dhyne et al. (2006)的研究结论是吻合的,即在不同国家和地区,各类商品的价格调整行为存在很大差异。在美国 CPI 的各类商品中,交通(transportation)类的价格黏性最小,其原因是价格调整最频繁的能源在交通类中占有 30% 左右的权重。在居住类别中,Bils & Klenow(2004)仅估计了权重很小的家具(home furnishings)的价格黏性指数,没有估计自有住房的等价租金、租金和水电燃气的价格黏性指数。

第三节 多部门经济中货币政策的传导

一、参数校准和估计

本章分别采用校准和贝叶斯估计两种方法来设定模型的参数,所有参数均在季度频率上进行校准和估计。因为下文要将部门价格黏性存在异质性情形下的货币政策传导机制与所有部门完全同质情形下的货币政策传导机制进行对比,所以作者将参数估计的重点放在货币政策规则和各种外生冲击上,其他的参数采用校准的方法,这样可以保证这些参数在多部门经济和单部门经济中取值相同,从而使得对比分析不受这些参数的影响。[①] 其中,各部门的支出权重 ξ_i 采用侯成琪等(2011)估计的中国 CPI 八大分类价格指数的权重;各部门的价格黏性指数 θ_i 采用表5.2中用产出缺口表示真实边际成本时的估计值。根据国内外相关研究的通行取法,将季度折现因子 β 设定为 $(0.96)^{1/4}$;将各部门的替代弹性系数参数 ε_i 设定为6;采用对数效用函数,即将相对风险厌恶系数 σ 设定为1;假设劳动投入具有单位真实工资弹性,即 $\varphi = 1$。

按照采用贝叶斯方法估计 DSGE 模型参数的规则,观测变量的个数要小于或者等于外生冲击的个数。本章建立的模型包含九个外生冲击:货币政策冲击和八个部门的供给冲击,所以在贝叶斯估计中使用如下九个观测变量:总产出和八个部门的通货膨胀。采用 CPI 定基指数将中国的名义季度 GDP 转换为真实季度 GDP 并采用 X12 方法剔除季节波动。为了与理论模型中的产出缺口相对应,将真实季度 GDP 取对数后采用 HP 滤波剔除长期趋势。采用中国 CPI 八大分类价格指数的季度环比增长率计算部门通货膨胀率并采用 X12 方法剔除季节波动。为了与理论模型中的零通货膨胀稳态相对应,本章通过对数差分计算通货膨胀率并进行去均值处理。因为从 2001 年 1 月起国家统计局调整了 CPI 的统计口径,所以样本期从 2001 年第一季度至 2013 年第一季度。模型参数的贝叶斯估计结果如表5.3所示。表5.3分别给出了各待估参数的先验分布类型、先验分布均值、后验分布均值以及 95% 的置信区间。[②] 在估计的泰勒规则中,对产出缺口的反应系数为 0.1319,对通货膨胀的反应系数为 2.2622,表明中国货币当局更加重视稳定物价。[③] 各种冲击的一阶自相关系数和标准差均在合理的取值范围之内。

---

① 基于如下两个方面的原因,在 DSGE 模型的参数估计中,会有部分参数采用校准的方法来设定。(1)贝叶斯估计的局限。为了能够准确地估计某一参数,可能需要某些特定的变量,比如估计生产函数需要产出以及劳动和资本等生产要素的观测数据,估计价格黏性指数需要通货膨胀和真实边际成本的数据。而贝叶斯估计要求外生冲击的个数要大于或者等于观测变量的个数。这意味着,要在估计中使用更多的观测变量以改善参数估计的质量,必须引入更多的外生冲击,但是这也增加了模型的不确定性从而影响参数估计的质量。(2)DSGE 模型的稳态由变量的稳态取值和参数的取值共同决定,因此参数的取值会存在相互影响。这也要求在贝叶斯估计前根据已有研究对部分参数进行校准。

② 在利用 Dyanre 软件对 DSGE 模型进行贝叶斯估计时,研究者需要选择先验分布、观测变量、优化算法以及 Metropolis Hasting 算法参数等选项,并根据一元诊断检验和多元诊断检验判断估计结果的收敛性。检验结果表明,本章的参数估计收敛性较好(限于篇幅,这里不汇报诊断检验的结果)。

③ 关于中国的泰勒规则是否符合泰勒准则(Taylor Principle),国内的经验分析结果并不一致。谢平和罗雄(2002)、张屹山和张代强(2007)等研究发现中国的泰勒规则是不稳定的;但是,王建国(2006)发现 1997 年之后中国的泰勒规则是稳定的,郑挺国和王霞(2011)发现采用不同形式的泰勒规则以及不同方法计算的产出缺口,会得到不同的估计结果。此外,当采用贝叶斯方法估计 DSGE 模型时,得到的泰勒规则一般是稳定的,比如肖争艳和彭博(2011)、王立勇等(2012)以及侯成琪和龚六堂(2013)等。

表 5.3 多部门模型待估参数的先验分布和后验分布

参数	含义	先验分布	先验均值	后验均值	95% 的置信区间
ϕ_y	产出缺口的反应系数	Gamma	0.125	0.1319	(0.0503, 0.2110)
ϕ_π	通货膨胀的反应系数	Gamma	1.500	2.2622	(1.8875, 2.6082)
ρ_I	利率平滑系数	Beta	0.800	0.2586	(0.1612, 0.3506)
ρ_v	利率冲击的一阶自相关系数	Beta	0.800	0.3309	(0.1715, 0.4962)
σ_v	利率冲击的标准差	逆 Gamma	0.100	0.0135	(0.0118, 0.0151)
ρ_1	食品供给冲击的一阶自相关系数	Beta	0.800	0.8468	(0.7447, 0.9601)
σ_1	食品供给冲击的标准差	逆 Gamma	0.100	0.0518	(0.0438, 0.0598)
ρ_2	烟酒及用品供给冲击的一阶自相关系数	Beta	0.8	0.8191	(0.7093, 0.9305)
σ_2	烟酒及用品供给冲击的标准差	逆 Gamma	0.1	0.0332	(0.0271, 0.0390)
ρ_3	衣着供给冲击的一阶自相关系数	Beta	0.8	0.8600	(0.7776, 0.9497)
σ_3	衣着供给冲击的标准差	逆 Gamma	0.1	0.0435	(0.0354, 0.0506)
ρ_4	家庭设备用品及维修服务供击的一阶自相关系数	Beta	0.8	0.8077	(0.6947, 0.9207)
σ_4	家庭设备用品及维修服务供击的标准差	逆 Gamma	0.1	0.0338	(0.0278, 0.0397)
ρ_5	医疗保健及个人用品供给冲击的一阶自相关系数	Beta	0.8	0.7786	(0.6606, 0.8997)
σ_5	医疗保健及个人用品供给冲击的标准差	逆 Gamma	0.1	0.0428	(0.0356, 0.0493)
ρ_6	交通和通信供给冲击的一阶自相关系数	Beta	0.8	0.8066	(0.7011, 0.9158)
σ_6	交通和通信供给冲击的标准差	逆 Gamma	0.1	0.0435	(0.0359, 0.0509)
ρ_7	娱乐教育文化用品及服务供给冲击的一阶自相关系数	Beta	0.8	0.8979	(0.8356, 0.9605)
σ_7	娱乐教育文化用品及服务供给冲击的标准差	逆 Gamma	0.1	0.0456	(0.0373, 0.0532)
ρ_8	居住供给冲击的一阶自相关系数	Beta	0.8	0.8508	(0.7584, 0.9409)
σ_8	居住供给冲击的标准差	逆 Gamma	0.1	0.0378	(0.0316, 0.0437)
γ	部门劳动的替代弹性系数	Gamma	1.0	1.6632	(1.2616, 2.0809)

二、多部门模型与单部门模型的比较

在多部门新凯恩斯模型中，如果 J 个中间商品生产部门是完全同质的，则可以将同质的中间商品生产部门合并，从而多部门新凯恩斯模型退化为单部门新凯恩斯模型。单部门模型的均衡性条件如本章附录 1 所示。以中国 GDP 和 CPI 从 2001 年第一季度至 2013 年第一季度的历史数据为观测值，作者采用贝叶斯方法估计了单部门模型的参数（季度折现因子 β、相对风险厌恶系数 σ 和劳动投入的单位真实工资弹性系数 φ 依然采用前文的校准值）。模型参数的贝叶斯估计结果如表 5.4 所示。表 5.4 分别给出了单部门模型各待估参数的先验分布类型、先验分布均值、后验分布均值以及 95% 的置信区间。

表 5.4　单部门模型待估参数的先验分布和后验分布

参数	含义	先验分布	先验均值	后验均值	95%的置信区间
θ	价格黏性指数	Beta	0.800	0.8031	(0.6518, 0.9612)
ϕ_y	产出缺口的反应系数	Gamma	0.125	0.2505	(0.1086, 0.3876)
ϕ_π	通货膨胀的反应系数	Gamma	1.500	1.5503	(1.2746, 1.8266)
ρ_l	利率平滑系数	Beta	0.800	0.3256	(0.2207, 0.4299)
ρ_v	利率冲击的一阶自相关系数	Beta	0.800	0.3835	(0.2362, 0.5224)
σ_v	利率冲击的标准差	逆 Gamma	0.100	0.0141	(0.0118, 0.0159)
ρ_u	供给冲击的一阶自相关系数	Beta	0.800	0.3575	(0.1918, 0.5099)
σ_u	供给冲击的标准差	逆 Gamma	0.100	0.1480	(0.1208, 0.1735)

对比表 5.3 和表 5.4 中的估计值可以发现，即使是同一个参数，在多部门模型和单部门模型中的估计值也有非常明显的差异，比如泰勒规则中的产出缺口和通货膨胀的反应系数以及利率平滑系数，在多部门模型中的估计值分别为 0.1319、2.2622 和 0.2586，在单部门模型中的估计值分别为 0.2505、1.5503 和 0.3256。此外，在单部门模型中加总的价格黏性系数 θ 的估计值为 0.8031，大于表 5.2 中给出的 CPI 八大类商品的价格黏性系数。价格黏性系数等于 0.8031 意味着一个季度之后商品价格保持不变的概率为 80.31%，也意味着商品价格的调整周期为五个季度。然而，即使是 CPI 八大类商品中价格黏性最大的家庭设备，其价格黏性指数也仅为 0.6871。那么，到底是多部门模型低估了价格黏性还是单部门模型高估了价格黏性呢？

首先，作者采用贝叶斯因子（Bayes factor）和后验概率等指标对多部门模型和单部门模型进行了比较，研究哪个模型可以更好地描述中国经济。根据贝叶斯因子进行模型比较的准则是：如果某种模型设定的贝叶斯因子大于 $\sqrt{10}$，则表示存在实质性证据(substantial evidence)支持该模型设定;如果贝叶斯因子大于10,则表示存在强烈证据(strong evidence)支持该模型设定;如果贝叶斯因子大于100,则表示存在决定性证据(decisive evidence)支持该模型设定。[①] 表5.5的数据表明,在先验概率相等的条件下,以单部门模型为比较基准,多部门模型的贝叶斯因子为 1.0947×10^6;多部门模型的后验概率为0.4884,单部门模型的后验概率为0。这些证据都表明,与单部门模型相比,多部门模型可以更好地描述中国经济。这个结论意味着,单部门模型错误的估计(高估)价格黏性指数的可能性更大。

表5.5   贝叶斯模型比较

	单部门模型	多部门模型	单部门模型($\theta = 0.3851$)
先验概率	1/3	1/3	1/3
贝叶斯因子	1	1.0947×10^6	1.1466×10^6
后验概率	0	0.4884	0.5115

其次,作者研究高估价格黏性是否会显著降低单部门模型拟合中国经济的水平。这里将价格黏性系数 θ 的取值校准为 CPI 八大类商品价格黏性指数的加权中位数(等于0.3851)[②],然后采用贝叶斯方法重新估计单部门模型,估计结果见表5.6。估计结果表明,泰勒规则中的产出缺口和通货膨胀的反应系数以及利率平滑系数的估计结果分别为0.1352、2.4590 和0.2510,与多部门模型中的估计值非常接近。而且,表5.5所示的贝叶斯模型比较结果显示,相对于价格黏性系数 θ 取值0.8031的单部门模型,价格黏性系数 θ 取值0.3851的单部门模型的贝叶斯因子为 1.1466×10^6,后验概率为0.5115。这表明仅仅是改进价格黏性系数 θ 的估计值,就可以显著地改进单部门模型对中国经济的拟合水平。这个结论表明,单部门模型确实高估了价格黏性水平。

表5.6   单部门模型待估参数的先验分布和后验分布($\theta = 0.3851$)

参数	含义	先验分布	先验均值	后验均值	95%置信区间
ϕ_y	产出缺口的反应系数	Gamma	0.125	0.1352	(0.0470, 0.2156)
ϕ_π	通货膨胀的反应系数	Gamma	1.500	2.4590	(2.1017, 2.8093)
ρ_I	利率平滑系数	Beta	0.800	0.2510	(0.1568, 0.3438)
ρ_v	利率冲击的一阶自相关系数	Beta	0.800	0.7887	(0.6456, 0.9319)

---

① 关于如何采用贝叶斯方法进行模型比较,见 Greenberg(2008)。
② 至于为什么采用加权中位数而非加权平均数,见 Bils & Klenow(2004)。

参数	含义	先验分布	先验均值	后验均值	95% 置信区间
σ_v	利率冲击的标准差	逆 Gamma	0.100	0.0151	(0.0122, 0.0176)
ρ_u	供给冲击的一阶自相关系数	Beta	0.800	0.5596	(0.4106, 0.6979)
σ_u	供给冲击的标准差	逆 Gamma	0.100	0.0204	(0.0172, 0.0236)

上面的分析表明,单部门模型会高估加总的价格黏性水平,从而降低了其与中国经济的拟合程度。作者认为,单部门模型会高估加总价格黏性的原因在于,单部门模型完全忽略了各部门的异质性价格波动,而在加总时这些部门异质性价格波动会相互抵消,从而导致加总经济的价格更具黏性。

三、货币政策冲击的传导

图 5.1 给出了在各部门的价格黏性存在异质性的多部门经济中,货币政策冲击对各部门产出和通货膨胀的影响。很显然,货币政策冲击对各部门的影响存在显著的差异。按照货币政策冲击对各部门产出的影响从小到大排序,依次为食品、居住、医疗保健及个人用品、交通和通信、衣着、娱乐教育文化用品及服务、烟酒及用品、家庭设备用品及维修服务;按照货币政策冲击对各部门通货膨胀的影响从小到大排序,依次为家庭设备用品及维修服务、娱乐教育文化用品及服务、烟酒、交通和通信、衣着、医疗保健及个人用品、食品和居住。从与各部门的价格黏性对比可以发现,一个部门的价格黏性越小,则货币政策冲击对该部门的通货膨胀影响越大,对该部门的产出影响越小,比如食品和居住;一个部门的价格黏性越大,则货币政策冲击对该部门的产出影响越大,对该部门的通货膨胀影响越小,比如家庭设备。出现这种现象的原因在于,提高利率的紧缩性货币政策会抑制总需求,各部门商品的需求都会下降。在价格可以灵活调整的部门,厂商可以迅速调整产品价格来实现市场出清和资源的优化配置,因此货币政策冲击对该部门的价格影响较大,对该部门的产出影响较小;在价格黏性较大的部门,厂商无法通过调整价格实现市场出清,从而只能削减产出,因此货币政策冲击对该部门的产出影响较大,对该部门的价格影响较小。

货币政策冲击对各部门影响的异质性对于当前中国的货币政策具有很强的现实意义。近年来中国食品和居住类价格上涨较快并带动 CPI 上涨的现象备受关注。之所以食品和居住类价格上涨较快,是因为食品和居住类的价格黏性较小,从而当货币当局试图通过宽松的货币政策刺激经济平稳增长时,食品和居住类价格会率先上涨。因为食品和居住类价格在中国 CPI 中占有 50% 以上的权重,所以这两类价格的快速上涨会带动 CPI 的快速上涨。而为了抑制食品和居

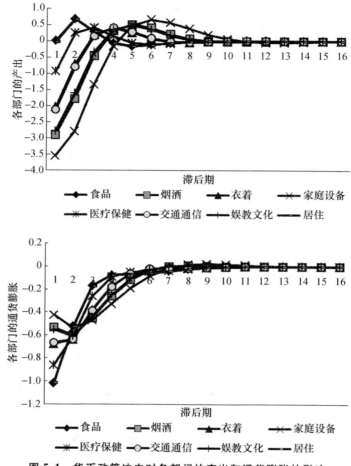

图 5.1　货币政策冲击对各部门的产出和通货膨胀的影响

住类价格的过快上涨而实施的紧缩性货币政策虽然可以抑制通货膨胀,但是会导致并未出现通货膨胀的家庭设备等价格黏性较大的部门的产出大幅下降。很显然,部门异质性加大了货币政策实施的难度,很容易导致货币政策顾此失彼。货币当局应该如何统筹考虑各个部门的异质特征从而更好地实现稳定经济的目标,是近年来货币经济学领域新兴的一个前沿课题,Bouakez et al.(2009)、Nakamura & Steinsson(2010)、Siviero & Veronese(2011)和 Eusepi et al.(2011)等对该问题进行了初步的探讨。

　　图 5.2 给出了在各部门的价格黏性存在异质性的多部门新凯恩斯模型中,货币政策冲击对加总的产出和通货膨胀的影响,并与假设所有部门完全同质的

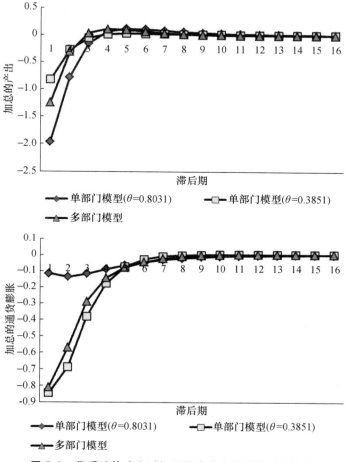

图 5.2　货币政策冲击对加总的产出和通货膨胀的影响

单部门新凯恩斯模型进行了对比。对比结果表明,如果单部门模型中加总的价格黏性指数采用被高估的贝叶斯估计值,即 $\theta=0.8031$,则单部门模型中的货币政策冲击表现出远超多部门模型的非中性特征,即对产出的影响很大而对通货膨胀的影响很小;如果单部门模型中加总的价格黏性指数采用多部门模型中八大类商品价格黏性指数的加权中位数,即 $\theta=0.3851$,则单部门模型中货币政策冲击对加总产出和通货膨胀的影响与多部门模型非常相近。这与 Bils & Klenow (2004)的结论是相同的。Bils & Klenow(2004)在研究美国 CPI 及其大类商品的价格黏性水平时发现,各类商品的价格黏性水平表现出非常明显的非正态分布特征,从而建议采用加权中位数的方法计算加总的价格黏性水平;而且,如果在单部门模型中采用多部门模型中各类商品价格黏性指数的加权中位数校准加总的价格黏性指数,则单部门模型可以很好地近似多部门模型中货币政策冲击对加总产出和通货膨胀的反应。这也是在前文的对比分析中加总的价格黏性指数取值为各类商品价格黏性指数的加权中位数的原因。

本章第二节的研究表明,在单部门新凯恩斯模型的菲利普斯曲线中,产出缺口 $\tilde{y}_t$ 和劳动收入份额 ls_t 的系数不是 $\lambda \equiv (1-\beta\theta)(1-\theta)/(1+\beta)\theta$,而是 λ 乘以未知的某个常数,从而在单部门新凯恩斯模型的菲利普斯曲线中 λ 和 θ 是不可识别的,即很难通过对新凯恩斯菲利普斯曲线的结构化估计得到加总的价格黏性指数的估计值。而本节的研究表明,单部门新凯恩斯模型的贝叶斯估计会高估加总的价格黏性指数。因此,首先估计各类商品的价格黏性指数然后通过计算加权中位数来校准加总的价格黏性指数,是一个比较可靠的方法。

第四节　小　　结

国外已有的研究表明,各类商品的价格黏性存在显著的差异,而且价格黏性的异质性对于货币政策的传导机制具有至关重要的影响。本章按照中国 CPI 八大类商品的划分方法将中国经济划分为八个部门,提出了一种采用宏观经济数据对部门新凯恩斯菲利普斯曲线进行结构化 GMM 估计的方法来估计中国 CPI 八大类商品的价格黏性指数,发现各类商品的价格黏性存在非常显著的差异。其中,价格黏性最小的是食品和居住,其价格调整周期分别为 1.37 个季度和 1.38 个季度;价格黏性最大的是家庭设备,其价格调整周期为 3.20 个季度。

货币政策分析的结果表明,货币政策冲击对各部门产出和通货膨胀的影响取决于部门的价格黏性水平——部门价格黏性越大,则货币政策冲击对部门产出的影响越大、对部门通货膨胀的影响越小,反之亦然。本章的研究还发现,单部门新凯恩斯模型的贝叶斯估计会高估加总的价格黏性水平,而用各类商品价格黏性指数的加权中位数校准加总的价格黏性指数可以使单部门新凯恩斯模型较好地近似多部门新凯恩斯模型中货币政策冲击对加总产出和通货膨胀的反应。

在部门异质性条件下研究货币经济的相关问题,不仅是近年来货币经济学领域新兴的一个前沿课题,而且对于当前中国的货币政策具有很强的现实意义。近年来中国食品和居住类价格上涨较快并带动 CPI 上涨的现象备受关注,而部门异质性的存在导致货币政策经常顾此失彼。如何统筹考虑各个部门的异质性特征从而使货币政策更好地实现稳定经济的目标,将是货币当局和经济学界亟待解决的重要课题。

附　　录

附录1　单部门新凯恩斯模型的均衡性条件

多部门新凯恩斯模型中关于厂商的均衡性条件,即方程(5.2)、(5.3)、(5.4)和(5.7),在单部门新凯恩斯模型中分别转化为:

$$Y_t = A_t N_t \tag{5.17}$$

$$\ln A_t = \rho_u \ln A_{t-1} + u_t \tag{5.18}$$

$$MC_t = W_t / A_t \tag{5.19}$$

$$\pi_t = \frac{\beta}{1+\beta} E_t \{\pi_{t+1}\} + \frac{1}{1+\beta} \pi_{t-1} + \lambda \widehat{mc}_t \tag{5.20}$$

其中,$\lambda \equiv (1-\beta\theta)(1-\theta)/(1+\beta)\theta$,$\theta$ 为单部门新凯恩斯模型的价格黏性系数。在多部门新凯恩斯模型中关于家庭的均衡性条件中,关于消费的一阶条件不变,关于劳动供给的一阶条件为:

$$N_t^\varphi C_t^\sigma = W_t \tag{5.21}$$

关于货币政策的均衡性条件依然为方程(5.10)和(5.11)。

附录2　数量型货币政策规则下的分析结果

采用 MIU 的方式在模型中引入货币,代表性家庭的效用函数为:

$$U_t = \frac{C_t^{1-\sigma}}{1-\sigma} + \frac{m_t^{1-\upsilon}}{1-\upsilon} - \frac{N_t^{1+\varphi}}{1+\varphi} \tag{5.22}$$

其中,$m_t = M_t/P_t$ 为真实货币余额,M_t 为名义货币余额。假设中央银行采用控制名义货币增长率 G_t 的方式执行货币政策,其中,$G_t = M_t/M_{t-1}$,则 $m_t = \dfrac{G_t}{\Pi_t} m_{t-1}$。在稳态附近对数线性化后得到:

$$\hat{m}_t = \hat{m}_{t-1} - \pi_t + \hat{g}_t \tag{5.23}$$

这里 $\hat{g}_t$ 表示货币政策冲击,服从 AR(1)过程 $\hat{g}_t = \rho_g \hat{g}_{t-1} + u_{g,t}$,其中,$u_{g,t} \sim N(0, \sigma_g^2)$。

采用式(5.23)所示的数量型货币政策规则代替式(5.10)所示的价格型货币政策规则,作者重新估计了多部门新凯恩斯模型和单部门新凯恩斯模型,发现正文得到的分析结果依然成立。首先,在多部门经济中,货币政策冲击对各部门产出和通货膨胀的影响取决于部门的价格黏性水平——部门价格黏性越大,则货币政策冲击对部门产出的影响越大、对部门通货膨胀的影响越小,反之亦然(见图5.3)。其次,单部门新凯恩斯模型的贝叶斯估计会高估加总的价格黏性水平,其估计值为0.8036,与采用价格型货币政策规则得到的估计值基本相同;而且,用各类商品价格黏性指数的加权中位数校准加总的价格黏性指数可以显著提高单部门模型对中国经济的拟合程度(见表5.7),并使单部门新凯恩斯模型较好地近似多部门新凯恩斯模型中货币政策冲击对加总产出和通货膨胀的影响(见图5.4)。

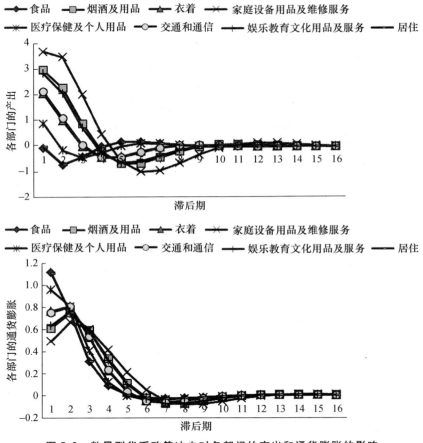

图5.3 数量型货币政策冲击对各部门的产出和通货膨胀的影响

表5.7 数量型货币政策规则下的贝叶斯模型比较

	单部门模型	多部门模型	单部门模型($\theta = 0.3851$)
先验概率	1/3	1/3	1/3
贝叶斯因子	1	2 556	78
后验概率	0.0004	0.9700	0.0296

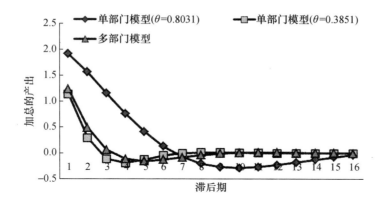

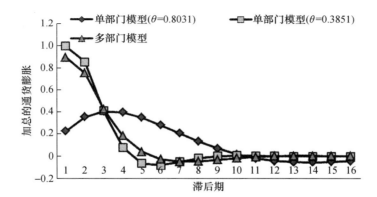

图 5.4 数量型货币政策冲击对加总的产出和通货膨胀的影响

第六章 食品价格、核心通货膨胀与货币政策目标

近年来食品价格上涨较快并拉动中国 CPI 持续走高的现象备受关注。其实,回顾 2001 年以来中国 CPI 及其八大分类价格指数的历史数据可以发现,食品价格上涨较快一直是中国 CPI 数据中的一个典型特征。那么,作为以稳定物价为重要目标甚至首要目标的宏观经济政策,货币政策应该如何应对食品价格的较快上涨呢? 目前存在两种截然不同的观点:一种观点认为,货币政策应该根据食品价格在 CPI 中的权重对食品价格上涨作出足够的反应,以平抑食品价格的过快上涨;另一种观点认为,货币政策应该盯住剔除食品和能源价格后的核心通货膨胀,从而不对食品价格上涨作出任何反应。作者认为,以上两种观点都有失偏颇。本章将采用多部门新凯恩斯的分析框架,首先找到导致食品价格较快上涨的原因并在理论模型中予以充分体现,然后通过福利分析研究货币政策应该如何应对中国的食品价格上涨。

第一节 中国食品价格上涨的特征

表 6.1 给出了从 2001 年第一季度到 2013 年第一季度用 CPI 计算的总体通货膨胀以及用 CPI 八大分类价格指数计算的部门通货膨胀的描述统计指标。食品部门的平均通货膨胀为 1.50%,是总体平均通货膨胀的 2.4 倍;居住部门的

平均通货膨胀略高于总体平均通货膨胀,其余六个部门的平均通货膨胀远低于总体平均通货膨胀。此外,根据标准差、最大值和最小值等波动性指标,食品部门通货膨胀的波动性也远远大于总体通货膨胀和其余七个部门通货膨胀的波动性。食品部门通货膨胀的标准差为 3.10,是总体平均通货膨胀标准差的 2.6 倍。可见,自 2001 年以来,食品价格一直存在上涨较快且波动剧烈的特征。这不仅给居民的日常生活带来了极大的不便,而且给宏观经济的稳定带来了不利影响。

表 6.1　CPI 及其八大分类价格指数的描述统计指标

	CPI	食品	烟酒及用品	衣着	家庭设备用品及维修服务	医疗保健及个人用品	交通和通信	娱乐教育文化用品及服务	居住
平均值	0.63	1.50	0.33	-0.23	-0.04	0.33	-0.24	0.08	0.76
最大值	3.06	8.29	1.30	3.37	1.00	2.48	0.90	2.67	3.48
最小值	-2.11	-6.28	-0.60	-2.41	-1.10	-1.00	-1.71	-1.31	-4.64
标准差	1.20	3.10	0.39	1.41	0.54	0.64	0.50	0.85	1.29

那么,作为以稳定物价为重要目标甚至首要目标的宏观经济政策,货币政策应该如何应对食品价格的较快上涨呢?目前存在两种截然不同的观点:一种观点认为,既然世界各国的中央银行普遍采用盯住 CPI 的货币政策,那么就应该根据食品价格在 CPI 中的权重对食品价格上涨作出反应。食品价格的权重越大,则食品价格上涨对 CPI 的影响就越大,货币政策的反应就应该越强烈。由于食品价格在中国 CPI 中占有三分之一左右的权重,所以盯住 CPI 的货币政策必然会对中国食品价格的较快上涨作出强烈反应。然而,因为货币政策要经过一个较长且不确定的时滞期才能对价格水平产生影响,所以中国食品价格的剧烈波动会使盯住 CPI 从而对食品价格波动作出强烈反应的货币政策无法起到稳定物价的作用,甚至会适得其反。另一种观点认为,货币政策应该盯住剔除食品和能源价格后的核心通货膨胀,从而不对食品价格上涨作出任何反应。这个观点起源于 20 世纪 70 年代[①],并得到了 Mishkin(2007)和 Bodenstein et al.(2008)的理

---

　　① 20 世纪 70 年代石油出口国大幅度提高原油价格,导致发达的工业化国家发生了严重的成本推动型通货膨胀,而抑制通货膨胀的紧缩性货币政策又导致经济的停滞。当时的学者经过反思后认为,食品和能源的价格波动受暂时性冲击的影响很大,而货币政策的时滞性决定了货币政策不应该对暂时性价格波动作出反应,从而提出了剔除食品和能源价格的核心通货膨胀度量方法。

论研究支持。他们发现,相对于盯住 CPI 的货币政策,盯住剔除食品和能源价格后的核心通货膨胀的货币政策能够降低食品价格冲击和能源价格冲击对经济的影响。然而,食品支出在中国居民消费支出中占有三分之一左右的权重,不对食品价格上涨作出任何反应显然会提高居民的生活成本。

既然上述两种观点都存在明显缺陷,那么是否存在能够更好地应对食品价格较快上涨的货币政策策略呢? 作者认为,虽然上述两种观点都存在缺陷,但是其解决问题的思路存在共性并且具有借鉴价值——在研究货币政策应该如何应对食品价格上涨这个问题时,首先研究货币政策应该盯住何种通货膨胀指标,然后根据食品价格在这种通货膨胀度量中的权重决定货币政策应该如何对食品价格上涨作出反应。根据 Silver(2007)、Wynne(2008)以及侯成琪和龚六堂(2013)的理论综述,自剔除食品和能源价格这种核心通货膨胀度量方法诞生以来,经济学家们又提出了许多新的核心通货膨胀度量方法,而且对"为什么货币政策应该盯住核心通货膨胀"这一问题达成了基本的共识——因为货币政策要经过一个较长且不确定的时滞期才能发挥作用,所以货币政策应该仅盯住标题通货膨胀的持续性成分;因为货币政策是一种总量调节政策,不具备结构调节功能,所以货币政策应该仅盯住标题通货膨胀的普遍性成分,从而形成了可以追溯到弗里德曼的持续性通货膨胀以及奥肯和弗莱明的普遍性通货膨胀(generalized inflation)的核心通货膨胀定义。核心通货膨胀理论的发展为我们研究"货币政策应该如何应对食品价格上涨"这个问题提供了更好的选择——可以选择最适合中国经济的核心通货膨胀度量方法并根据食品价格在这种核心通货膨胀度量中的权重决定货币政策应该如何对食品价格上涨作出反应。具体而言,本章将采用 Rotemberg & Woodford(1997,1999)和 Woodford(2003)倡导的福利评价方法——最优的通货膨胀度量方法是能够使外生冲击导致的福利损失最小化的通货膨胀度量方法——来研究货币政策应该盯住 CPI 还是某种核心通货膨胀,在此基础上研究货币政策应该如何应对食品价格的较快上涨。采用福利评价标准的理论逻辑在于:货币政策的目标是经济稳定,其中最重要的是价格稳定和产出稳定,因此最优的货币政策应该使经济波动最小化即福利损失最小化,从而最优的通货膨胀度量方法应该能够使盯住该通货膨胀指标的货币政策最优。

为了使研究更加具有针对性,必须找到导致食品价格较快上涨的原因并在理论模型中予以体现。根据纪敏和王月(2011)等对中国食品价格较快上涨的原因分析并结合相关的货币经济理论,本章将主要考虑如下三个因素:① 食品的需求价格弹性较小;② 食品的价格黏性较小;③ 食品供给受自然灾害和国际粮价等外部供给冲击的影响较大。[①] 从短期经济波动的角度来看,食品供给冲击会导致食品价格波动;面对不利的供给冲击,需求缺乏弹性的商品会出现更大幅度的价格上涨,价格黏性较小会使供给冲击带来的成本上升更快地传导到商品价格上。然而,作为目前主流的货币经济分析框架,经典的新凯恩斯模型通常假设经济中只存在一个生产部门,这相当于假设所有生产部门都是同质的,从而无法处理食品部门在如上三个方面的异质性。因此,本章将建立一个存在多个异质性生产部门的新凯恩斯模型来描述食品部门在需求价格弹性、价格黏性和供给冲击等方面的异质性。Carvalho(2006)、Bouakez et al. (2009)和 Nakamura & Steinsson(2010)等的研究表明,存在多个异质性生产部门的新凯恩斯模型能够更好地描述货币政策的传导机制以及名义冲击对实体经济的影响。

第二节　存在多个异质性生产部门的新凯恩斯模型

假设经济存在一个代表性家庭、一个完全竞争的最终商品生产商、J 个完全竞争的复合中间商品生产商、J 个中间商品生产部门。每个中间商品生产部门都对应着生产 CPI 分类中的一大类商品,由连续统(0,1)上的垄断竞争的中间商品生产商组成,生产同质但是可分的商品。在每一期,代表性家庭理性选择消费水平、劳动供给和资本积累;第 j 个中间商品生产部门的中间商品生产商向代表性家庭雇用劳动并租赁资本来生产中间商品 j,并以垄断竞争的价格出售给第 j 个复合中间商品生产商;第 j 个复合中间商品生产商以第 j 个中间商品生产部门的中间商品作为投入生产第 j 种复合中间商品,并以完全竞争的价格出售给最终商品生产商;最终商品生产商以这 J 种复合中间商品作为投入生产最终商品,并以完全竞争的价格出售给代表性家庭($j = 1, 2, \cdots, J$)。作者按照中国 CPI 八大类商品的划分方法将中国经济划分为八个部门,即 $J = 8$。

一、最终商品生产商

在已有的多部门新凯恩斯模型中,比如 Bouakez et al. (2009)和 Nakamura & Steinsson(2010),都采用常数替代弹性(CES)生产函数将复合中间商品复合成

---

① 除了上述三个因素之外,还有其他因素会导致食品价格较快上涨,比如中国流通体制与市场建设滞后、食品部门技术进步和产能调整缓慢。因为本章的研究主题是研究货币政策应该如何应对食品价格的较快上涨,而这些因素要么与货币政策无关(比如流通体制与市场建设滞后),要么为长期因素从而无法在研究经济短期波动的货币经济模型中予以体现(比如食品部门技术进步和产能调整缓慢),所以在建模时没有考虑这些因素。

最终商品,从而各类复合中间商品具有相同的替代弹性和需求价格弹性。因此,常用的 CES 生产函数不能描述"食品具有较小的需求价格弹性"这个典型特征。然而,构造一个能够描述具有三种或者三种以上投入且彼此之间具有不同替代弹性和需求价格弹性的生产函数,一直是经济学中的一个难题,详见 Sato & Hoffman(1968)、Revankar(1971)、Lovell(1973)、Jones & Manuelli(1990)和 Antony(2010)。为了能够在模型中体现"食品具有较小的需求价格弹性"这个典型特征,作者假设除食品之外的其他各类商品都具有相同的需求价格弹性,构造了如下的分组 CES 生产函数来描述食品和其他各类商品在需求价格弹性方面的异质性:

$$Y_t = \left((\xi_1)^{1/\eta} (Y_{1t})^{(\eta-1)/\eta} + (a)^{1/\eta} \left(\left(\sum_{j=2}^{J} (b_j)^{1/\zeta} (Y_{jt})^{(\zeta-1)/\zeta} \right)^{\zeta/(\zeta-1)} \right)^{(\eta-1)/\eta} \right)^{\eta/(\eta-1)}$$

$$(6.1)$$

其中,第一种复合中间商品表示食品,其需求和支出权重分别为 Y_{1t} 和 ξ_1;其他各种复合中间商品的需求、支出权重分别由 Y_{jt} 和 $\xi_j \equiv ab_j$ 表示($j = 2, 3, \cdots, J$);$\sum_{j=2}^{J} b_j = 1, \xi_1 + a = \xi_1 + a \sum_{j=2}^{J} b_j = \sum_{j=1}^{J} \xi_j = 1$。最终商品生产商在最终商品的价格 P_t 和复合中间商品的价格 P_{jt} 给定的条件下,选择复合中间商品的最优需求 Y_{jt} 来实现利润最大化,因此其面临的优化问题是:

$$\max_{\{Y_{jt}\}} P_t \left((\xi_1)^{1/\eta} (Y_{1t})^{(\eta-1)/\eta} + (a)^{1/\eta} \left(\left(\sum_{j=2}^{J} (b_j)^{1/\zeta} (Y_{jt})^{(\zeta-1)/\zeta} \right)^{\zeta/(\zeta-1)} \right)^{(\eta-1)/\eta} \right)^{\eta/(\eta-1)} - \sum_{j=1}^{J} P_{jt} Y_{jt}$$

为了便于求解,记

$$\bar{Y}_{2t} = \left(\sum_{j=2}^{J} (b_j)^{1/\zeta} (Y_{jt})^{(\zeta-1)/\zeta} \right)^{\zeta/(\zeta-1)}, \quad \bar{P}_{2t} = \left(\sum_{j=2}^{J} b_j (P_{jt})^{1-\zeta} \right)^{1/(1-\zeta)}$$

求解上述优化问题可以得到第一种复合中间商品即食品的需求函数为:

$$Y_{1t} = \xi_1 Y_t (P_t/P_{1t})^{\eta} \qquad (6.2)$$

其他各种复合中间商品的需求函数为:

$$Y_{jt} = \xi_j Y_t (P_t/\bar{P}_{2t})^{\eta} (\bar{P}_{2t}/P_{jt})^{\zeta} \qquad (j = 2, 3, \cdots, J) \qquad (6.3)$$

因此,食品的需求价格弹性为 η,其他各类复合中间商品的需求价格弹性为 ζ,假设 $\eta < \zeta$ 即可表示"食品具有较小的需求价格弹性"这个典型特征。食品需求缺乏价格弹性意味着,供给冲击导致的生产成本上升会更多地转嫁到消费者身上,导致食品价格的较快上涨。

将各类复合中间商品的需求函数代入式(6.1),得到最终商品的价格为:
$$(P_t)^{1-\eta} = (\xi_1 (P_{1t})^{1-\eta} + a (\bar{P}_{2t})^{1-\eta})$$
将最终商品的价格公式在稳态附近对数线性化可以得到与现实经济的 CPI 类似的支出加权的价格指数:
$$\hat{p}_t = \xi_1 \hat{p}_{1t} + a \hat{\bar{p}}_{2t} = \sum_{j=1}^{J} \xi_j \hat{p}_{jt} \tag{6.4}$$

二、复合中间商品生产商

第 j 个复合中间商品生产商向第 j 个中间商品生产部门的中间商品生产商 i 购买 Y_{jt} 单位的第 j 种中间商品,并采用如下的 CES 生产函数生产复合中间商品:
$$Y_{jt} = \left(\int_0^1 (Y_{jt}^i)^{(\varepsilon_j - 1)/\varepsilon_j} \mathrm{d}i \right)^{\varepsilon_j/(\varepsilon_j - 1)} \tag{6.5}$$
其中,ε_j 为第 j 种中间商品之间的替代弹性(因为本章并未考虑各部门中间商品之间替代弹性的异质性,所以 $\varepsilon_j \equiv \varepsilon, j = 1, 2, \cdots, J$)。第 j 个复合中间商品生产商在第 j 种复合中间商品的价格 P_{jt} 和第 j 种中间商品的价格 P_{jt}^i 给定的条件下,选择最优需求 Y_{jt}^i 实现利润最大化,因此其面临的优化问题是:
$$\max_{\{Y_{jt}^i\}} P_{jt} \left(\int_0^1 (Y_{jt}^i)^{(\varepsilon_j - 1)/\varepsilon_j} \mathrm{d}i \right)^{\varepsilon_j/(\varepsilon_j - 1)} - \int_0^1 P_{jt}^i Y_{jt}^i \mathrm{d}i$$
求解该优化问题得到最优需求 Y_{jt}^i:
$$Y_{jt}^i = (P_{jt}^i / P_{jt})^{-\varepsilon_j} Y_{jt} \tag{6.6}$$
将式(6.6)代入式(6.5),得到第 j 种复合中间商品的价格指数为:
$$P_{jt} = \left(\int_0^1 (P_{jt}^i)^{1-\varepsilon_j} \mathrm{d}i \right)^{1/(1-\varepsilon_j)}、$$
根据需求函数和价格公式,可以得到总支出的表达式:
$$\sum_{j=1}^{J} \int_0^1 P_{jt}^i Y_{jt}^i \mathrm{d}i = \sum_{j=1}^{J} P_{jt} Y_{jt} = P_t Y_t$$

三、中间商品生产商

每个中间商品生产部门都由连续统(0,1)上的垄断竞争厂商组成,在每一期只有部分厂商可以重新定价。采用 Calvo(1983)提出的随机价格调整模型,假设在每一期第 j 个中间商品生产部门的厂商重新定价的概率为 $1 - \theta_j$,其中,θ_j 为价格黏性指数,θ_j 越大则价格黏性越大。因为第 j 个中间商品生产部门的所有厂商具有相同的生产技术,面临相同的需求函数,所以在重新定价时会选择相同

的最优价格 P_{jt}^*。因为 Galí & Gertler(1999)、Zhang et al. (2008)、张成思和刘志刚(2007)、陈彦斌(2008)等国内外的经验研究都已经证实了通货膨胀动态中存在显著的惯性特征,所以采用 Christiano et al. (2005)的处理方法引入通货膨胀惯性:对于不能重新定价的厂商,假设它们会根据上一期的部门通货膨胀对产品价格进行指数化,因此这些厂商第 t 期的产品价格为 $P_{j,t-1}\Pi_{j,t-1}$,其中,$\Pi_{jt} = P_{jt}/P_{j,t-1}$。根据以上约定,在第 t 期第 j 种中间商品的价格水平为:

$$P_{jt} = (\theta_j (\Pi_{j,t-1} P_{j,t-1})^{1-\varepsilon_j} + (1 - \theta_j)(P_{jt}^*)^{1-\varepsilon_j})^{1/(1-\varepsilon_j)} \qquad (6.7)$$

将式(6.7)在零通货膨胀稳态附近对数线性化后得到:

$$\pi_{jt} = \theta_j \pi_{j,t-1} + (1 - \theta_j)(p_{jt}^* - p_{t-1})$$

中间商品生产商向代表性家庭雇用劳动并租赁资本来生产中间产品。假设第 j 个中间商品生产部门的生产函数为:

$$Y_{jt}^i = A_{jt}(K_{j,t-1}^i)^{\alpha_j}(N_{jt}^i)^{1-\alpha_j}$$

其中,K_{jt}^i 为资本,N_{jt}^i 为劳动;A_{jt} 为第 j 个部门面临的供给冲击,服从 AR(1)过程 $\ln A_{jt} = \rho_j \ln A_{j,t-1} + u_{jt}(u_{jt} \sim N(0, \sigma_j^2))$。因为本章并未考虑各部门生产函数的异质性,所以 $\alpha_j \equiv \alpha(j = 1, 2, \cdots, J)$。假设第 j 个中间商品生产部门的真实工资为 W_{jt},资本成本为 R_{jt},则求解成本最小化问题可以得到:

$$R_{jt}K_{j,t-1}^i = \frac{\alpha_j}{1 - \alpha_j}W_{jt}N_{jt}^i$$

从而,第 j 个中间商品生产部门的真实边际成本为:

$$MC_{jt} = \frac{1}{A_{jt}}\left(\frac{1}{1 - \alpha_j}\right)^{1-\alpha_j}\left(\frac{1}{\alpha_j}\right)^{\alpha_j}(R_{jt})^{\alpha_j}(W_{jt})^{1-\alpha_j} \qquad (6.8)$$

中间商品生产厂商通过求解如下的优化问题来重新定价:

$$\max_{P_{jt}^*} \sum_{k=0}^{\infty} (\theta_j)^k E_t\{Q_{t+k}(P_{jt}^* X_{j,t+k}Y_{j,t+k}^i - MC_{j,t+k}P_{t+k}Y_{j,t+k}^i)\}$$

$$\text{s. t.} \quad Y_{j,t+k}^i = (P_{jt}^* X_{j,t+k}/P_{j,t+k})^{-\varepsilon_j}Y_{j,t+k} \qquad (6.9)$$

其中,$Q_{t+k} = \beta^k (C_{t+k}/C_t)^{-\sigma}(P_t/P_{t+k})$ 为名义支付的折现因子(假设厂商采用与代表性家庭相同的方式对名义支付进行折现),β 为代表性家庭的效用折现因子,C_t 为代表性家庭在第 t 期的消费,σ 为相对风险厌恶系数;$X_{j,t+k} = \begin{cases} \Pi_{jt} \times \Pi_{j,t+1} \times \cdots \times \Pi_{j,t+k-1} & k \geq 1 \\ 1 & k = 0 \end{cases}$,表示价格的指数化系数。一阶条件为:

$$\sum_{k=0}^{\infty} (\theta_j)^k E_t\{Q_{t+k}Y_{j,t+k}^i(P_{jt}^* X_{j,t+k} - M_j MC_{j,t+k}P_{t+k})\} = 0 \qquad (6.10)$$

其中，$M_j \equiv \varepsilon_j / (\varepsilon_j - 1)$，为第 j 个中间商品生产部门的价格加成。

将式（6.10）在零通货膨胀稳态附近对数线性化后得到

$$p_{jt}^* - p_{j,t-1} = (1 - \beta\theta_j) \sum_{k=0}^{\infty} (\beta\theta_j)^k E_t \{ \widehat{mc}_{j,t+k} + (\hat{p}_{t+k} - \hat{p}_{j,t+k-1}) \}$$

从而可以得到第 j 个中间商品生产部门的新凯恩斯菲利普斯曲线为：

$$\pi_{jt} = \frac{\beta}{1+\beta} E_t \{ \pi_{j,t+1} \} + \frac{1}{1+\beta} \pi_{j,t-1} + \lambda_j \widehat{mc}_{jt} + \lambda_j (\hat{p}_t - \hat{p}_{jt}) \quad (6.11)$$

其中，$\lambda_j \equiv (1 - \beta\theta_j)(1 - \theta_j)/(1 + \beta)\theta_j$。本章在多部门新凯恩斯模型中得到的部门菲利普斯曲线与 Christiano et al.（2005）在单部门新凯恩斯模型中得到的菲利普斯曲线的类似之处在于，第 j 个中间商品生产部门的通货膨胀受本部门的通货膨胀预期 $E_t \{ \pi_{j,t+1} \}$、本部门的通货膨胀惯性 $\pi_{j,t-1}$ 和本部门的真实边际成本相对于稳态真实边际成本的对数偏离 $\widehat{mc}_{jt}$ 的影响。两者的不同之处在于，第 j 个中间商品生产部门的通货膨胀还受总体价格水平与部门价格水平之间的差异 $\hat{p}_t - \hat{p}_{jt}$ 的影响。

根据式（6.8），部门供给冲击 A_{jt} 会影响部门真实边际成本 MC_{jt}，不利的食品供给冲击会导致食品部门的真实边际成本上升；根据式（6.11），部门真实边际成本 MC_{jt} 会影响部门通货膨胀 π_{jt}，部门真实边际成本上升会导致该部门的通货膨胀上升。因此，如果食品部门经常面临自然灾害和国际粮价等外部供给冲击，则食品部门的通货膨胀也会因此而波动。因为 $\partial\lambda_j / \partial\theta_j < 0$，所以第 j 种中间商品的价格黏性越小即 θ_j 越小，则部门边际成本缺口对第 j 个中间商品生产部门的通货膨胀影响越大。因此，如果食品价格的黏性较小，则不利的供给冲击带来的成本上升会更快地传导到食品价格上。

四、代表性家庭

代表性家庭理性选择消费水平、劳动供给和资本积累，使终身效用最大化：

$$\max E_0 \sum_{t=0}^{\infty} \beta^t U_t = \sum_{t=0}^{\infty} \beta^t \left\{ \frac{C_t^{1-\sigma}}{1-\sigma} - \frac{N_t^{1+\varphi}}{1+\varphi} \right\}$$

其中，β 为折现因子，C_t 为家庭的消费水平，N_t 为家庭的劳动供给，σ 为相对风险厌恶系数，φ 为劳动 N_t 的真实工资弹性的倒数。家庭的劳动供给 N_t 是其在各部门劳动供给的加总，称为复合劳动。因为劳动不能在各部门之间完全自由流动，所以根据 Horvath（2000），假设 $N_t = \left(\sum_{j=1}^{J} (\xi_j^N)^{-1/\gamma} (N_{jt})^{(\gamma+1)/\gamma} \right)^{\gamma/(\gamma+1)}$，其中，$N_{jt}$ 为家庭对第 j 个部门的劳动供给，γ 为各部门劳动投入之间的替代弹性，ξ_j^N 为

稳态时第 j 个部门的劳动收入在加总劳动收入中所占的比重。[①]

假设家庭在各部门的资本积累方程为：

$$K_{jt} = (1 - \delta)K_{j,t-1} + I_{jt} - \frac{\psi}{2}\left(\frac{I_{jt}}{K_{j,t-1}} - \delta\right)^2 K_{j,t-1} \qquad (6.12)$$

其中，K_{jt} 为第 t 期在第 j 个部门的资本积累，投资 I_{jt} 为第 t 期在第 j 个部门的投资，δ 为资本折旧率，$\frac{\psi}{2}\left(\frac{I_{jt}}{K_{j,t-1}} - \delta\right)^2 K_{j,t-1}$ 表示资本的二次调整成本，ψ 为决定部门资本调整成本的参数。本章引入资本调整成本的原因是：在多部门经济中，资本不能在各部门之间完全自由流动，引入资本调整成本不仅可以表示现实经济的资本调整成本，还可以表示资本在各部门之间的流动障碍。

代表性家庭面临的预算约束可以表示为：

$$\sum_{j=1}^{J} N_{jt}W_{jt} + \sum_{j=1}^{J} K_{j,t-1}R_{jt} + \frac{I_{t-1}b_{t-1}}{\Pi_t} = C_t + b_t + \sum_{j=1}^{J} I_{jt}$$

其中，W_{jt} 为第 j 部门的真实工资率，R_{jt} 为第 j 个部门资本的真实单位租金，b_t 为单期名义无风险债券的真实购买数量，I_t 为债券的名义利率，$\Pi_t = P_t/P_{t-1}$。

记预算约束的拉格朗日乘子为 λ_t，资本积累方程的拉格朗日乘子为 $\lambda_{jt}(j = 1, 2, \cdots, J)$，则根据拉格朗日乘子法可以得到代表性家庭优化问题的一阶条件。其中，关于消费水平 C_t 的一阶条件为：

$$C_t^{-\sigma} = \lambda_t \qquad (6.13)$$

关于在第 j 个部门的劳动供给 N_{jt} 的一阶条件为：

$$(N_t)^\varphi (\xi_j N_t / N_{jt})^{-1/\gamma} = \lambda_t W_{jt} \qquad (6.14)$$

关于单期名义无风险债券 b_t 的一阶条件为：

$$\lambda_t = \beta E_t(\lambda_{t+1} I_t / \Pi_{t+1}) \qquad (6.15)$$

关于在第 j 个部门的资本积累 K_{jt} 的一阶条件为：

$$\lambda_{jt} = \beta E_t\left\{\lambda_{t+1}R_{jt+1} + \lambda_{j,t+1}(1 - \delta) - \frac{\psi}{2}\lambda_{j,t+1}\left(\left(\frac{I_{j,t+1}}{K_{jt}} - \delta\right)^2 - 2\frac{I_{j,t+1}}{K_{jt}}\left(\frac{I_{j,t+1}}{K_{jt}} - \delta\right)\right)\right\}$$

$$(6.16)$$

关于在第 j 个部门的资本投资 I_{jt} 的一阶条件为：

$$\lambda_t = \lambda_{jt} - \psi\lambda_{jt}\left(\frac{I_{jt}}{K_{j,t-1}} - \delta\right) \qquad (6.17)$$

---

① ξ_j^N 取决于各部门中间商品的替代弹性 ε_j、生产函数中劳动收入的份额 $1 - \alpha_j$ 以及各部门的支出权重 ξ_j。因为本章没有考虑各部门在中间商品的替代弹性和生产函数方面的异质性，所以 $\xi_j^N = \xi_j$。

五、货币政策规则和通货膨胀度量

采用 Taylor(1993)提出的利率规则描述货币政策,并采用 Clarida, Gali & Gertler(2000)的方法引入利率平滑:

$$\hat{i}_t = \rho \hat{i}_{t-1} + (1 - \rho)(\phi_\pi E_t\{\pi_{t+1}^{\text{target}}\} + \phi_y E_t\{\hat{y}_{t+1}\}) + v_t \qquad (6.18)$$

其中,$\hat{i}_t$ 表示作为货币政策工具的某种基准利率;ρ 为利率平滑系数;π_t^{target} 表示货币政策盯住的某种通货膨胀指标;$\hat{y}_t$ 表示产出缺口;v_t 表示货币政策冲击,服从 AR(1)过程 $v_t = \rho_v v_{t-1} + u_{v,t}(u_{v,t} \sim N(0, \sigma_v^2))$。[①]

在式(6.18)所示的泰勒规则中,需要选择货币政策盯住的通货膨胀指标 π_t^{target}。除了 CPI 以及剔除食品和能源的核心通货膨胀之外,本章还将采用其他的核心通货膨胀度量方法。根据 Silver(2007)、Wynne(2008)以及侯成琪和龚六堂(2013)的理论综述,核心通货膨胀的度量方法有几十种之多。本章将重点考虑如下两类核心通货膨胀度量方法:

第一类是世界各国中央银行采用的核心通货膨胀度量方法,包括剔除法、加权中位数法和截尾平均法。[②] 剔除法是指剔除价格易受暂时性因素影响且波动剧烈的商品,根据剩余各类商品的通货膨胀通过支出比例加权来计算核心通货膨胀,剔除食品和能源价格就属于这种方法。加权中位数法是指将各类商品按照价格波动性排序,位于中位数上的那类商品的通货膨胀即为核心通货膨胀。截尾平均法是指剔除一定比例的高价格波动性和低价格波动性的商品,根据剩余各类商品的通货膨胀通过支出比例加权来计算核心通货膨胀。因为剔除法、加权中位数法、截尾平均法都要剔除部分商品和服务的价格,所以也被统称为核心通货膨胀的有限影响估计(limited influence estimators)。

第二类是新兴的基于福利损失的核心通货膨胀度量方法。Wynne(2008)认为,货币当局反对通货膨胀的原因是,对于整个社会而言通货膨胀是有成本的,因此应该反对会给整个社会带来福利损失的那部分通货膨胀并将其定义为核心

[①] 在 DSGE 模型中泰勒规则主要有两种形式:第一种形式假设不存在利率平滑,但是假设利率冲击服从 AR(1)过程;第二种形式假设存在利率平滑,但是假设利率冲击是独立同分布的。当然,两者的内涵并不相同。在第一种形式中,利率冲击会持续一段时间;在第二种形式中,在发生利率冲击的下一期,已经没有外生的货币政策冲击,利率平滑机制决定后续的利率调整。此外,也有文献采用与本章相同的第三种形式,既引入利率平滑又引入服从 AR(1)过程的利率冲击,比如 Smets & Wouters(2007),然后采用贝叶斯方法估计出利率调整主要由利率平滑机制决定还是由服从 AR(1)过程的利率冲击决定,或者两者兼而有之。

[②] 详见 http://www.nscb.gov.ph/stats/cpi/primer/default.asp。

通货膨胀。Eusepi et al. (2011)建立了一个多部门新凯恩斯模型并通过最小化福利损失来求解各部门通货膨胀在核心通货膨胀中的最优权重,得到了一种新的核心通货膨胀度量 CONDI。他们发现,决定各部门在 CONDI 中权重大小的关键因素是各部门商品的价格黏性,价格黏性越大则该部门在核心通货膨胀中的权重越大。Hou & Gong(2012)根据多部门经济中新凯恩斯菲利普斯曲线和福利损失函数的特点,提出了一个根据各部门通货膨胀对于福利损失的贡献对各类商品的通货膨胀进行加权平均的核心通货膨胀度量方法(简称为福利损失贡献加权法),其中,第 j 个部门的权重为:

$$\frac{\xi_j}{\lambda_j} \bigg/ \sum_j \frac{\xi_j}{\lambda_j}$$

显然,第 j 个部门的支出比重越大即 ξ_j 越大、价格黏性越大即 θ_j 越大(从而 λ_j 越小),则该部门通货膨胀在核心通货膨胀中的权重越大。采用与 Eusepi et al. (2011)相同的参数取值,利用福利损失贡献加权法得到的核心通货膨胀度量几乎与 CONDI 完全相同。

中国 CPI 八大类商品在 CPI 以及根据剔除法、加权中位数法、截尾平均法和福利损失贡献加权法等四种方法得到的核心通货膨胀中的权重见表 6.2。因此,在多部门经济中,如果货币政策盯住 CPI,则泰勒规则可以表示为:

$$\hat{i}_t = \rho \hat{i}_{t-1} + (1 - \rho)\big(\phi_\pi \sum \xi_j E_t\{\pi_{j,t}\} + \phi_y E_t\{\hat{y}_{t+1}\}\big) + v_t \qquad (6.19)$$

其中,ξ_j 为第 j 种商品在 CPI 中的权重,即支出权重。如果货币政策盯住某种核心通货膨胀,则泰勒规则可以表示为:

$$\hat{i}_t = \rho \hat{i}_{t-1} + (1 - \rho)\big(\phi_\pi \sum \omega_j E_t\{\pi_{j,t}\} + \phi_y E_t\{\hat{y}_{t+1}\}\big) + v_t \qquad (6.20)$$

其中,ω_j 为第 j 种商品在核心通货膨胀中的权重。因为食品价格在 CPI 以及四种核心通货膨胀中的权重都不相同,所以货币政策盯住不同的通货膨胀指标意味着货币政策对食品价格上涨作出不同的反应。比如,盯住 CPI 意味着货币政策对食品价格波动作出强烈反应;盯住根据剔除食品法和加权中位数法得到的核心通货膨胀意味着货币政策不对食品价格波动作出任何反应;盯住根据截尾平均法和福利损失贡献加权法得到的核心通货膨胀意味着货币政策对食品价格波动的反应既不像盯住 CPI 时那么强烈,也不像盯住根据剔除食品法和加权中位数法得到的核心通货膨胀时那样对食品价格波动无动于衷。

表 6.2　中国 CPI 八大类商品在 CPI 和四种核心通货膨胀中的权重　　单位：%

	食品	烟酒及用品	衣着	家庭设备用品及维修服务	医疗保健及个人用品	交通和通信	娱乐教育文化用品及服务	居住
CPI	33.9	4.7	8.8	7.0	7.6	9.9	14.4	13.8
剔除食品	0.0	7.1	13.3	10.6	11.5	15.0	21.8	20.8
加权中位数	0.0	0.0	0.0	0.0	0.0	0.0	100.0	0.0
截尾平均	23.1	0.0	29.4	0.0	0.0	0.0	1.3	46.2
福利损失贡献加权	8.8	9.8	9.8	24.8	4.0	11.7	27.3	3.7

注：CPI 权重来自侯成琪等（2011）的估算；截尾平均法的最优截尾比例来自范志勇等（2011）；根据福利损失贡献加权法计算核心通货膨胀权重时，各部门价格黏性指数采用侯成琪和龚六堂（2014）得到的估计值。

第三节　参数的校准和贝叶斯估计

分别采用校准和贝叶斯估计两种方法来设定模型的参数，所有参数均在季度频率上进行校准和估计。对于可以根据中国经济的相关数据以及国内外已有研究设定的参数，采用校准方法。[①] 各部门的支出权重 ξ_i 采用表 6.2 中各部门在 CPI 中的权重。各部门价格黏性指数 θ_i 采用侯成琪和龚六堂（2014）的估计值，食品、烟酒及用品、衣着、家庭设备用品及维修服务、医疗保健及个人用品、交通和通信、娱乐教育文化用品及服务、居住八大类商品的季度价格黏性指数分别为 0.2698、0.6136、0.5152、0.6871、0.3851、0.5242、0.5993 和 0.2755，其中，食品的价格黏性最小，家庭设备用品及维修服务的价格黏性最大。食品的季度价格黏性指数为 0.2698 意味着一个季度之后食品价格保持不变的概率为26.98%，也表示食品价格的平均调整周期为 1.37 季度。由于缺乏 CPI 分类口径的产出数据，无法估计各部门的生产函数，所以采用张军（2002）对总体生产函数的估计，取资本收入份额 $\alpha_i = 0.5$。按照国内外的通行取法，将季度资本折旧率 δ 设定为 2.5%；将各部门的中间商品替代弹性系数 ε_i 设定为 6；将季度折

[①] 基于如下两个方面的原因，在 DSGE 模型的参数估计中，会有部分参数采用校准的方法来设定。（1）贝叶斯估计的局限。为了能够准确地估计某一参数，可能需要某些特定的变量，比如估计生产函数需要产出以及劳动和资本等生产要素的观测数据，估计价格黏性指数需要通货膨胀和真实边际成本的数据。而贝叶斯估计要求外生冲击的个数要大于或者等于观测变量的个数。这意味着，要在估计中使用更多的观测变量以改善参数估计的质量，必须引入更多的外生冲击，但是这也增加了模型的不确定性从而影响参数估计的质量。（2）DSGE 模型的稳态由变量的稳态取值和参数的取值共同决定，因此参数的取值会存在相互影响。这也要求在贝叶斯估计前根据已有研究对部分参数进行校准。

现因子 β 设定为 $(0.96)^{1/4}$。

对于缺乏可信经验支持且与本章的分析密切相关的参数,采用贝叶斯估计。利用贝叶斯方法估计 DSGE 模型的参数,首先需要设定参数的先验分布。这里根据各参数的理论含义和取值范围以及国内外相关研究的结论来设定待估参数的先验分布,详见表 6.3。对于取值范围在区间 $(0,1)$ 中的参数,将其先验分布设定为贝塔分布;对于取值始终大于零的参数,将其先验分布设定为伽马分布;对于外生冲击的标准差,将其先验分布设定为逆伽马分布;先验均值和方差根据国内外相关研究的通行取法和结论来设定。

按照采用贝叶斯方法估计 DSGE 模型参数的规则,观测变量的个数要小于或者等于外生冲击的个数。本章建立的模型包含九个外生冲击:货币政策冲击和八个部门的供给冲击,所以在贝叶斯估计中使用如下九个观测变量:总产出和八个部门的通货膨胀。采用 CPI 定基指数将中国的名义季度 GDP 转换为真实季度 GDP 并采用 X12 方法剔除季节波动。为了与理论模型中的产出缺口相对应,将真实季度 GDP 取对数后采用 HP 滤波剔除长期趋势。采用中国 CPI 八大分类价格指数的季度环比增长率计算部门通货膨胀率并采用 X12 方法剔除季节波动。为了与理论模型中的零通货膨胀稳态相对应,通过对数差分计算通货膨胀率并进行去均值处理。因为从 2001 年 1 月起国家统计局调整了 CPI 的统计口径,所以样本期从 2001 年第一季度至 2013 年第一季度。

模型参数的贝叶斯估计结果如表 6.3 所示。表 6.3 分别给出了各待估参数的先验分布类型、先验分布均值、后验分布均值以及 95% 的置信区间。相对风险厌恶系数、真实工资弹性和部门劳动投入之间的替代弹性系数的估计值均在合理的范围内。决定资本调整成本的参数 ψ 的估计值大于其在单部门经济中的估计值(大约等于 2),其原因在于本章模型中的参数 ψ 不仅表示现实经济的资本调整成本,还表示资本在各部门之间的流动障碍。在估计的泰勒规则中,对产出缺口的反应系数为 0.1657,对通货膨胀的反应系数为 2.7034,表明中国货币当局更加重视稳定物价;利率平滑系数为 0.1785,利率冲击的一阶自相关系数为 0.7671,表明中国利率调整主要由服从 AR(1) 过程的利率冲击决定。食品、非食品的需求价格弹性分别为 0.8136 和 3.9587,表明食品需求缺乏价格弹性而非食品需求富有价格弹性。从部门供给冲击的一阶自相关系数来看,食品供给冲击并未表现出更强的持续性,其一阶自相关系数甚至还略小于其他七个部门供给冲击的一阶自相关系数;从部门供给冲击的标准差来看,食品供给冲击并未表现出更大的强度,其标准差甚至还略小于其他七个部门供给冲击的标准差。这表明,食品部门并未遭受更强的供给冲击。

表 6.3　待估参数的先验分布和后验分布

参数	含义	先验分布	先验均值	后验均值	95% 的置信区间
σ	相对风险厌恶系数	Gamma	4	3.7629	(2.2663, 5.2982)
ϕ	真实工资弹性的倒数	Gamma	1	0.7105	(0.3683, 1.0648)
γ	部门劳动投入之间的替代弹性	Gamma	1	1.5066	(1.0323, 1.9569)
ψ	资本调整成本	Gamma	4	5.3319	(3.3315, 7.1206)
η	食品的需求价格弹性	Gamma	1	0.8136	(0.4972, 1.1565)
ζ	非食品的需求价格弹性	Gamma	1	3.9587	(3.6797, 4.2096)
ϕ_y	产出缺口的反应系数	Gamma	0.125	0.1657	(0.0623, 0.2651)
ϕ_π	通货膨胀的反应系数	Gamma	1.500	2.7034	(2.3966, 3.0476)
ρ	利率平滑系数	Beta	0.8	0.1785	(0.1105, 0.2370)
ρ_v	利率冲击的一阶自相关系数	Beta	0.8	0.7671	(0.6290, 0.9286)
σ_v	利率冲击的标准差	逆 Gamma	0.1	0.0137	(0.0118, 0.0158)
ρ_1	食品供给冲击的一阶自相关系数	Beta	0.8	0.6867	(0.5400, 0.8446)
σ_1	食品供给冲击的标准差	逆 Gamma	0.1	0.0234	(0.0192, 0.0277)
ρ_2	烟酒及用品供给冲击的一阶自相关系数	Beta	0.8	0.8381	(0.7445, 0.9314)
σ_2	烟酒及用品供给冲击的标准差	逆 Gamma	0.1	0.0245	(0.0202, 0.0287)
ρ_3	衣着供给冲击的一阶自相关系数	Beta	0.8	0.8841	(0.8139, 0.9573)
σ_3	衣着供给冲击的标准差	逆 Gamma	0.1	0.0310	(0.0256, 0.0369)
ρ_4	家庭设备用品及维修服务供给冲击的一阶自相关系数	Beta	0.8	0.8926	(0.8206, 0.9606)
σ_4	家庭设备用品及维修服务供给冲击的标准差	逆 Gamma	0.1	0.0246	(0.0202, 0.0292)
ρ_5	医疗保健及个人用品供给冲击的一阶自相关系数	Beta	0.8	0.8295	(0.7368, 0.9231)
σ_5	医疗保健及个人用品供给冲击的标准差	逆 Gamma	0.1	0.0325	(0.0268, 0.0387)
ρ_6	交通和通信供给冲击的一阶自相关系数	Beta	0.8	0.7847	(0.6458, 0.8992)
σ_6	交通和通信供给冲击的标准差	逆 Gamma	0.1	0.0289	(0.0243, 0.0335)
ρ_7	娱乐教育文化用品及服务供给冲击的一阶自相关系数	Beta	0.8	0.9224	(0.8721, 0.9713)
σ_7	娱乐教育文化用品及服务供给冲击的标准差	逆 Gamma	0.1	0.0323	(0.0276, 0.0377)
ρ_8	居住供给冲击的一阶自相关系数	Beta	0.8	0.8907	(0.8187, 0.9710)
σ_8	居住供给冲击的标准差	逆 Gamma	0.1	0.0327	(0.0273, 0.0383)

第四节　货币政策应该如何应对食品价格上涨

一、什么原因导致中国食品价格的较快上涨

　　作者在本章第一节指出,食品的需求价格弹性、价格黏性较小以及食品供给受自然灾害和国际粮价等外部供给冲击影响较大可能是导致中国食品价格较快上涨的原因。从短期经济波动的角度来看,食品供给冲击会导致食品价格波动;面对不利的供给冲击,需求缺乏弹性的商品会出现更大幅度的价格上涨,价格黏性较小会使供给冲击带来的成本上升更快地传导到商品价格上。图6.1通过冲击-响应分析给出了各部门的一个标准差的不利供给冲击对本部门通货膨胀的影响。由图6.1可以发现,面临不利的部门供给冲击,食品价格会出现更大幅度的上涨。根据表6.3中的估计结果,食品部门供给冲击的标准差和一阶自相关系数均小于其他七个部门。但是,冲击-响应分析却发现,食品供给冲击对食品价格的影响反而大于其他七个部门的供给冲击对本部门通货膨胀的影响。这表明,导致中国食品价格较快上涨的关键原因并非食品供给冲击,而是食品部门在其他方面的异质性。

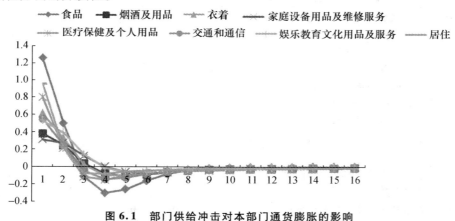

图6.1　部门供给冲击对本部门通货膨胀的影响

　　图6.2通过冲击-响应分析给出了一个标准差的货币政策冲击对各部门通货膨胀的影响。由图6.2可以发现,利率下降会导致各部门的通货膨胀上升,但是相同的利率冲击会导致食品部门的通货膨胀出现更大幅度的上升。图6.2展示的是货币政策的冲击-响应分析,部门供给冲击没有发挥作用,因此,这进一步佐证了,导致中国食品价格较快上涨的关键原因并非食品供给冲击,而是食品部门在其他方面的异质性。在本章建立的多部门新凯恩斯模型中,食品部门的异

质性主要体现在需求价格弹性、价格黏性和供给冲击等三个方面。因此,作者认为,既然食品供给冲击并非导致食品价格较快上涨的关键原因,那么就可能是食品需求缺乏弹性和食品价格黏性较小这两个因素导致中国食品价格上涨较快。作者利用冲击-响应分析进行如下四种条件下的比较,来验证这个逻辑判断:

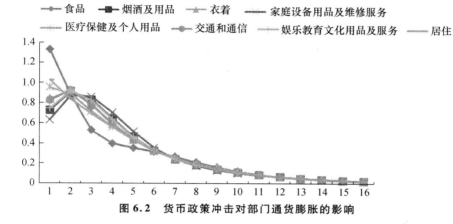

图6.2 货币政策冲击对部门通货膨胀的影响

(1)采用第三节校准和估计的参数,食品的需求价格弹性为 0.8136,食品的价格黏性为 26.98%,称为基准条件;

(2)其他条件不变,将食品的需求价格弹性从 0.8136 提高到 3.9587(即非食品的需求价格弹性),称为等弹性条件;

(3)其他条件不变,将食品的价格黏性从 26.98% 提高到八个部门价格黏性的加权平均水平 41.92%,称为等黏性条件;

(4)其他条件不变,将食品的需求价格弹性、价格黏性分别从 0.8136 和 26.98% 提高到 3.9587 和 41.92%,称为等弹性且等黏性条件。

图 6.3 画出了面临货币政策冲击时,食品价格在四种不同条件下的反应。由图 6.3 可以发现,面临宽松货币政策冲击,按照食品价格的反应强度从大到小排序,依次为基准条件、等弹性条件、等黏性条件和等弹性且等黏性条件。面临利率下降带来的宽松货币政策冲击,较小的需求价格弹性和较低的价格黏性水平使得食品价格大幅上升。如果增加食品需求的价格弹性或者提高食品价格的黏性水平,则食品价格的反应强度会下降。这个比较结果表明,较小的需求价格弹性和较低的价格黏性水平会导致食品价格较快上涨,其中,价格黏性的影响更大。食品需求缺乏价格弹性的主要原因是食品属于生活必需品,而食品价格黏性较小由部分食品的初级产品特性决定。因为这两个影响食品需求价格弹性和食品价格黏性的因素是长期存在的,所以中国食品价格在过去十多年的时间里一直表现出上涨较快的特征,而且这种上涨较快的特征还将长期存在。这也意

味着,如何应对食品价格较快上涨将是宏观经济管理部门的长期任务。

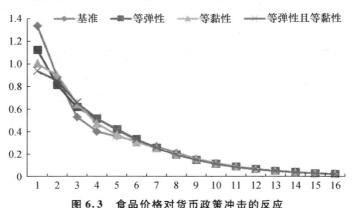

图6.3　食品价格对货币政策冲击的反应

二、货币政策应该盯住哪种通货膨胀指标

本章采用 Hou & Gong(2012)提出的多部门情形下的福利损失函数进行货币政策评价,并根据福利损失的大小来选择货币政策应该盯住的通货膨胀指标。根据 Hou & Gong(2012),多部门情形下的福利损失函数表示为:

$$W = E_0 \sum_{t=0}^{\infty} \beta^t \left\{ -\frac{1}{2} \left(\varepsilon \sum_{j=1}^{J} \frac{\xi_j}{\lambda_j} (\pi_{jt})^2 + \left(\sigma + \frac{\varphi + \alpha}{1 + \alpha} \right) (\tilde{y}_t)^2 \right) \right\} \quad (6.21)$$

从而每期平均的福利损失为:

$$V = -\frac{1}{2} \left(\varepsilon \sum_{j=1}^{J} \frac{\xi_j}{\lambda_j} \mathrm{var}(\pi_{jt}) + \left(\sigma + \frac{\varphi + \alpha}{1 + \alpha} \right) \mathrm{var}(\tilde{y}_t) \right) \quad (6.22)$$

其中,参数 ε、ξ_j、λ_j、σ、φ 和 α 的定义均与前文相同。[1] 这种形式的福利损失函数表明,一个部门的支出权重 ξ_j 越大,则该部门的通货膨胀对福利损失的影响越大;一个部门的价格黏性越大即 θ_j 越大,则 λ_j 越小,该部门的通货膨胀对福利损失的影响越大。

---

① 自 Rotemberg & Woodford(1997,1999)和 Woodford(2003)证明了单部门经济中的福利损失函数之后,货币经济学界开始关注多部门经济中的福利损失函数。Aoki(2000)证明了,在两部门经济中,如果一个部门的商品没有价格黏性,另一个部门的商品存在价格黏性,则只有存在价格黏性的部门的通货膨胀进入福利损失函数。Benigno(2004)在两国货币区经济情形下证明了,在价格黏性较大的地区,名义冲击会带来较大的扭曲,因此货币政策应该更加关注该地区的价格波动。Eusepi et al.(2011)证明了多部门经济的福利损失函数,发现一个部门的价格黏性越大,则该部门的通货膨胀在福利损失函数中有更大的权重。但是,在 Eusepi et al.(2011)建立的多部门新凯恩斯模型中,劳动力不可在部门间流动,即各部门的劳动完全不可替代。Hou & Gong(2012)假设各部门的劳动存在一定程度的替代性,得到了多部门情形下的福利损失函数。

表 6.4 给出了外生冲击的福利损失,其中前九行分别为各部门通货膨胀的方差和总产出的方差,最后一行为根据式(6.22)计算的平均福利损失。为了便于比较,将货币政策盯住 CPI 时各部门通货膨胀和总产出的方差以及福利损失都标准化为1,将货币政策盯住四种核心通货膨胀时各部门通货膨胀和总产出的方差以及福利损失等指标除以货币政策盯住 CPI 时各指标的取值,得到表 6.4 中的百分比取值。根据福利标准,相对于盯住 CPI 的货币政策,货币政策盯住根据剔除食品法、加权中位数法和福利损失贡献加权法计算的核心通货膨胀会使外生冲击导致的福利损失下降;但是,货币政策盯住根据截尾平均法计算的核心通货膨胀会使外生冲击导致的福利损失上升,这表明对于中国经济而言,截尾平均法并不是一种好的核心通货膨胀度量方法。在这四种核心通货膨胀中,根据福利损失贡献加权法计算的核心通货膨胀的表现最好,与盯住 CPI 的货币政策相比,货币政策盯住根据福利损失贡献加权法计算的核心通货膨胀会使福利损失下降10%。

表 6.4　外生冲击的福利损失

	CPI	剔除食品	加权中位数	截尾平均	福利损失贡献加权
食品	100	148	156	120	131
烟酒及用品	100	84	85	104	80
衣着	100	83	87	95	81
家庭设备用品及维修服务	100	83	84	104	78
医疗保健及个人用品	100	85	90	103	83
交通和通信	100	83	87	104	81
娱乐教育文化用品及服务	100	79	64	105	76
居住	100	83	91	92	83
总产出	100	103	113	102	100
福利损失	100	94	96	104	90

深入比较、分析表 6.4 所示的部门通货膨胀和总产出的方差可以发现:

(1)因为食品价格在四种核心通货膨胀中的权重均小于其在 CPI 中的权重,所以相对于盯住 CPI 的货币政策,盯住这四种核心通货膨胀意味着货币政策对食品价格波动的反应强度下降。这导致食品部门通货膨胀的方差上升,而且食品价格在核心通货膨胀中的权重越小,则食品部门通货膨胀的方差上升得越多。比如,在根据剔除法和加权中位数法计算的核心通货膨胀中,食品价格的权重为零,这导致食品部门通货膨胀的方差上升了50%左右。

(2) 除了根据截尾平均法计算的核心通货膨胀之外,盯住根据剔除食品法、加权中位数法和福利损失贡献加权法计算的核心通货膨胀虽然会使食品部门通货膨胀的方差上升,但是也使得其他部门通货膨胀的方差下降,外生冲击导致的福利损失也减小了。与根据剔除食品法和加权中位数法计算的核心通货膨胀相比,盯住福利损失贡献加权法计算的核心通货膨胀不仅使得食品部门通货膨胀的方差上涨得较少,而且使得其他部门通货膨胀的方差下降得更多。这也是根据福利损失贡献加权法计算的核心通货膨胀表现最好的关键原因。

为什么货币政策盯住福利损失贡献加权法计算的核心通货膨胀会使外生冲击导致的福利损失下降得最多呢? 外生冲击会导致福利损失的主要原因是经济中存在名义刚性——价格黏性使得厂商无法根据当前的经济状况调整商品价格,从而无法实现资源的优化配置。当各类商品具有不同的价格黏性时,价格黏性越大,则该部门名义扭曲的程度越严重。在根据福利损失贡献加权法计算核心通货膨胀时,价格黏性越大的商品在核心通货膨胀中的权重越大,因此盯住核心通货膨胀的货币政策更加重视名义扭曲比较严重的部门,从而会降低名义刚性带来的扭曲,即福利损失。

三、货币政策应该如何应对食品价格的较快上涨

表6.4的福利分析表明,货币政策盯住根据福利损失贡献加权法计算的核心通货膨胀是最优的,而食品价格在这种核心通货膨胀中的权重为8.8%,大于根据剔除食品法计算核心通货膨胀时食品价格的权重,小于食品价格在CPI中的权重。这意味着,货币政策对食品价格的较快上涨反应不足或者反应过度,都会导致更多的福利损失。其原因何在呢?

因为食品价格的波动性较强,所以剔除法在计算核心通货膨胀时剔除了食品价格,从而盯住这种核心通货膨胀的货币政策不对食品价格的较快上涨作出任何反应。但是,作者认为,在计算核心通货膨胀时完全剔除食品价格是不合适的。首先,虽然在CPI八大类商品中,食品的价格黏性是最小的,但是食品价格并非完全灵活调整。食品价格黏性的存在使得外生冲击依然会给食品部门带来名义扭曲,从而需要货币政策对食品价格波动作出反应。其次,假设食品的支出权重越来越大并趋近于1,即食品部门在经济中越来越重要,则即使食品价格的波动性很大,货币政策也必须对食品价格的较快上涨作出足够的反应。因此,在计算核心通货膨胀时仅考虑价格的波动性是不够的,还必须考虑各部门在经济中的重要性,货币政策对食品价格的较快上涨反应不足会带来更多的福利损失。

与之对应的是,在计算通货膨胀时仅考虑各部门的支出权重(即各部门在经济中的重要性)也是不够的。制定货币政策和度量生活成本对通货膨胀指标的要求是不一样的。计算 CPI 是为了度量居民的生活成本,必然要求按照支出比例加权。而计算货币政策应该盯住的通货膨胀指标,仅仅考虑支出权重显然不行。货币政策备受关注的重要原因是货币政策在短期内是非中性的,从而必须兼顾物价稳定和产出稳定两大目标。货币政策的短期非中性源于价格黏性,外生冲击会导致福利损失的原因也是价格黏性。因此,在计算货币政策应该盯住的通货膨胀指标时,不仅需要关注各部门在经济中的重要性,还需要关注各部门的价格黏性。因为在 CPI 八大类商品中,食品价格的黏性最小,这必然要求降低货币政策对食品价格的反应强度。根据食品的支出权重对食品价格波动作出反应会导致反应过度,也会带来更多的福利损失。

图 6.4 给出了食品部门面临供给冲击时的冲击-响应分析。为了节约篇幅,仅给出了货币政策盯住 CPI、盯住根据剔除法计算的核心通货膨胀(记为 CCPI1)和盯住根据福利损失贡献加权法计算的核心通货膨胀(记为 CCPI4)时总产出和 CPI、价格黏性最小的食品部门的产出和通货膨胀、价格黏性最大的家庭设备部门的产出和通货膨胀对食品供给冲击的反应。图 6.4 的一个基本特征是,货币政策盯住 CCPI4 时产出和通货膨胀对食品供给冲击的反应强度,小于货币政策盯住 CPI 时的反应强度,大于货币政策盯住 CCPI1 时的反应强度,显示了盯住 CPI 时对食品价格上涨反应过度而盯住 CCPI1 时对食品价格上涨反应不足的特征。下面重点分析反应过度会带来什么问题(至于反应不足的情形,反之亦然)。当食品部门面临供给冲击时,食品部门的通货膨胀上升而产出下降。由于食品价格在 CPI 中占有三分之一左右的权重,所以食品价格的大幅上升必然带动 CPI 大幅上升。当货币政策盯住 CPI 时,CPI 的大幅上升必然引发货币政策紧缩,从而利率上升、产出下降。当货币政策盯住 CCPI4 时,因为食品价格在 CCPI4 中的权重远远小于其在 CPI 中的权重,所以货币政策的紧缩程度较小,利率小幅上升而产出小幅下降,但是 CPI 的上升幅度增大。当然,由食品供给冲击引发的货币紧缩必然会影响其他部门,比如家庭设备部门。货币政策盯住 CPI 时,利率大幅上升导致其他部门的产出和通货膨胀大幅下降。而当货币政策盯住 CCPI4 时,因为货币政策的紧缩程度有限,加上食品价格上涨会在一定程度上促使家庭用其他商品替代食品,所以其他部门的产出和通货膨胀不仅没有大幅下降,反而小幅上升。

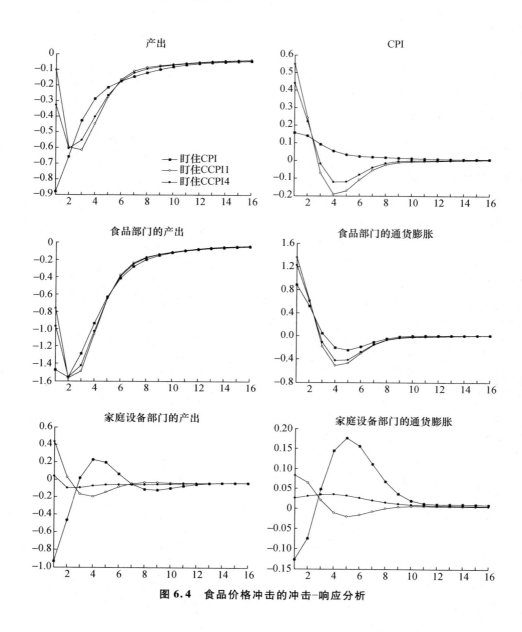

图6.4 食品价格冲击的冲击-响应分析

第五节 小 结

自 2001 年以来,中国食品价格一直存在上涨较快的特征。对于货币政策应该如何应对食品价格上涨,目前存在两种不同的观点:一种观点认为,既然货币政策应该盯住 CPI，那么就应该根据食品价格在 CPI 中的权重对食品价格上涨作出反应。另一种观点认为，货币政策应该盯住剔除食品和能源价格后的核心通货膨胀，即不对食品价格上涨作出任何反应。然而，这两种观点都存在明显缺陷。作者采用货币经济学领域主流的福利评价方法，首先选择最适合中国经济的核心通货膨胀度量方法，然后根据食品价格在这种核心通货膨胀度量中的权重决定货币政策应该如何对食品价格上涨作出反应。本章的研究发现：

（1）本章考虑了食品部门在需求价格弹性、价格黏性和供给冲击等三个方面的部门异质性。研究结果表明，导致中国食品价格较快上涨的主要原因是食品价格黏性较小和食品需求缺乏弹性，并非食品部门面临较大的供给冲击。因为食品价格黏性较小和食品需求缺乏弹性这两种因素是长期存在的，所以中国的食品价格在过去十多年的时间里一直表现出上涨较快的特征，而且这种上涨较快的特征还将长期存在。这也意味着，如何应对食品价格较快上涨将是宏观经济管理部门的长期任务。

（2）在 CPI 和本章考虑的四种核心通货膨胀中，根据福利损失贡献加权法计算的核心通货膨胀表现最优，其主要原因在于：外生冲击会导致福利损失的主要原因是经济中存在名义刚性，且一个部门的价格黏性越大，则外生冲击在该部门导致的名义扭曲程度越严重；在根据福利损失贡献加权法计算核心通货膨胀时，商品的价格黏性越大，则权重越大，因此盯住这种核心通货膨胀的货币政策更加重视名义扭曲比较严重的部门，从而会降低外生冲击带来的福利损失。

（3）在根据福利损失贡献加权法计算的核心通货膨胀中，食品价格的权重为 8.8%，大于根据剔除食品法计算核心通货膨胀时食品价格的权重，小于食品价格在 CPI 中的权重。这意味着货币政策对食品价格波动反应不足或者反应过度都会带来更多的福利损失。当然，由于中国贫富差距较大而广大中低收入家庭的恩格尔系数较高，所以食品价格的较快上涨必然会严重影响这些家庭的生活质量。既然货币政策不宜对食品价格的较快上涨过度反应，那么加大对广大中低收入家庭的食品价格补贴就是一种势在必行的政策选择。

宏观经济管理部门应该如何应对食品价格的较快上涨，不仅是宏观经济政策领域的一个理论难题，而且具有重大的现实意义。本章对这个问题进行了一些初步探索，从导致食品价格较快上涨的两个因素——食品具有较小的需求价格弹性和较低的价格黏性水平出发，研究了货币政策应该如何应对食品价格的较快上涨。实际上，食品部门在生产和流通等方面还有哪些行业特性会导致食品价格的较快上涨，还需要进一步的调查研究和经济分析；如何从食品部门的这些行业特性出发，通过规范的宏观经济政策分析研究应对食品价格较快上涨的策略，更是下一步研究的难点和重点。

第七章 货币政策应该对住房价格波动作出反应吗

1998年7月,国务院发布了《关于进一步深化城镇住房制度改革加快住房建设的通知》,开始停止住房实物分配,逐步实行住房分配货币化,标志着房地产市场化改革的开始。十多年来,中国房地产业快速发展,在国民经济中的比重逐渐提高,已经成为中国国民经济的重要支柱产业,并对拉动中国经济增长起到了重要的作用。然而,伴随着房地产业的迅猛发展,中国的住房价格也一路飙升,城镇居民已经不堪购房之重负。因为稳定价格水平是货币政策的重要目标之一,所以中国社会各界经常有人呼吁中国人民银行采取紧缩性货币政策来抑制住房价格的过快上涨。那么,对于中国经济而言,货币政策是否应该对房地产的市场波动作出反应呢?紧缩性货币政策在抑制住房价格过快上涨的同时是否会伤及国民经济的平稳增长呢?因为房地产业在世界许多国家都是非常重要的支柱产业,所以这些问题不仅在中国,而且在世界许多国家,都具有很强的现实意义。[①] 而且,Leamer(2007)、Muellbauer & Murphy(2008)、Goodhart & Hofmann(2008)、梁云芳等(2006)以及段忠东(2007)等国内外经验研究都表明,房地产业和国民经济之间存在强烈的相互影响,房地产市场波动对于经济周期波动具有很强的带动作用。

既然房地产市场波动对于经济周期波动具有显著的影响,那么,作为烫平经

---

① 王国军和刘水杏(2004)以国民经济核算中的投入产出资料为基础数据,研究房地产业对主要关联产业的带动效应,发现从总体带动效应而言,中国与美国、日本、英国、澳大利亚等国十分接近。

济周期波动的宏观经济政策,货币政策应该如何应对房地产市场波动呢?经典的货币理论表明,对住房价格作出反应并不能改善货币政策稳定经济的效果。作者认为,这些研究所采用的理论模型存在明显的缺陷——假设经济中不存在住房的生产,即房地产市场是一个存量交易市场。这与现实经济严重不符,因为在现实经济中房地产业是国民经济的重要支柱产业。本章建立了一个包含耐心家庭和缺乏耐心家庭两类异质性家庭、包含消费品部门和房地产部门两个异质性生产部门的动态随机一般均衡模型,研究货币政策是否应该对住房价格波动作出反应。

第一节　住房价格与货币政策

关于货币政策是否应该对住房价格等资产价格波动作出反应,经济学家进行了非常广泛的研究。Bernanke & Gertler(1999,2001)的经典研究表明,直接对资产价格波动作出反应的货币政策规则可以使产出波动小幅下降,但是会导致通货膨胀波动大幅上升;即使资产价格对通货膨胀有预测作用,也仅需在形成通货膨胀预期时考虑资产价格波动,不需要货币政策对资产价格作出直接反应。Faia & Monacelli(2007)的研究表明,即使在某些情况下直接对资产价格波动作出反应可以改善经济的福利水平,但是只要货币当局采取积极的通货膨胀目标规则,直接对资产价格波动作出反应所带来的边际福利收益就会消失。因为住房具有投资品属性,所以从住房价格具有资产价格属性的角度来说,按照Bernanke & Gertler(1999,2001)和Faia & Monacelli(2007)的研究,货币政策无须对住房价格作出直接反应。除了具有投资品属性之外,住房还具有消费品属性。那么,从住房价格具有消费品价格属性的角度来说,货币政策是否应该对住房价格作出反应呢?Aoki(2001)、Benigno(2004)以及Eusepi et al.(2011)的研究表明,消费品价格波动是否会扭曲资源的有效配置,取决于该消费品的价格黏性。一种商品的价格黏性越大,则其价格波动导致的资源无效配置的程度越高即福利损失越大,货币政策对该商品价格波动的反应强度也应该越大,反之亦然。相对于住房价格而言,调整住房价格的成本微乎其微,所以住房价格缺乏黏性。Barsky、House & Kimball(2007)的研究已经证实了这一判断,侯成琪和龚六堂(2014)的估计结果也表明,在中国 CPI 八大分类价格指数中居住类价格的黏性是最低的。因此,从住房价格具有消费品价格属性的角度来说,按照 Aoki(2001)、Benigno(2004)以及 Eusepi et al.(2011)的研究,因为住房价格缺乏价格黏性从而住房价格波动不会带来福利损失,所以货币政策无须对住房价格作出反应。

因此,经典的货币理论表明,不管是从住房价格的资产价格属性还是从住房价格的消费品价格属性来说,货币政策都无须对住房价格作出反应。Iacoviello(2005)似乎证实了这个推断。Iacoviello通过将住房引入家庭的效用函数来表示住房的消费品属性,通过企业和缺乏耐心家庭的信贷约束引入住房价格的金融加速器机制来体现住房价格的资产价格属性,发现对于美国经济而言,对住房价格作出反应并不能改善货币政策稳定经济的效果。采用与Iacoviello(2005)类似的模型框架,肖争艳和彭博(2011)研究了将住房价格纳入货币政策规则对宏观经济波动的影响,发现将住房价格波动纳入货币政策规则对调控房价上涨有较好的效果,但代价是调控过程中通货膨胀率的持续上升,以及产出水平和家庭消费负向偏离稳态。

那么,以上研究结论是否意味着,即使房地产业在国民经济中具有非常重要的地位,即使住房价格波动会通过金融加速器机制对经济周期波动产生显著的影响,货币政策仍然无须对住房价格作出反应呢?作者深入分析了Iacoviello(2005)以及肖争艳和彭博(2011)所建立的动态随机一般均衡模型,发现他们的模型具有一个共同的特征:经济中不存在住房的生产,即房地产市场是一个存量交易市场。这与现实经济严重不符,因为在现实经济中房地产业是国民经济的重要支柱产业。为了能够在模型中引入住房的生产,本章将在Iacoviello(2005)建立的包含耐心家庭和缺乏耐心家庭这两类异质性家庭的DSGE模型的基础上,进一步引入生产部门的异质性,将消费品生产部门和房地产生产部门作为两个独立的生产部门引入DSGE模型中。① 引入家庭异质性的原因是通过缺乏耐心家庭的信贷约束引入住房价格的金融加速器机制;引入生产部门异质性的原因是引入住房的生产并考虑房地产生产部门的异质性。Carvalho(2006)、Bouakez et al.(2009)和Nakamura & Steinsson(2010)等的研究表明,存在多个异质性生产部门的DSGE模型能够更好地描述货币政策的传导机制以及名义冲击对实体经济的影响。侯成琪等(2011)采用多部门新凯恩斯的分析框架来研究各类商品价格波动的特征,发现利用多部门新凯恩斯模型可以更好地描述部门通货膨胀和核心通货膨胀。侯成琪和龚六堂(2013)按照中国CPI八大类商品

---

① 已有一些学者采用两部门DSGE的分析框架研究货币政策与住房价格。Iacoviello & Neri(2010)虽然考虑了住房的生产,但是没有采用严格的两部门分析框架,而是引入了一个零售商来同时决定消费品和住房的生产,消费品部门和房地产部门不能独立决策。Jeske & Liu(2013)采用了严格的两部门分析框架,但是分析的对象是住房租金而非住房价格。梁斌和李庆云(2011)以及王云清等(2013)均采用了两部门DSGE的分析框架,发现中国的货币政策应该对真实住房价格作出反应。但是,两篇论文均未采用主流的福利分析方法对比对真实住房价格作出反应的货币政策和未对真实住房价格作出反应的货币政策,也未对货币政策应该盯住住房价格的原因进行深入分析;在模型细节方面,两篇论文均未考虑家庭的异质性,没有将家庭分为耐心家庭和缺乏耐心家庭。

的划分方法将中国经济划分为八个部门,采用多部门新凯恩斯模型来研究中国的货币政策应该如何应对食品价格上涨。

第二节　包含两类家庭和两个部门的新凯恩斯模型

本章建立的 DSGE 模型包含两类家庭和两个生产部门。为了引入住房价格的金融加速器机制,作者采用 Iacoviello(2005)的建模思路,假设经济中存在两类不同的代表性家庭——耐心家庭和缺乏耐心家庭。两者的区别在于,缺乏耐心家庭的折现因子 β'' 小于耐心家庭的折现因子 β',因此前者比后者更倾向于当前消费,需要以住房作为抵押并支付更高的利率向后者借款消费,从而引入金融加速器机制。耐心家庭贷款给缺乏耐心家庭,并积累物质资本。缺乏耐心家庭仅持有具有抵押贷款功能的住房资产,不会积累物质资本。记耐心家庭的比例为 α,则缺乏耐心家庭的比例为 $1-\alpha$。为了能够引入住房的生产,作者在 Iacoviello(2005)的基础上进一步考虑生产部门的异质性,将消费品生产部门和房地产生产部门作为两个独立的生产部门引入 DSGE 模型中。按照新凯恩斯模型的标准设定,假设消费品生产部门和房地产生产部门都存在垄断竞争,从而这两个部门的厂商都有定价权,但是消费品价格存在黏性,而住房价格没有黏性。

一、耐心家庭

耐心家庭理性选择消费品需求 C_t' 和住房需求 H_t'、在消费品部门的劳动供给 N_{ct}' 和房地产部门的劳动供给 N_{ht}'、在消费品部门的资本积累 K_{ct} 和房地产部门的资本积累 K_{ht} 以及对缺乏耐心家庭的贷款 b_t',实现终生效用的最大化:

$$\max E_0 \sum_{t=0}^{\infty} (\beta')^t U_t = \sum_{t=0}^{\infty} (\beta')^t \left\{ \ln C_t' + J_t \ln H_t' - \frac{(N_t')^{1+\phi}}{1+\phi} \right\} \quad (7.1)$$

其中,β' 为耐心家庭的折现因子;J_t 为住房偏好冲击(或者称为住房需求冲击),服从 AR(1)过程 $\ln J_t = (1-\rho_j)\ln J_{ss} + \rho_j \ln J_{t-1} + v_{j,t}$($v_{j,t} \sim N(0, \sigma_j^2)$),其中,$J_{ss}$ 为住房偏好冲击的稳态取值;ϕ 为劳动 N_t' 的真实工资弹性的倒数。

耐心家庭的劳动供给 N_t' 是其在各部门劳动供给的加总,称为复合劳动。因为劳动不能在各部门之间完全自由流动,所以根据 Horvath(2000),假设 $N_t' = ((\xi_c^N)^{-1/\tau}(N_{ct}')^{(\tau+1)/\tau} + (\xi_h^N)^{-1/\tau}(N_{ht}')^{(\tau+1)/\tau})^{\tau/(\tau+1)}$,其中,$\tau$ 为部门劳动投入之间的替代弹性,ξ_c^N、ξ_h^N 分别为稳态时家庭在消费品部门和房地产部门的劳动供给 N_{ct}' 与 N_{ht}' 在复合劳动 N_t' 中所占的比重。

假设耐心家庭在消费品部门和房地产部门的资本积累分别满足如下的方程：

$$K_{ct} = (1 - \delta_k) K_{c,t-1} + I_{ct} - \frac{\psi_c}{2} \left(\frac{I_{ct}}{K_{c,t-1}} - \delta_k \right)^2 K_{c,t-1} \quad (7.2)$$

$$K_{ht} = (1 - \delta_k) K_{h,t-1} + I_{ht} - \frac{\psi_h}{2} \left(\frac{I_{ht}}{K_{h,t-1}} - \delta_k \right)^2 K_{h,t-1} \quad (7.3)$$

其中，I_{ct}、I_{ht} 分别为第 t 期在消费品部门和房地产部门的投资，δ_k 为资本折旧率，$\frac{\psi_c}{2} \left(\frac{I_{ct}}{K_{c,t-1}} - \delta_k \right)^2 K_{c,t-1}$ 和 $\frac{\psi_h}{2} \left(\frac{I_{ht}}{K_{h,t-1}} - \delta_k \right)^2 K_{h,t-1}$ 表示资本的二次调整成本，ψ_c、ψ_h 分别为决定消费品部门和房地产部门资本调整成本的参数。本章引入资本调整成本的原因是：在多部门经济中，资本不能在各部门之间完全自由流动，引入资本调整成本可以表示资本在各部门之间的流动障碍。

耐心的家庭面临如下的预算约束：

$$N'_{ct} W'_{ct} + N'_{ht} W'_{ht} + K_{c,t-1} R_{ct} + K_{h,t-1} R_{ht} + \frac{I_{t-1} b'_{t-1}}{\Pi_t} + Q_t (1 - \delta_h) H'_{t-1} + F_{ct} + F_{ht}$$

$$= C'_{ct} + b'_t + Q_t H'_t + I_{ct} + I_{ht} + \zeta'_{ht} \quad (7.4)$$

其中，W'_{ct}、W'_{ht} 分别为耐心家庭在消费品部门和房地产部门的真实工资率，R_{ct}、R_{ht} 分别为消费品部门和房地产部门资本的真实单位租金，I_t 为贷款的名义利率，$\Pi_t = P_{ct}/P_{c,t-1}$ 为通货膨胀[①]，δ_h 为住房的折旧率，$Q_t = P_{ht}/P_{ct}$ 为住房的真实价格，F_{ct}、F_{ht} 分别表示消费品部门和房地产部门垄断厂商的利润（因为耐心家庭是资本所有者，所以将垄断厂商的利润转移给耐心家庭），$\zeta'_{ht} = \frac{\phi}{2} \left((H'_t - H'_{t-1})/H'_{t-1} \right)^2 Q_t H'_{t-1}$ 表示住房的二次调整成本，记预算约束的拉格朗日乘子为 λ'_t，资本积累方程的拉格朗日乘子分别为 λ_{ct} 和 λ_{ht}，则根据拉格朗日乘子法可以得到耐心家庭理性选择的一阶条件。其中，关于消费品和住房的需求 C'_t、H'_t 的一阶条件分别为：

$$1/C'_t = \lambda'_t \quad (7.5)$$

$$J_t/H'_t = \lambda'_t Q_t - \beta' E_t \{ \lambda'_{t+1} (1 - \delta_h) Q_{t+1} \} + \lambda'_t (\partial \zeta'_{ht}/\partial H'_t) +$$
$$\beta' E_t \{ \lambda'_{t+1} (\partial \zeta'_{h,t+1}/\partial H'_t) \} \quad (7.6)$$

---

① 本章沿袭世界各国在计算 CPI 时不计入住房价格的惯例，用消费品价格 P_{ct} 计算通货膨胀，用消费品价格 P_{ct} 将名义变量转换成真实变量。

其中，

$$\partial\zeta_{ht}'/\partial H_t' = \phi Q_t(H_t' - H_{t-1}')/H_{t-1}', \partial\zeta_{h,t+1}'/\partial H_t'$$

$$= -\frac{\phi Q_{t+1}}{2}((H_{t+1}')^2 - (H_t')^2/(H_t')^2)$$

关于在消费品部门和房地产部门的劳动供给 N_{ct}'、N_{ht}' 的一阶条件分别为：

$$(N_t')^\varphi (\xi_c^N N_t'/N_{ct}')^{-1/\tau} = \lambda_t' W_{ct}' \qquad (7.7)$$

$$(N_t')^\varphi (\xi_h^N N_t'/N_{ht}')^{-1/\tau} = \lambda_t' W_{ht}' \qquad (7.8)$$

关于对缺乏耐心家庭的贷款 b_t' 的一阶条件为：

$$\lambda_t' = \beta' E_t\{\lambda_{t+1}' I_t/\Pi_{t+1}\} \qquad (7.9)$$

关于在消费品部门和房地产部门的资本积累 K_{ct}、K_{ht} 的一阶条件分别为：

$$\lambda_{ct} = \beta' E_t\left\{\lambda_{t+1}' R_{c,t+1} + \lambda_{c,t+1}(1 - \delta_k) - \frac{\psi_c}{2}\lambda_{c,t+1}\left(\left(\frac{I_{c,t+1}}{K_{ct}} - \delta_k\right)^2 - 2\frac{I_{c,t+1}}{K_{ct}}\left(\frac{I_{c,t+1}}{K_{ct}} - \delta_k\right)\right)\right\} \qquad (7.10)$$

$$\lambda_{ht} = \beta' E_t\left\{\lambda_{t+1}' R_{h,t+1} + \lambda_{h,t+1}(1 - \delta_k) - \frac{\psi_h}{2}\lambda_{h,t+1}\left(\left(\frac{I_{h,t+1}}{K_{ht}} - \delta_k\right)^2 - 2\frac{I_{h,t+1}}{K_{ht}}\left(\frac{I_{h,t+1}}{K_{ht}} - \delta_k\right)\right)\right\} \qquad (7.11)$$

关于在消费品部门和房地产部门的资本投资 I_{ct}、I_{ht} 的一阶条件分别为：

$$\lambda_t' = \lambda_{ct} - \psi_c\lambda_{ct}\left(\frac{I_{ct}}{K_{c,t-1}} - \delta_k\right) \qquad (7.12)$$

$$\lambda_t' = \lambda_{ht} - \psi_h\lambda_{ht}\left(\frac{I_{ht}}{K_{h,t-1}} - \delta_k\right) \qquad (7.13)$$

二、缺乏耐心的家庭

因为具有比耐心家庭更小的折现因子，缺乏耐心的家庭不会积累物质资本，仅持有住房以便作为抵押品向耐心家庭借贷消费。除此之外，两类家庭是完全相同的。缺乏耐心的家庭理性选择消费品需求 C_t'' 和住房需求 H_t''、在消费品部门和房地产部门的劳动供给 N_{ct}'' 与 N_{ht}'' 以及向耐心家庭的借款 b_t''，实现终生效用的最大化：

$$\max E_0 \sum_{t=0}^{\infty} (\beta'')^t U_t = \sum_{t=0}^{\infty} (\beta'')^t\left\{\ln C_t'' + J_t\ln H_t'' - \frac{(N_t'')^{1+\phi}}{1+\phi}\right\} \qquad (7.14)$$

其中，β'' 为缺乏耐心家庭的折现因子，复合劳动 N_t'' 按照与耐心家庭相同的方式复合，即

$$N_t'' = ((\xi_c^N)^{-1/\tau} (N_{ct}'')^{(\tau+1)/\tau} + (\xi_h^N)^{-1/\tau} (N_{ht}'')^{(\tau+1)/\tau})^{\tau/(\tau+1)} \qquad (7.15)$$

缺乏耐心家庭面临如下的预算约束和信贷约束：

$$N_{ct}'' W_{ct}'' + N_{ht}'' W_{ht}'' + b_t'' + Q_t(1-\delta_h) H_{t-1}'' = C_t'' + \frac{I_{t-1} b_{t-1}''}{\Pi_{c,t}} + Q_t H_t'' + \zeta_{ht}'' \qquad (7.16)$$

$$b_t'' \leqslant m E_t \{ Q_{t+1} H_t'' \Pi_{t+1} / I_t \} \qquad (7.17)$$

其中，W_{ct}''、W_{ht}''分别为缺乏耐心家庭在消费品部门和住房部门的真实工资率，m为抵押贷款比率。因为缺乏耐心家庭具有比耐心家庭更小的折现因子，所以缺乏耐心家庭的信贷约束将取等式，即

$$b_t'' = m E_t \{ Q_{t+1} H_t'' \Pi_{t+1} / I_t \} \qquad (7.18)$$

记预算约束和信贷约束的拉格朗日乘子分别为 λ_t''、λ_t'''，则根据拉格朗日乘子法可以得到缺乏耐心家庭理性选择的一阶条件。其中，关于消费品和住房的需求 C_t''、H_t'' 的一阶条件分别为：

$$1/C_t'' = \lambda_t'' \qquad (7.19)$$

$$J_t/H_t'' = \lambda_t'' Q_t - \beta'' E_t \{ \lambda_{t+1}'' (1-\delta_h) Q_{t+1} \} - \lambda_{t+1}''' m E_t \{ Q_{t+1} \Pi_{t+1} / I_t \} +$$
$$\lambda_t'' (\partial \zeta_{ht}'' / \partial H_t'') + \beta'' E_t \{ \lambda_{t+1}'' (\partial \zeta_{h,t+1}'' / \partial H_t') \} \qquad (7.20)$$

关于向耐心家庭的真实借款量 b_t'' 的一阶条件为：

$$\lambda_t'' = \lambda_t''' + \beta'' E_t \{ \lambda_{t+1}'' I_t / \Pi_{t+1} \} \qquad (7.21)$$

关于在消费品部门和房地产部门的劳动供给 N_{ct}''、N_{ht}'' 的一阶条件分别为：

$$(N_t'')^\varphi (\xi_c^N N_t'' / N_{ct}'')^{-1/\tau} = \lambda_t'' W_{ct}'' \qquad (7.22)$$

$$(N_t'')^\varphi (\xi_h^N N_t'' / N_{ht}'')^{-1/\tau} = \lambda_t'' W_{ht}'' \qquad (7.23)$$

三、消费品部门

消费品部门由连续统$(0,1)$上的垄断竞争厂商组成，生产同质但是可分的商品。消费品部门的总产出由该部门所有厂商的产出按照如下的 CES 生产函数复合而成：

$$Y_{ct} = \left(\int_0^1 (Y_{ct}^i)^{(\varepsilon_c-1)/\varepsilon_c} \mathrm{d}i \right)^{\varepsilon_c/(\varepsilon_c-1)} \qquad (7.24)$$

其中，Y_{ct}^i 为消费品部门的第 i 个厂商的产出，ε_c 为消费品的需求价格弹性。根据新凯恩斯模型中的常用假定，定义消费品部门的价格指数为：

$$P_{ct} = \left(\int_0^1 (P_{ct}^i)^{1-\varepsilon_c} \mathrm{d}i \right)^{1/(1-\varepsilon_c)} \qquad (7.25)$$

其中，P_{ct}^i 为消费品部门的第 i 个厂商的产品价格。则消费品部门的第 i 个厂商面临的需求函数为：

$$Y_{ct}^i = (P_{ct}^i / P_{ct})^{-\varepsilon_c} Y_{ct} \qquad (7.26)$$

消费品部门的厂商向耐心家庭和缺乏耐心家庭雇用劳动,并向耐心家庭租赁资本来生产消费品。假设厂商的生产函数为:

$$Y_{ct}^i = A_t (K_{c,t-1}^i)^{\alpha_c} (N_{ct}^{'i})^{\alpha\beta_c} (N_{ct}^{''i})^{(1-\alpha)\beta_c} \qquad (7.27)$$

其中,A_t 为消费品部门的供给冲击,服从 AR(1) 过程 $\ln A_t = \rho_a \ln A_{t-1} + v_{a,t} (v_{a,t} \sim N(0, \sigma_a^2))$。根据厂商的成本最小化问题,消费品部门的厂商对三种生产要素的最优需求满足如下关系:

$$\frac{R_{ct} K_{c,t-1}^i}{\alpha_c} = \frac{W_{ct}' N_{ct}^{'i}}{\alpha\beta_c} = \frac{W_{ct}'' N_{ct}^{''i}}{(1-\alpha)\beta_c} \qquad (7.28)$$

从而厂商的真实边际成本函数可以表示为:

$$MC_{ct} = \frac{1}{A_t} \left(\frac{1}{\alpha_c}\right)^{\alpha_c} \left(\frac{1}{\alpha\beta_c}\right)^{\alpha\beta_c} \left(\frac{1}{(1-\alpha)\beta_c}\right)^{(1-\alpha)\beta_c} (R_{ct})^{\alpha_c} (W_{ct}')^{\alpha\beta_c} (W_{ct}'')^{(1-\alpha)\beta_c}$$

$$(7.29)$$

采用 Calvo(1983)提出的随机价格调整模型描述消费品部门的价格黏性:假设在每一期消费品部门的厂商重新定价的概率为 $1 - \theta_c$,其中,θ_c 为价格黏性指数,θ_c 越大则价格黏性越大。因为消费品部门的所有厂商具有相同的生产技术,面临相同的需求函数,所以在重新定价时会选择相同的最优价格 P_{ct}^*。作者采用 Christiano et al.(2005)的处理方法引入通货膨胀惯性:对于不能重新定价的厂商,假设它们会根据上一期的通货膨胀对产品价格进行指数化,因此第 t 期这些厂商的产品价格为 $P_{c,t-1} \Pi_{t-1}$。厂商通过求解如下的优化问题来重新定价:

$$\max_{P_{ct}^*} \sum_{k=0}^{\infty} (\theta_c)^k E_t \{ B_{t+k} (P_{ct}^* X_{c,t+k} Y_{c,t+k}^i - MC_{c,t+k} P_{c,t+k} Y_{c,t+k}^i) \} \qquad (7.30)$$

$$\text{s.t.} \quad Y_{c,t+k}^i = (P_{ct}^* X_{c,t+k} / P_{c,t+k})^{-\varepsilon_j} Y_{c,t+k}$$

其中,$B_{t+k} = (\beta')^k (C_{t+k}' / C_t')^{-1} (P_{ct} / P_{c,t+k})$ 为名义支付的折现因子(假设厂商采用与耐心家庭相同的方式对名义支付进行折现),

$$X_{c,t+k} = \begin{cases} \Pi_t \times \Pi_{t+1} \times \cdots \times \Pi_{t+k-1} & k \geqslant 1 \\ 1 & k = 0 \end{cases}$$

表示价格的指数化系数。将这个最优定价问题的一阶条件在零通货膨胀稳态附近对数线性化后,可以得到消费品部门的新凯恩斯菲利普斯曲线:

$$\pi_t = \frac{\beta'}{1+\beta'} E_t \{ \pi_{t+1} \} + \frac{1}{1+\beta'} \pi_{t-1} + \frac{(1-\beta'\theta_c)(1-\theta_c)}{(1+\beta')\theta_c} \widehat{mc}_{ct} \qquad (7.31)$$

如果不存在通货膨胀惯性即本期不能重新定价的厂商会继续采用上一期的价格,则消费品部门的新凯恩斯菲利普斯曲线为:

$$\pi_t = \beta' E_t \{\pi_{t+1}\} + \frac{(1-\beta'\theta_c)(1-\theta_c)}{\theta_c} \widehat{mc}_{ct} \tag{7.32}$$

四、房地产部门

房地产部门由连续统$(0,1)$上的垄断竞争厂商组成,生产同质但是可分的商品。房地产部门的总产出由该部门所有厂商的产出按照如下的 CES 生产函数复合而成:

$$Y_{ht} = \left(\int_0^1 (Y_{ht}^i)^{(\varepsilon_h-1)/\varepsilon_h} di\right)^{\varepsilon_h/(\varepsilon_h-1)} \tag{7.33}$$

其中,Y_{ht}^i为房地产部门的第i个厂商的产出,ε_h为房地产的需求价格弹性。根据新凯恩斯模型中的常用假定,定义房地产部门的价格指数为:

$$P_{ht} = \left(\int_0^1 (P_{ht}^i)^{1-\varepsilon_h} di\right)^{1/(1-\varepsilon_h)} \tag{7.34}$$

其中,P_{ht}^i为房地产部门的第i个厂商的产品价格。则房地产部门的第i个厂商面临的需求函数为:

$$Y_{ht}^i = (P_{ht}^i/P_{ht})^{-\varepsilon_h} Y_{ht} \tag{7.35}$$

与消费品部门不同的是,房地产部门的生产除了需要资本和劳动以外,还需要土地。此外,住房价格不存在黏性。房地产部门的厂商向耐心家庭和缺乏耐心家庭雇用劳动,向耐心家庭租赁资本来生产住房,生产函数为:

$$Y_{ht} = L_t (K_{h,t-1})^{\alpha_h} (N_{ht}')^{\alpha\beta_h} (N_{ht}'')^{(1-\alpha)\beta_h} \tag{7.36}$$

其中,L_t为房地产部门厂商面临的以土地供给冲击为代表的供给冲击,服从 AR(1)过程 $\ln L_t = \rho_l \ln L_{t-1} + v_{l,t}(v_{l,t} \sim N(0,\sigma_l^2))$。根据厂商的成本最小化问题,消费品部门的厂商对三种生产要素的最优需求满足如下关系:

$$\frac{R_{ht} K_{h,t-1}}{\alpha_h} = \frac{W_{ht}' N_{ct}'}{\alpha\beta_h} = \frac{W_{ht}'' N_{ct}''}{(1-\alpha)\beta_h} \tag{7.37}$$

从而厂商的真实边际成本函数可以表示为:

$$MC_{ht} = \frac{1}{L_t} \left(\frac{1}{\alpha_h}\right)^{\alpha_h} \left(\frac{1}{\alpha\beta_h}\right)^{\alpha\beta_h} \left(\frac{1}{(1-\alpha)\beta_h}\right)^{(1-\alpha)\beta_h} (R_{ht})^{\alpha_h} (W_{ht}')^{\alpha\beta_h} (W_{ht}'')^{(1-\alpha)\beta_h} \tag{7.38}$$

因为房地产部门不存在价格黏性,所以每一期房地产部门的厂商都可以重新定价。因为房地产部门存在一定程度的垄断,所以房地产部门的厂商会采用如下的边际成本加成定价法:

$$P_{ht} = \frac{\varepsilon_h}{\varepsilon_h - 1} P_{ct} MC_{ht} \tag{7.39}$$

即 $Q_t = \dfrac{\varepsilon_h}{\varepsilon_h - 1} MC_{ht}$，其中，$\varepsilon_h$ 表示住房之间的替代弹性系数，ε_h 越小则价格加成比率越大，即房地产部门的垄断程度越高。

五、均衡与稳态

消费品市场、房地产市场和信贷市场的市场出清条件分别为[①]：

$$Y_{ct} = C_t^{'} + C_t^{''} + I_{ct} + I_{ht} \tag{7.40}$$

$$Y_{ht} = \left(H_t^{'} - (1 - \delta_h) H_{t-1}^{'} \right) + \left[H_t^{''} - (1 - \delta_h) H_{t-1}^{''} \right] \tag{7.41}$$

$$b_t^{'} = b_t^{''} \tag{7.42}$$

与处理仅包含一类家庭和一个生产部门的 DSGE 模型不同，处理本章建立的包含两类家庭和两个生产部门的 DSGE 模型时，需要根据家庭的预算约束和厂商的生产技术等因素对各种稳态比例进行校准。记真实 GDP 为 Y_t，则 $Y_t = Y_{ct} + Q_t Y_{ht}$。记消费品部门在 GDP 中的稳态比例为 γ，则房地产部门在 GDP 中的稳态比例为 $1 - \gamma$，房地产部门和消费品部门的稳态产出之比为 $\zeta_1 = \dfrac{QY_{h,ss}}{Y_{c,ss}} = \dfrac{1 - \gamma}{\gamma}$。在本章考虑的两部门经济中，家庭在两个生产部门的稳态劳动投入比重 ξ_c^N 和 ξ_h^N、在两个生产部门的稳态资本供给比重 ξ_c^K 和 ξ_h^K 以及两类家庭的消费和投资在真实 GDP 中所占的稳态比重，都将由两个部门的产出比重、垄断程度和生产技术决定。其中，在两个生产部门的稳态劳动投入比重 ξ_c^N 和 ξ_h^N 分别为：

$$\xi_c^N = \frac{(\varepsilon_c - 1)\varepsilon_h \beta_c}{(\varepsilon_c - 1)\varepsilon_h \beta_c + (\varepsilon_h - 1)\varepsilon_c \beta_h QY_{h,ss}/Y_{c,ss}}, \xi_h^N = 1 - \xi_c^N \tag{7.43}$$

在两个生产部门的稳态资本供给比重 ξ_c^K 和 ξ_h^K 分别为：

$$\xi_c^K = \frac{(\varepsilon_c - 1)\varepsilon_h \alpha_c}{(\varepsilon_c - 1)\varepsilon_h \alpha_c + (\varepsilon_h - 1)\varepsilon_c \alpha_h QY_{h,ss}/Y_{c,ss}}, \quad \xi_h^K = 1 - \xi_c^K \tag{7.44}$$

缺乏耐心家庭的消费在消费品部门产出中所占的稳态比重为：

$$\zeta_2 = \frac{C_{ss}^{''}}{Y_{c,ss}}$$

$$= \left(\frac{(\varepsilon_c - 1)(1 - \alpha)\beta_c}{\varepsilon_c} + \frac{(\varepsilon_h - 1)(1 - \alpha)\beta_h}{\varepsilon_h} \zeta_1 \right) \bigg/ \left(1 + \frac{J_{ss}(m + \delta_h - \beta' m)}{\Lambda''} \right)$$

$$\tag{7.45}$$

---

① 式（7.40）假设消费品部门的产出有两种用途：一个用途是耐心家庭和缺乏耐心家庭的消费，另一个用途是耐心家庭在消费品部门和房地产部门的投资。这是同类文献通常采用的处理方法。

耐心家庭的消费在消费品部门产出中所占的稳态比重为：

$$\zeta_3 = \frac{C'_{ss}}{Y_{c,ss}}$$

$$= \left(\left(1 - \frac{(\varepsilon_c - 1)(1 - \alpha)\beta_c}{\varepsilon_c} \right) + \left(1 - \frac{(\varepsilon_h - 1)(1 - \alpha)\beta_h}{\varepsilon_h} \right) \zeta_1 + \left(1 + \frac{J_{ss}(1 - \beta')m}{\Lambda''} \right) \zeta_2 - 1 \right) \Big/ \left(\frac{J_{ss}\delta_h}{\Lambda'} \right) \tag{7.46}$$

投资在消费品部门产出中所占的稳态比重为：

$$\zeta_4 = \frac{I_{c,ss} + I_{h,ss}}{Y_{c,ss}} = 1 - \zeta_2 - \zeta_3 \tag{7.47}$$

这些稳态比例将在对数线性化过程中起到重要的作用。

六、货币政策规则

采用 Taylor(1993)提出的利率规则描述货币政策，并采用 Clarida，Gali & Gertler(2000)的方法引入利率平滑。具体而言，本章将考虑并比较如下两种货币政策规则：

（1）货币政策对 GDP 缺口、消费品部门的通货膨胀和住房的真实价格作出反应：

$$\hat{i}_t = \rho_i \hat{i}_{t-1} + (1 - \rho_i)(\phi_\pi \pi_t + \phi_y \hat{y}_t + \phi_q \hat{q}_t) + v_{i,t} \tag{7.48}$$

（2）货币政策对 GDP 缺口和消费品部门的通货膨胀作出反应：

$$\hat{i}_t = \rho_i \hat{i}_{t-1} + (1 - \rho_i)(\phi_\pi \pi_t + \phi_y \hat{y}_t) + v_{i,t} \tag{7.49}$$

在上述两种货币政策规则中，$v_{i,t}$ 表示货币政策冲击，服从 AR(1)过程 $v_{i,t} = \rho_v v_{i,t-1} + v_{v,t}(v_{v,t} \sim N(0, \sigma_v^2))$。通过比较上述两种货币政策规则，我们将研究：Iacoviello(2005)以及肖争艳和彭博(2011)在不存在房地产部门的单部门经济中得到的结论"货币政策不需对住房价格作出反应"在两部门经济中是否成立。

作者采用在稳态附近对数线性化的方法将均衡性条件转化为线性方程，并采用 dynare 软件进行参数估计、福利分析和冲击-响应分析。

第三节　参数的校准和贝叶斯估计

分别采用两种方法来设定模型的参数：对于可以根据中国经济的相关数据以及国内外已有研究设定的参数，采用校准方法[①]；对于缺乏可信经验支持且与

---

① 在 DSGE 模型中，有些参数的取值是相互影响的，这也要求对部分参数进行校准。为了检验结论的稳健性，一般会对这些参数的校准取值进行敏感性分析。

本章的分析密切相关的参数,采用贝叶斯估计。所有参数均在季度频率上进行校准和估计。

一、参数校准

对于耐心家庭的折现因子 β',根据肖争艳和彭博(2011)的估计,将其设定为 0.988,即 $\beta' = 0.988$。对于缺乏耐心家庭的折现因子 β'',根据 Iacoviello(2005)和肖争艳和彭博(2011),将其设定为 0.95,即 $\beta'' = 0.95$。因为多年来中国商业银行对于家庭住房贷款的首付比率一般稳定在 30% 左右,所以将抵押贷款比率 m 设定为 0.7,即 $m = 0.7$。

在样本期内,中国房地产业增加值在 GDP 中的比重稳步上升,平均比重为 4.8%。因此,将消费品部门在 GDP 中的稳态比例设定为 95%,即 $\gamma = 0.95$,从而房地产部门在 GDP 中的稳态比例为 5%,房地产部门和消费品部门产出之比为 5.26%,即 $\zeta_1 = 5.26\%$。按照国内外的通行取法,将年度资本折旧率设定为 10%,即季度资本折旧率 $\delta_k = 2.5\%$。根据刘斌(2008)建立的 DSGE 模型,资本份额取 0.5,即 $\alpha_c = \alpha_h = 0.5$;将表示消费品部门和房地产部门垄断竞争程度的参数 ε_c、ε_h 设定为 6,即 $\varepsilon_c = \varepsilon_h = 6$。按照陈彦斌和邱哲圣(2011)的估计,中国住房年度折旧率为 3%,因此将季度住房折旧率设定为 $\delta_h = 0.8\%$。

对于校准的这些参数取值,将在下文选择如下三个可能影响分析结果的参数进行敏感性分析:缺乏耐心家庭的折现因子 β'';抵押贷款比率 m;表示房地产部门垄断竞争程度的参数 ε_h(详见本章附录"敏感性分析")。

二、参数估计

利用贝叶斯方法估计 DSGE 模型的参数,首先需要设定参数的先验分布。作者根据各参数的理论含义和取值范围以及国内外相关研究的结论来设定待估参数的先验分布,详见表 7.1。对于取值范围在区间(0,1)中的参数,将其先验分布设定为贝塔分布;对于取值始终大于零的参数,将其先验分布设定为伽马分布;对于外生冲击的标准差,将其先验分布设定为逆伽马分布;先验均值和方差根据国内外相关研究的通行取法及结论来设定。

按照采用贝叶斯方法估计 DSGE 模型参数的规则,观测变量的个数要小于或者等于外生冲击的个数。本章建立的模型包含四个外生冲击:货币政策冲击、住房需求冲击、住房供给冲击和消费品供给冲击,所以在贝叶斯估计中使用如下三个观测变量:通货膨胀率、总产出和住房价格。[①] 采用中国 CPI 的季度环比增长率计算通货膨胀率并采用 X12 方法剔除季节波动。为了与理论模型中的零通货膨胀稳态相对应,通过对数差分计算通货膨胀率并进行去均值处理。采用 CPI 定基指数将中国的名义季度 GDP 转换为真实季度 GDP 并采用 X12 方法剔除季节波动。为了与理论模型中的产出缺口相对应,将真实季度 GDP 取对数后采用 HP 滤波剔除长期趋势。采用 70 个大中城市房屋销售价格指数表示住房价格。因为模型中考虑的是真实住房价格,所以采用 CPI 定基指数将名义住房价格转换为真实住房价格并采用 X12 方法剔除季节波动。因为真实住房价格存在趋势,所以采用 HP 滤波剔除长期趋势。因为从 2001 年 1 月起国家统计局调整了 CPI 的统计口径,所以样本期从 2001 年第一季度开始;因为从 2011 年起国家统计局停止发布 70 个大中城市房屋销售价格指数,所以样本期到 2010 年第四季度结束。

因为模型设定方法的变化会导致参数估计结果的变化,所以在给出参数估计之前需要分析哪种模型设定方法与中国经济更加吻合。采用贝叶斯方法估计 DSGE 模型的一个重要优势在于,可以比较容易地根据贝叶斯因子和后验优势比等指标选择与现实经济最吻合的模型。本章建立的 DSGE 模型包含两个部门和两类家庭,很多模型细节都存在若干不同的设定方法。在采用贝叶斯方法进行模型比较时,作者主要比较货币政策规则和菲利普斯曲线的设定方法。货币政策规则是对现实经济中货币政策的抽象概括,在货币政策分析中具有至关重要的地位;而菲利普斯曲线是新凯恩斯模型中最重要的经济关系式之一,对于货币政策的传导具有至关重要的影响。这里考虑式(7.48)和(7.49)所示的两种货币政策规则,分析哪种货币政策规则能够更好地描述中国央行的货币政策;考虑式(7.31)和式(7.32)所示的两种菲利普斯曲线,分析中国经济是否存在通货膨胀惯性。从而,我们将比较四种不同的模型设定:式(7.48)和式(7.32)表示的模型设定,式(7.48)和式(7.31)表示的模型设定,式(7.49)和式(7.32)表示的模型设定,式(7.49)和式(7.31)表示的模型设定。

根据贝叶斯因子进行模型比较的准则是:如果某种模型设定的贝叶斯因子

---

① 因为本章建立的模型主要用于货币政策分析,所以在估计参数时使用名义利率这个货币政策工具变量的历史数据会得到更好的参数估计结果。国内常用来表示货币政策工具的名义利率指标是银行间同业拆借利率。然而,银行间同业拆借利率是否适合作为中国货币政策的基准利率,国内尚存在很多争议。而且,如果用银行间同业拆借利率表示名义利率,则样本期内的真实利率是负的,这将导致无法校准折现因子。此外,贝叶斯估计的结果表明,使用通货膨胀率、总产出、住房价格和名义利率四个变量的历史数据估计参数,很多参数的估计结果明显偏离合理的取值范围。因此,在采用贝叶斯方法估计参数时,作者仅采用通货膨胀率、总产出和住房价格这三个变量的历史数据。

大于 $\sqrt{10}$,则表示存在实质性证据支持该模型设定;如果贝叶斯因子大于 10,则表示存在强烈证据支持该模型设定;如果贝叶斯因子大于 100,则表示存在决定性证据支持该模型设定。为了使这四种模型设定处于平等地位,这里假设这四种模型设定的先验概率相等,都等于 1/4。根据表 7.1 所示的模型比较结果可以得到如下结论:① 根据贝叶斯因子,不管采用哪种货币政策规则,不存在通货膨胀惯性的菲利普斯曲线与中国经济的吻合程度都优于存在通货膨胀惯性的菲利普斯曲线。因此,下文的分析将采用式(7.32)所示的不存在通货膨胀惯性的菲利普斯曲线描述通货膨胀动态。② 根据贝叶斯因子和后验概率,式(7.48)所示的对 GDP 缺口、消费品部门的通货膨胀和住房的真实价格作出反应的货币政策规则与中国经济最吻合。这表明中国人民银行在执行货币政策时会明确考虑住房的真实价格波动,下文的分析将采用式(7.48)所示的货币政策规则描述中国的货币政策。

表 7.1   贝叶斯模型比较

	(7.48)+(7.32)	(7.48)+(7.31)	(7.49)+(7.32)	(7.49)+(7.31)
先验概率	1/4	1/4	1/4	1/4
贝叶斯因子	7×10^4	7×10^6	1.0000	0.0242
后验概率	1.0000	0.0000	0.0000	0.0000

当采用式(7.48)所示的货币政策规则以及采用式(7.32)所示的菲利普斯曲线时,模型参数的贝叶斯估计结果如表 7.2 所示。表 7.2 分别给出了各待估参数的先验分布类型、先验分布均值、后验分布均值以及 95% 的置信区间。耐心家庭在经济中的比例 α 的后验均值为 76%,消费品部门的价格黏性指数 θ_c 的后验均值为 0.91,均与肖争艳和彭博(2011)(下面简称为肖文)得到的估计结果非常接近。在表示货币政策的利率规则中,利率平滑系数 ρ_i、产出缺口的反应系数 ϕ_y、通货膨胀的反应系数 ϕ_π、住房价格的反应系数 ϕ_q 的后验均值分别为 0.37、0.13、1.53 和 1.86,而肖文得到的估计值分别为 0.32、0.46、1.79 和 2.62。作者认为,这些估计结果的差异主要源于两个原因:① 肖文采用的是单部门模型而本章建立的是两部门模型;② 在引入利率平滑之后,肖文的货币政策冲击是一个白噪声而本章的货币政策冲击服从 AR(1)过程。但是,两篇论文估计的货币政策规则有一个共同的特征,即货币政策对住房价格的反应强度要大于对通货膨胀的反应强度。本章考虑的四种外生冲击——货币政策冲击、住房需求冲击、住房供给冲击和消费品供给冲击均表现出适度的持续性,其一阶自相关系数均在 0.7 左右,但是四种外生冲击的标准差存在较大的差异。估计结果还表

明,资本调整成本要显著大于住房调整成本,因为本章引入资本调整成本的主要原因是引入资本在部门之间的流动障碍。部门劳动投入之间的替代弹性系数为1.1,这意味着如果消费品部门的工资相对于房地产部门的工资上升1%,则消费品的劳动投入相对于房地产部门的劳动投入会上升1.1%,反之亦然。这个估计与 Horvath(2000)的估计结果 $\tau=1$ 非常接近。

表 7.2　待估参数的先验分布和后验分布

参数	含义	先验分布	先验均值	后验均值	95% 的置信区间
α	耐心家庭的比例	Beta	0.7	0.7614	(0.6335, 0.8944)
θ_c	消费品部门的价格黏性指数	Beta	0.8	0.9069	(0.8820, 0.9365)
ϕ_y	产出缺口的反应系数	Gamma	0.125	0.1334	(0.0593, 0.2039)
ϕ_π	通货膨胀的反应系数	Gamma	1.500	1.5297	(1.2279, 1.8567)
ϕ_q	住房价格的反应系数	Gamma	1.5	1.8596	(1.5150, 2.1718)
ρ_i	利率平滑系数	Beta	0.8	0.3718	(0.2514, 0.5000)
ρ_v	利率冲击的一阶自相关系数	Beta	0.8	0.6884	(0.5430, 0.8422)
ρ_j	住房需求冲击的一阶自相关系数	Beta	0.8	0.7868	(0.6338, 0.9429)
ρ_a	消费品供给冲击的一阶自相关系数	Beta	0.8	0.7227	(0.6066, 0.8437)
ρ_l	住房供给冲击的一阶自相关系数	Beta	0.8	0.6970	(0.5402, 0.8824)
σ_v	利率冲击的标准差	逆 Gamma	0.1	0.0186	(0.0145, 0.0223)
σ_j	住房需求冲击的标准差	逆 Gamma	0.1	0.0684	(0.0248, 0.1189)
σ_a	消费品供给冲击的标准差	逆 Gamma	0.1	0.0697	(0.0344, 0.1067)
σ_l	住房供给冲击的标准差	逆 Gamma	0.1	0.1069	(0.0605, 0.1494)
ϕ	真实工资弹性的倒数	Gamma	0.5	0.4857	(0.1814, 0.7924)
J_{ss}	住房偏好冲击的稳态	Beta	0.1	0.1240	(0.1195, 0.1280)
ϕ	住房调整成本	Gamma	0.6	0.5217	(0.2198, 0.8411)
ψ_c	资本调整成本	Gamma	4.0	3.9505	(2.9212, 4.9811)
ψ_h	资本调整成本	Gamma	4.0	3.9461	(2.9699, 4.9093)
τ	部门劳动投入之间的替代弹性	Gamma	1.0	1.0741	(0.5343, 1.5633)

第四节　货币政策应该如何应对住房价格上涨

本章将采用 Rotemberg & Woodford(1997,1999)和 Woodford(2003)倡导的福利评价方法,研究货币政策是否应该对房地产市场波动作出反应——最优的货币政策规则是能够使外生冲击导致的福利损失最小化的货币政策规则。根据

Aoki(2001),在多部门经济中,不存在价格黏性的部门通货膨胀不会带来名义扭曲,从而不进入福利损失函数。因此,本章建立的两部门经济的福利损失函数可以表示为:

$$V = -\frac{1}{2}\left(\frac{\varepsilon_c}{\lambda_c}\mathrm{var}(\pi_t) + (1+\phi)\mathrm{var}(\hat{y}_t)\right) \tag{7.50}$$

其中,$\lambda_c = (1-\beta'\theta_c)(1-\theta_c)/\theta_c$。[①] 式(7.50)给出的平均每期的福利损失取决于通货膨胀和产出缺口的方差以及相关参数。

本章考虑如下两种货币政策规则:

(1)式(7.48)所示的货币政策规则,即货币政策对 GDP 缺口、消费品部门的通货膨胀和住房的真实价格作出反应。根据贝叶斯估计的结果,这个货币政策规则可以表示为:

$$\hat{i}_t = 0.3718 \times \hat{i}_{t-1} +$$
$$(1-0.3718)(1.5297 \times \pi_t + 0.1334 \times \hat{y}_t + 1.8596 \times \hat{q}_t) + v_{i,t} \tag{7.51}$$

其中,货币政策冲击 $v_{i,t}$ 服从 AR(1) 过程 $v_{i,t} = 0.6884 \times v_{i,t-1} + v_{v,t}$ ($v_{v,t} \sim N(0, 0.0186^2)$)。

(2)式(7.49)所示的货币政策规则,即货币政策对 GDP 缺口和消费品部门的通货膨胀作出反应。为了便于与式(7.51)所示的货币政策规则进行比较,利率平滑系数 ρ_i、通货膨胀的反应系数 ϕ_π、产出缺口的反应系数 ϕ_y 和货币政策冲击 $v_{i,t}$ 的取值均与式(7.51)相同,只是不再对真实住房价格作出反应。从而,这个货币政策规则可以表示为:

$$\hat{i}_t = 0.3718 \times \hat{i}_{t-1} + (1-0.3718)(1.5297 \times \pi_t + 0.1334 \times \hat{y}_t) + v_{i,t} \tag{7.52}$$

表 7.3 给出了真实 GDP 缺口、消费品部门的产出缺口、房地产部门的产出缺口、消费品部门的通货膨胀、真实住房价格和利率这六个主要宏观经济变量的方差以及根据式(7.50)计算的平均每期的福利损失(表 7.3 中的数值均为百分数)。与式(7.51)所示的对真实住房价格作出反应的货币政策规则相比,采用式(7.52)所示的不对真实住房价格作出反应的货币政策,会使外生冲击导致的福利损失上升 50%。因此,根据福利分析的结果,我们可以得到如下的结论:在

---

① 2007 年次贷危机以来,学者和各国央行开始将金融稳定因素纳入货币政策评价体系。目前常用的方法是在央行的福利损失函数中引入以资产价格的方差、利率的方差或者信贷承载能力等指标为代表的金融稳定因素(见 Akram & Eitrheim,2008)。不过,是否将金融稳定因素纳入福利损失函数,并不影响福利分析的结果。对真实住房价格作出反应的货币政策不仅可以降低产出和通货膨胀等实体经济变量的波动,而且可以降低住房价格和利率等金融变量的波动从而更有利于金融稳定(见表7.3)。

更加符合现实情形的两部门经济中,对真实住房价格作出反应的货币政策规则要优于不对真实住房价格作出反应的货币政策规则,即货币政策应该对真实住房价格作出反应。与对真实住房价格作出反应的货币政策规则相比,采用不对真实住房价格作出反应的货币政策时,表7.3所示的六个主要宏观经济变量的方差都上升了。这表明,福利分析的结论是非常稳健的,并不依赖于福利损失函数的具体形式。

表7.3 两部门经济的福利分析

	$\hat{y}_t$	$\hat{y}_{ct}$	$\hat{y}_{ht}$	π_t	$\hat{q}_t$	$\hat{i}_t$	福利损失
对真实住房价格作出反应	0.0691	0.0556	4.2250	0.0160	0.0347	0.0144	4.5456
不对真实住房价格作出反应	0.6548	0.5744	5.4515	0.0226	1.3507	0.1166	6.8391

本章建立的模型包含四种外生冲击——货币政策冲击、消费品供给冲击、住房需求冲击和住房供给冲击。为了进一步分析货币政策应该对真实住房价格作出反应的原因,作者将四种外生冲击对福利损失和主要宏观经济变量波动的影响进行了分解。表7.4分别给出了四种外生冲击所导致的福利损失以及GDP缺口、通货膨胀和真实住房价格的方差。

表7.4 两部门经济的方差分解

对住房价格作出反应	$\hat{y}_t$	π_t	$\hat{q}_t$	福利损失
货币政策冲击	0.0178	0.0001	0.0322	0.0427
消费品供给冲击	0.0042	0.0140	0.0015	3.9342
住房需求冲击	0.0038	0.0000	0.0002	0.1154
住房供给冲击	0.0433	0.0019	0.0008	0.5573
加总	0.0691	0.0160	0.0347	4.5456
不对住房价格作出反应	$\hat{y}_t$	π_t	$\hat{q}_t$	福利损失
货币政策冲击	0.6233	0.0075	1.2277	2.5814
消费品供给冲击	0.0261	0.0150	0.0882	4.2443
住房需求冲击	0.0000	0.0000	0.0093	0.0317
住房供给冲击	0.0054	0.0000	0.0255	0.0135
加总	0.6548	0.0226	1.3507	6.8391

表7.4所示的方差分解具有如下三个典型特征,而这三个特征足以说明为什么货币政策应该对真实住房价格作出反应:

（1）货币政策冲击是决定住房价格波动的关键因素。当货币政策对真实住房价格作出反应时，由货币政策冲击导致的住房价格的方差为 0.0322，在住房价格的加总方差中占 93%；当货币政策不对真实住房价格作出反应时，由货币政策冲击导致的住房价格的方差为 1.2277，在住房价格的加总方差中占 91%。因此，不论是采用对真实住房价格作出反应的货币政策规则，还是采用不对真实住房价格作出反应的货币政策规则，货币政策冲击都是中国住房价格波动的主要原因，其他三种外生冲击所导致的住房价格波动在住房价格的加总波动中所占比例不足 10%。虽然中国学者并未对住房价格波动进行定量的方差分解，但是徐忠等（2012）的研究也表明，货币供应量和利率等货币政策变量对住房价格波动具有非常显著的影响。

（2）货币政策是否对真实住房价格作出反应会显著影响住房价格波动，进而通过金融加速器机制显著影响经济波动。与对真实住房价格作出反应的货币政策规则相比，采用不对真实住房价格作出反应的货币政策规则，外生冲击导致的住房价格波动会剧烈上升——由货币政策冲击、消费品供给冲击、住房需求冲击和住房供给冲击导致的住房价格的方差以及住房价格的加总方差分别从 0.0322、0.0015、0.0002、0.0008、0.0347 剧烈上升到 1.2277、0.0882、0.0093、0.0255 和 1.3507。而且，住房价格波动的上升会通过金融加速器机制使经济波动上升。与对真实住房价格作出反应的货币政策规则相比，采用不对真实住房价格作出反应的货币政策规则会使 GDP 缺口和通货膨胀的加总方差分别从 0.0691、0.0160 上升到 0.6548 和 0.0226。

（3）货币政策是否对真实住房价格作出反应是决定福利损失大小的关键因素。作为部门异质性冲击，住房需求冲击和住房供给冲击对宏观经济的影响较小——当采用对真实住房价格作出反应的货币政策规则时，这两种冲击导致的福利损失分别为 0.1154 和 0.5573，在加总福利损失中所占比例不足 15%；当采用不对真实住房价格作出反应的货币政策规则时，这两种冲击导致的福利损失分别为 0.0317 和 0.0135，在加总福利损失中所占比例不足 1%。[①] 消费品供给

---

① 福利分析和方差分解的结果还表明，面对住房需求冲击和住房供给冲击这两种部门异质性冲击，不对真实住房价格作出反应的货币政策规则优于对真实住房价格作出反应的货币政策规则，即货币政策不应该对由这两种部门异质性冲击导致的住房价格波动作出反应。其原因在于，货币政策是一种总量调节政策，并不具备结构调节功能，因此不应该对部门异质性冲击作出反应，除非此类冲击通过直接或者间接的途径对整个经济产生了很大的影响，比如 Mishkin（2007）提到的"二轮效应"（second round impact）。这个结果也表明，如果能够有效地识别住房价格波动的原因，则可以制定出更有针对性的货币政策。然而，在现实经济中各种原因往往交织在一起从而很难识别。

冲击对福利损失的影响与货币政策是否对真实住房价格作出反应关系不大——采用两种不同的货币政策规则,消费品供给冲击导致的福利损失分别为 3.9342 和 4.2443,两者的差异很小。面对货币政策冲击,与不对真实住房价格作出反应的货币政策规则相比,采用对真实住房价格作出反应的货币政策规则会使货币政策冲击导致的福利损失从 2.5814 下降到 0.0427。因此,采用对真实住房价格作出反应的货币政策规则能够降低福利损失的根本原因在于,采用这种货币政策规则能够有效地降低货币政策冲击对福利损失的影响。

图 7.1 给出了货币政策冲击的冲击-响应分析,从中可以了解在两部门经济中货币政策冲击的传导机制。紧缩性货币政策提高了名义利率并降低了通货膨胀,这导致真实利率显著上升,真实 GDP 和真实住房价格也明显下降。收入效应使得耐心家庭和缺乏耐心家庭的消费下降,但是由于真实住房价格下降产生的金融加速器机制,缺乏耐心家庭的消费下降得更加剧烈。紧缩性货币政策对耐心家庭和缺乏耐心家庭的住房需求产生了截然相反的影响。对于缺乏耐心家庭而言,真实住房价格下降使得住房的抵押贷款功能下降,再加上收入效应,缺乏耐心家庭的住房需求显著下降。对于耐心家庭而言,真实住房价格下降反而增加了他们的住房需求。两类家庭的住房需求叠加,使得房地产部门的真实产出出现了先缓慢下降再回复稳态的驼峰线式反应。对比两种不同的货币政策可以发现,如果货币政策不对住房价格作出反应,紧缩性货币政策冲击会导致住房价格大幅下跌,从而会通过金融加速器机制导致经济过度紧缩;如果货币政策对住房价格作出反应,则货币当局会采取措施应对住房价格下跌通过金融加速器机制所产生的紧缩效应,缓解紧缩性货币政策冲击对经济的不利影响。

通过福利分析和方差分析可以发现:首先,中国 90% 以上的住房价格波动是由货币政策冲击导致的,即货币政策冲击是决定住房价格波动的关键因素,因此应该从货币政策入手来平抑住房价格波动。其次,货币政策是否对真实住房价格作出反应是决定住房价格波动的关键因素,也是决定福利损失大小的关键因素。对真实住房价格作出反应的货币政策能够显著降低住房价格波动,并通过金融加速器机制降低经济波动和福利损失。因此,中国的货币政策应该对真实住房价格作出反应。

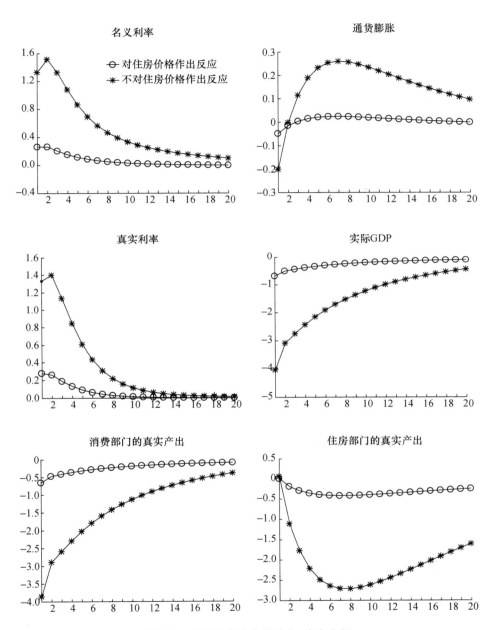

图 7.1 货币政策冲击的冲击−响应分析

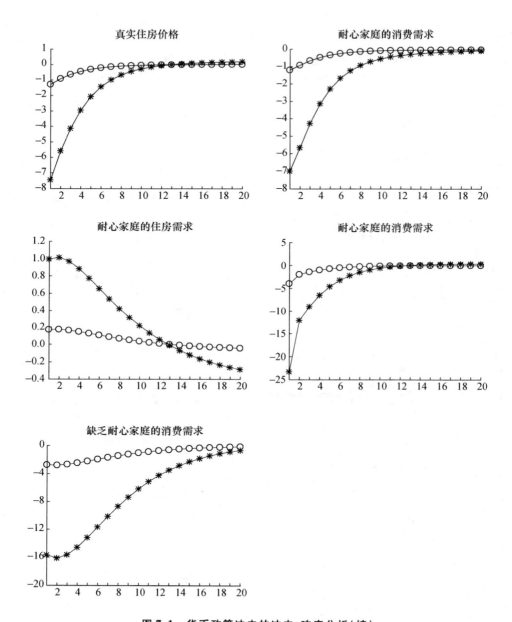

图 7.1　货币政策冲击的冲击-响应分析(续)

注:带 ∗ 号的曲线表示不对住房价格作出反应的货币政策,带 o 号的曲线表示对住房价格作出反应的货币政策。

为什么本章在两部门经济中得到的结论与 Iacoviello(2005)以及肖争艳和彭博(2011)在单部门经济中得到的"对真实住房价格作出反应并不能改进货币政策的效果"的结论正好相反呢？如果剔除房地产部门，则本章的模型将退化为与 Iacoviello(2005)以及肖争艳和彭博(2011)类似的单部门模型。采用与上文相同的参数和方法，作者对这个单部门模型也进行了福利分析和方差分解，结果参见表 7.5。

表 7.5　单部门经济的福利分析和方差分解

对住房价格作出反应	$\hat{y}_t$	π_t	$\hat{q}_t$	福利损失
货币政策冲击	0.4397	0.0022	0.0224	0.0956
消费品供给冲击	4.7117	0.1586	0.0468	0.4808
住房需求冲击	0.0516	0.0004	0.0005	0.0014
加总	5.2030	0.1612	0.0697	0.4918
不对住房价格作出反应	$\hat{y}_t$	π_t	$\hat{q}_t$	福利损失
货币政策冲击	4.1540	0.0393	0.1037	0.1412
消费品供给冲击	0.0451	0.0216	0.2282	0.0611
住房需求冲击	0.0000	0.0000	0.0042	0.0000
加总	4.1991	0.0609	0.3362	0.2023

福利分析的结果表明，与不对真实住房价格作出反应的货币政策规则相比，采用对真实住房价格作出反应的货币政策规则会使福利损失从 0.2023 上升到 0.4918。这表明，货币政策不应该对住房价格波动作出反应，这个结论与 Iacoviello(2005)以及肖争艳和彭博(2011)是一致的。然而，作者认为，单部门经济的福利分析和方法分解具有如下两个明显与经济直觉相悖的特征，而这两个特征决定了单部门模型不适合用来研究住房价格和货币政策问题：

（1）住房价格波动主要由消费品供给冲击决定。当货币政策对真实住房价格作出反应时，由消费品供给冲击导致的住房价格的方差为 0.0468，在住房价格的加总方差中占将近 70%；当货币政策不对真实住房价格作出反应时，由消费品供给冲击导致的住房价格的方差为 0.2282，在住房价格的加总方差中占将近 70%。这明显与经济直觉相悖，其主要原因在于，在单部门经济中不存在住房的生产，因此住房价格波动主要取决于耐心家庭和缺乏耐心家庭对住房的相对需求。由于两类家庭的各项收入都来自消费品部门，所以消费品部门的供给冲击成为决定家庭收入的决定因素，从而也成为决定家庭住房需求的决定因素。

（2）虽然货币政策对真实住房价格作出反应可以降低住房价格波动，但是GDP 波动和通货膨胀波动却上升了，这明显与金融加速器机制相悖。与不对真实住房价格作出反应的货币政策规则相比,采用对真实住房价格作出反应的货币政策规则会使住房价格的加总方差从 0.3362 下降到 0.0697,会使 GDP 缺口和通货膨胀的加总方差分别从 4.1991、0.0609 上升到 5.2030 和 0.1612。然而,按照金融加速器机制理论,住房价格波动上升会通过金融加速机制使产出缺口和通货膨胀的波动上升。

第五节　小　　结

以往的研究表明,对住房价格作出反应并不能改善货币政策稳定经济的效果。然而,在这些研究所采用的理论模型中,房地产市场是一个存量交易市场。这与现实经济严重不符,因为在现实经济中房地产业是国民经济的重要支柱产业。本章建立了一个包含耐心家庭和缺乏耐心家庭两类异质性家庭、包含消费品部门和房地产部门两个异质性生产部门的动态随机一般均衡模型,研究货币政策应该如何应对住房价格波动。本章的研究表明,首先,中国 90% 以上的住房价格波动是由货币政策冲击导致的,即货币政策冲击是决定住房价格波动的关键因素,因此应该从货币政策入手来平抑住房价格波动。其次,货币政策是否对真实住房价格作出反应是决定住房价格波动的关键因素,也是决定福利损失大小的关键因素。对真实住房价格作出反应的货币政策能够显著降低住房价格波动,并通过金融加速器机制降低经济波动和福利损失。因此,中国的货币政策应该对真实住房价格作出反应。

由于将不存在住房生产的单部门模型推广到包含消费品部门和房地产部门两个异质性生产部门的两部门模型已经使 DSGE 模型非常复杂,所以本章建立的模型忽略了一些现实经济的重要因素,比如,没有考虑商业地产即住房没有进入生产函数,以及没有考虑两个部门之间的投入产出关系等。考虑这些因素会使模型与现实经济更加吻合并有助于得到更加稳健可靠的结论。这些问题依然是货币经济学领域的难点,也是作者今后的努力方向。

附录　敏感性分析

上文的分析表明,在更加符合现实的两部门经济中,货币政策应该对住房价格波动作出反应。为了检验这个结论的稳健性,这里对如下三个通过校准方法得到的参数取值进行了敏感性分析:缺乏耐心家庭的折现因子 β'';抵押贷款比率 m;表示房地产部门垄断竞争程度的参数 ε_h。缺乏耐心家庭的折现因子 β'' 依次取值 0.93、0.94、0.95、0.96 和 0.97,其中,0.95 为前文采用的取值。抵押贷款

比率 m 依次取值 0.6、0.65、0.7、0.75 和 0.8,其中,0.7 为前文采用的取值。房地产部门垄断竞争程度 ε_h 依次取值 4、5、6、7 和 8,其中,6 为前文的取值。因为消费品部门垄断竞争程度 ε_c 的取值为 6,所以 ε_h 的变化可以表示两个部门垄断竞争程度的差异。表 7.6、表 7.7 和表 7.8 分别为对这三个参数的取值进行敏感性分析的结果。根据表中给出的真实 GDP 缺口和通货膨胀的方差以及平均每期的福利损失可知,这三个参数取值的变化对货币政策分析的结论没有影响:与式(7.51)所示的对真实住房价格作出反应的货币政策规则相比,采用式(7.52)所示的不对真实住房价格作出反应的货币政策,会使外生冲击导致的福利损失以及产出缺口和通货膨胀的方差上升,而且上升的幅度也没有本质的变化。

表 7.6   敏感性分析:缺乏耐心家庭的折现因子 β''

对真实住房价格作出反应	缺乏耐心家庭的折现因子 β''				
	0.93	0.94	0.95	0.96	0.97
$\hat{y}_t$	0.0677	0.0683	0.0691	0.0702	0.0716
π_t	0.0162	0.0161	0.0160	0.0158	0.0157
福利损失	4.6038	4.5778	4.5456	4.5060	4.4548
不对真实住房价格作出反应	缺乏耐心家庭的折现因子 β''				
	0.93	0.94	0.95	0.96	0.97
$\hat{y}_t$	0.5828	0.6156	0.6548	0.7026	0.7621
π_t	0.0233	0.0230	0.0226	0.0222	0.0218
福利损失	6.9901	6.9161	6.8391	6.7628	6.6894

表 7.7   敏感性分析:抵押贷款比率 m

对真实住房价格作出反应	抵押贷款比率 m				
	0.6	0.65	0.7	0.75	0.8
$\hat{y}_t$	0.0681	0.0684	0.0691	0.0706	0.0730
π_t	0.0157	0.0158	0.0160	0.0162	0.0163
福利损失	4.4536	4.4990	4.5456	4.5937	4.6378
不对真实住房价格作出反应	抵押贷款比率 m				
	0.6	0.65	0.7	0.75	0.8
$\hat{y}_t$	0.5792	0.6128	0.6548	0.7085	0.7798
π_t	0.0224	0.0225	0.0226	0.0228	0.0232
福利损失	6.7324	6.7734	6.8391	6.9417	7.0962

表 7.8　敏感性分析:房地产部门垄断竞争程度 ε_h

对住房真实价格作出反应	房地产部门垄断竞争程度 ε_h				
	4	5	6	7	8
$\hat{y}_t$	0.0691	0.0691	0.0691	0.0691	0.0691
π_t	0.0160	0.0160	0.0160	0.0160	0.0160
福利损失	4.5406	4.5435	4.5456	4.5471	4.5485
不对住房真实价格作出反应	房地产部门垄断竞争程度 ε_h				
	4	5	6	7	8
$\hat{y}_t$	0.6559	0.6552	0.6548	0.6545	0.6542
π_t	0.0226	0.0226	0.0226	0.0226	0.0226
福利损失	6.8256	6.8335	6.8391	6.8431	6.8463

附 录 | 动态随机一般均衡模型的基本分析框架

本书的理论模型都采用 DSGE 模型的分析框架。为了使正文的研究内容更易理解,作者将在本附录中简要介绍 DSGE 模型的建模方法和分析方法。我们将遵循从易到难的原则,从一个基准的 DSGE 模型开始,介绍 DSGE 模型的基本框架,然后根据研究的需要逐步引入新的因素来扩展模型。

第一节 一个基准的 DSGE 模型

假设经济由一个代表性家庭和一个代表性厂商组成。家庭理性选择消费水平、劳动供给和资本积累以实现终生效用最大化,厂商理性选择劳动需求和资本需求以实现利润最大化。假设商品市场、劳动力市场和资本市场都是完全竞争的,因此家庭和厂商都是价格接受者。

一、理论模型

1. 代表性家庭

代表性家庭理性选择消费水平、劳动供给和资本积累,以实现终生效用最大化:

$$\max E_0 \sum_{t=0}^{\infty} \beta^t U(C_t, N_t)$$

其中,β 为折现因子,C_t 为家庭的消费水平,N_t 为家庭的劳动供给。假设效用函数 $U(C_t, N_t)$ 是连续、二阶可微的,满足 $U_{c,t} = \dfrac{\partial U(C_t, N_t)}{\partial C_t} > 0$,$U_{cc,t} = \dfrac{\partial^2 U(C_t, N_t)}{\partial C_t^2} \leqslant 0$,$U_{n,t} = \dfrac{\partial U(C_t, N_t)}{\partial N_t} < 0$,$U_{nn,t} = \dfrac{\partial^2 U(C_t, N_t)}{\partial N_t^2} \leqslant 0$,即消费的边际效用 $U_{c,t}$ 大于零而且递减,劳动的边际负效用 $-U_{n,t}$ 大于零而且递增。

在第 t 期,家庭的支出包括三部分:一部分用于消费支出 $C_t P_t$,其中,P_t 为价格水平;一部分是用于购买单期名义无风险债券的支出 B_t;一部分用于资本积累 $K_t P_t$。家庭的可支配收入也包括三部分:一部分是工资收入 $N_t W_t P_t$,其中,W_t 为真实工资;一部分是第 $t-1$ 期购买的、在第 t 期到期的单期名义无风险债券的总收益 $I_{t-1} B_{t-1}$,其中,I_t 为债券的名义利率;一部分是第 $t-1$ 期资本的租金 $K_{t-1} R_t^k P_t$ 以及折旧后剩余的资本 $(1-\delta) K_{t-1} P_t$,其中,R_t^k 为资本的租金,δ 为资本折旧率。因此,代表性家庭面临的预算约束为:

$$N_t W_t P_t + I_{t-1} B_{t-1} + K_{t-1} R_t^k P_t + (1-\delta) K_{t-1} P_t = C_t P_t + B_t + K_t P_t$$

等式两边都除以 P_t,则代表性家庭面临的预算约束可以表示为:

$$N_t W_t + \frac{I_{t-1} b_{t-1}}{\Pi_t} + K_{t-1} R_t^k + (1-\delta) K_{t-1} = C_t + b_t + K_t$$

其中,$b_t = B_t / P_t$ 为债券的真实持有量,$\Pi_t = P_t / P_{t-1}$ 为通货膨胀。

运用拉格朗日方法可以求解代表性家庭的优化问题,拉格朗日函数为:

$$L = E_0 \sum_{t=0}^{\infty} \beta^t \left\{ U(C_t, N_t) + \right.$$

$$\left. \lambda_t \left(N_t W_t + \frac{I_{t-1} b_{t-1}}{\Pi_t} + K_{t-1} R_t^k + (1-\delta) K_{t-1} - C_t - b_t - K_t \right) \right\}$$

其中,λ_t 为拉格朗日乘子。关于消费水平 C_t、劳动供给 N_t、债券真实持有量 b_t 和资本积累 K_t 的一阶条件分别为:

$$\frac{\partial L}{\partial C_t} = U_{c,t} - \lambda_t = 0 \tag{1}$$

$$\frac{\partial L}{\partial N_t} = U_{n,t} + \lambda_t W_t = 0 \tag{2}$$

$$\frac{\partial L}{\partial b_t} = -\lambda_t + \beta E_t \left\{ \lambda_{t+1} \frac{I_t}{\Pi_{t+1}} \right\} = 0 \tag{3}$$

$$\frac{\partial L}{\partial b_t} = -\lambda_t + \beta E_t \left\{ \lambda_{t+1} (R_{t+1}^k + 1 - \delta) \right\} = 0 \tag{4}$$

由式（1）和式（3）可得，

$$U_{c,t} = \beta E_t \left\{ U_{c,t+1} \frac{I_t}{\Pi_{t+1}} \right\}$$

因此，均衡时第 t 期一单位消费带来的效用应该等于将等值的收入购买单期名义无风险债券并在第 $t+1$ 期将债券的本息用于消费带来的效用的折现值。如果前者大于后者，则应该减少储蓄增加 t 期消费；如果前者小于后者，则应该增加储蓄减少 t 期消费。

由式（1）和式（2）可得，

$$- U_{n,t} = W_t U_{c,t}$$

因此，均衡时一单位劳动供给带来的负效用正好和一单位劳动的收入所带来的消费效用相抵消。如果前者大于后者，则减少劳动供给可以改善家庭的福利；如果前者小于后者，则增加劳动供给可以改善家庭的福利。

对比式（3）和式（4）可得，

$$E_t \{ R_{t+1}^k + 1 - \delta \} = E_t \left\{ \frac{I_t}{\Pi_{t+1}} \right\}$$

即资本的真实收益和名义无风险债券的真实收益是相等的，对于家庭来说积累资本和购买无风险债券是完全等价的储蓄方式。其实，在这个基准模型中，因为代表性家庭假定意味着不存在借贷关系，所以市场出清时 $b_t = 0$。引入名义无风险只是为了定义名义利率和真实利率之间的关系。将真实利率定义为：

$$R_t = E_t \{ R_{t+1}^k + 1 - \delta \} \tag{5}$$

即资本的真实收益。显然，名义利率和真实利率满足如下的关系式：

$$R_t = E_t \left\{ \frac{I_t}{\Pi_{t+1}} \right\} \tag{6}$$

两边取对数后得到 $r_t = i_t - E_t \{ \pi_{t+1} \}$，这就是描述名义利率、真实利率和预期通货膨胀率之间关系的费雪方程式。

如果采用如下的 CRRA 效用函数（Constant Relative Risk Aversion Utility）：

$$U(C_t, N_t) = \frac{C_t^{1-\sigma}}{1-\sigma} - \frac{N_t^{1+\varphi}}{1+\varphi}$$

其中，σ 为相对风险厌恶系数，$1/\varphi$ 为劳动 N_t 的真实工资弹性，则家庭决策的最优性条件分别为：

$$C_t^{-\sigma} = \lambda_t \tag{7}$$

$$N_t^{\varphi} = \lambda_t W_t \tag{8}$$

$$\lambda_t = \beta E_t \{ \lambda_{t+1} R_t \} \tag{9}$$

$$R_t = E_t \{ R_{t+1}^k + 1 - \delta \} \tag{10}$$

2. 完全竞争厂商

厂商向代表性家庭雇用劳动和租赁资本来生产商品。厂商的生产函数为：

$$Y_t = f(K_{t-1}, N_t, A_t)$$

其中，A_t 为技术冲击，服从如下的 AR(1) 过程：

$$\ln A_t = \rho_A \ln A_{t-1} + u_{A,t} \tag{11}$$

其中，$\rho_A \in (0,1)$ 且 $u_{A,t}$ 服从独立同分布的正态分布 $N(0, \sigma_A^2)$。假设生产函数是单调递增的凹函数，满足 $f_k(K_{t-1}, N_t, A_t) \geq 0$、$f_n(K_{t-1}, N_t, A_t) \geq 0$、$f_{kk}(K_{t-1}, N_t, A_t) \leq 0$、$f_{nn}(K_{t-1}, N_t, A_t) \geq 0$，即生产要素的边际产出大于零而且递减。

厂商面临的优化问题是选择劳动投入和资本投入以实现利润最大化，即

$$\max_{\{N_t, K_{t-1}\}} \{ f(K_{t-1}, N_t, A_t) - W_t N_t - R_t^k K_{t-1} \}$$

关于劳动投入 N_t 和资本投入 K_{t-1} 的一阶条件分别为：

$$W_t = f_n(K_{t-1}, N_t, A_t) \tag{12}$$

$$R_t^k = f_k(K_{t-1}, N_t, A_t) \tag{13}$$

即对于完全竞争的厂商而言，均衡时劳动的真实工资应该等于劳动的边际产出，如果前者大于后者，则减少劳动投入可以增加厂商的利润；如果后者大于前者，则增加劳动投入可以增加厂商的利润。同理，均衡时资本的真实租金应该等于资本的边际产出。

如果采用如下的柯布-道格拉斯生产函数：

$$Y_t = A_t K_{t-1}^{\alpha} N_t^{1-\alpha} \tag{14}$$

则厂商的最优性条件(12)和(13)可以分别表示为：

$$W_t = (1 - \alpha) \frac{Y_t}{N_t} \tag{15}$$

$$R_t^k = \alpha \frac{Y_t}{K_{t-1}} \tag{16}$$

3. 市场出清

商品市场的出清条件为：

$$Y_t = C_t + (K_t - (1 - \delta) K_{t-1}) \tag{17}$$

定义投资水平 $I_t = K_t - (1 - \delta) K_{t-1}$，则资本积累方程为：

$$K_t = (1 - \delta) K_{t-1} + I_t$$

即第 t 期的资本等于第 t 期的投资加上折旧后剩余的第 $t-1$ 期的资本。第 t 期的产出等于第 t 期的消费和投资之和。

在这个基准的 DSGE 模型中，共有 λ_t、C_t、N_t、W_t、K_t、R_t^k、R_t、A_t 和 Y_t 九个变量，均衡性条件由(7)、(8)、(9)、(10)、(11)、(14)、(15)、(16)和(17)九个方程

构成。①

　　需要注意的是,模型的均衡性条件只包含真实变量,没有名义变量。虽然在家庭决策问题中出现了两个名义变量,即名义利率 I_t 和通货膨胀 Π_t,但其实是真实利率 $R_t = E_t\left\{\dfrac{I_t}{\Pi_{t+1}}\right\}$ 影响家庭决策。此外,因为在这个基准的 DSGE 模型中没有因素可以影响或者决定名义利率 I_t 和通货膨胀 Π_t,所以这两个变量没有出现在模型的均衡性条件中。因此,这个基准的 DSGE 模型是一个真实商业周期模型(real business cycle model,RBC)。在下一节我们将在这个基准的 DSGE 模型的基础上进一步引入货币因素。因为货币因素会影响名义利率 I_t 和通货膨胀 Π_t,所以这两个名义变量将出现在模型的均衡性条件中。

二、稳态分析及对数线性化

　　动态随机一般均衡模型一般用于分析宏观经济的周期波动,关注的是外生冲击对宏观经济的影响,即一个外生冲击如何推动经济偏离稳态以及随着外生冲击的衰减经济如何恢复稳态。本节建立的模型只有技术冲击一个外生冲击。当这个冲击等于零(即 A_t 等于其稳态取值 A_{ss})时,经济处于稳态,所有变量的取值都等于某个常数。当出现一个技术冲击时,经济将偏离稳态;当这个技术冲击逐步衰减时,经济又会逐步恢复稳态。这与 VAR 模型的冲击-响应分析的原理是完全一致的。

　　为了进行冲击-响应分析,一般会将 DSGE 模型的均衡性条件在稳态附近对数线性化。虽然不进行对数线性化也可以进行相同的分析,但是对数线性化之后分析更加简洁明了。下面将首先介绍在稳态附近对数线性化的基本原理,然后对模型的均衡性条件进行稳态分析和对数线性化。

　　1. 对数线性化的基本原理

　　记变量 X_t 的稳态取值为 X_{ss},$\hat{x}_t$ 为变量 X_t 相对于其稳态取值 X_{ss} 的对数偏离,即

$$\hat{x}_t \equiv \ln X_t - \ln X_{ss}$$

应用一阶泰勒展开式可得,

---

　　① 需要注意的是,拉格朗日乘子 λ_t 是一个可有可无的变量。如果将式(7)即 $\lambda_t = C_t^{-\sigma}$ 代入式(8)和式(9),则变量 λ_t 以及式(7)都在模型的均衡性条件中消失。当然,引入 λ_t 可以使均衡性条件的表达更加简洁。同样,如果除了资本存量 K_t 外还希望考察投资水平 I_t,则可以在模型的均衡性条件中加入资本积累方程 $K_t = (1-\delta)K_{t-1} + I_t$。

$$\hat{x}_t \equiv \ln X_t - \ln X_{ss} = \ln\left(1 + \frac{X_t - X_{ss}}{X_{ss}}\right) \approx \frac{X_t - X_{ss}}{X_{ss}}$$

因此 $\hat{x}_t$ 相当于变量 X_t 偏离其稳态取值 X_{ss} 的百分比。

根据上述约定,变量 $X_t \equiv X_{ss} e^{\hat{x}_t}$ 的一阶泰勒展开式为:

$$X_t \equiv X_{ss} e^{\hat{x}_t} \approx X_{ss}(1 + \hat{x}_t) \tag{18}$$

在 DSGE 模型的对数线性化过程中,常用的公式有:

$$a X_t \approx a X_{ss}(1 + \hat{x}_t) \tag{19}$$

$$X_t^a = (X_{ss} e^{\hat{x}_t})^a = X_{ss}^a e^{a\hat{x}_t} \approx X_{ss}^a(1 + a\hat{x}_t) \tag{20}$$

$$X_t Y_t = (X_{ss} e^{\hat{x}_t})(Y_{ss} e^{\hat{y}_t}) = X_{ss} Y_{ss} e^{\hat{x}_t + \hat{y}_t} \approx X_{ss} Y_{ss}(1 + \hat{x}_t + \hat{y}_t) \tag{21}$$

$$f(X_t) \approx f(X_{ss}) + f'(X_{ss})(X_t - X_{ss}) = f(X_{ss}) + X_{ss} f'(X_{ss})\left(\frac{X_t - X_{ss}}{X_{ss}}\right)$$

$$= f(X_{ss}) + X_{ss} f'(X_{ss}) \hat{x}_t \tag{22}$$

2. 稳态分析

在进行对数线性化之前,需要首先对模型的均衡性条件进行稳态分析。一方面,均衡性条件的对数线性化会需要稳态分析的一些结论;另一方面,稳态分析可以让我们了解变量稳态取值和参数取值之间的关系。

因为在这个基准的 DSGE 模型中没有经济增长,所以在稳态中所有真实变量的取值都是常数。

由式(9)的稳态形式可得 $R_{ss} = \dfrac{1}{\beta}$,即稳态真实利率等于折现因子的倒数。根据这个关系式,折现因子一般被校准为长期真实利率的倒数。

式(10)的稳态形式为 $R_{ss} = R_{ss}^k + 1 - \delta$,从而 $R_{ss}^k = R_{ss} - 1 + \delta = \dfrac{1}{\beta} - 1 + \delta$。

式(16)的稳态形式为 $R_{ss}^k = \alpha \dfrac{Y_{ss}}{K_{ss}}$,从而稳态资本-产出比率为 $\dfrac{K_{ss}}{Y_{ss}} = \alpha \Big/ \left(\dfrac{1}{\beta} - 1 + \delta\right)$。

式(17)的稳态形式为 $Y_{ss} = C_{ss} + \delta K_{ss}$,从而稳态消费-产出比率为 $\dfrac{C_{ss}}{Y_{ss}} = 1 - \delta \dfrac{K_{ss}}{Y_{ss}} = 1 - \alpha\delta \Big/ \left(\dfrac{1}{\beta} - 1 + \delta\right)$。

由式(14)的稳态形式可得稳态劳动-资本比例为 $\dfrac{N_{ss}}{K_{ss}} = \left(\dfrac{Y_{ss}}{K_{ss}}\right)^{1/(1-\alpha)}$。

3. 均衡性条件的对数线性化

由式(7)可得 $C_{ss}^{-\sigma}(1-\sigma\,\hat{c}_t)=\lambda_{ss}(1+\hat{\lambda}_t)$。因为 $C_{ss}^{-\sigma}=\lambda_{ss}$,所以式(7)的对数线性化形式为:

$$-\sigma\,\hat{c}_t=\hat{\lambda}_t \tag{23}$$

由式(8)可得 $N_{ss}^{\varphi}(1+\varphi\,\hat{n}_t)=\lambda_{ss}W_{ss}(1+\hat{\lambda}_t+\hat{w}_t)$。因此,式(8)的对数线性化形式为:

$$\varphi\,\hat{n}_t=\hat{\lambda}_t+\hat{w}_t \tag{24}$$

由式(9)可得 $\lambda_{ss}(1+\hat{\lambda}_t)=\beta\lambda_{ss}R_{ss}(1+E_t\{\hat{\lambda}_{t+1}\}+\hat{r}_t)$。因此,式(9)的对数线性化形式为:

$$\hat{\lambda}_t=E_t\{\hat{\lambda}_{t+1}\}+\hat{r}_t \tag{25}$$

由式(10)可得 $R_{ss}(1+\hat{r}_t)=R_{ss}^k(1+E_t\{\hat{r}_{t+1}^k\})+1-\delta$。因此,式(10)的对数线性化形式为:

$$R_{ss}\hat{r}_t=R_{ss}^k E_t\{\hat{r}_{t+1}^k\} \tag{26}$$

由式(14)可得 $Y_{ss}(1+\hat{y}_t)=A_{ss}K_{ss}^{\alpha}N_{ss}^{1-\alpha}(1+a_t+\alpha\,\hat{k}_{t-1}+(1-\alpha)\hat{n}_t)$。因此,式(14)的对数线性化形式为:

$$\hat{y}_t=a_t+\alpha\,\hat{k}_{t-1}+(1-\alpha)\,\hat{n}_t \tag{27}$$

由式(15)可得 $W_{ss}(1+\hat{w}_t)=(1-\alpha)\dfrac{Y_{ss}}{N_{ss}}(1+\hat{y}_t-\hat{n}_t)$。因此,式(15)的对数线性化形式为:

$$\hat{w}_t=\hat{y}_t-\hat{n}_t \tag{28}$$

由式(16)可得 $R_{ss}^k(1+\hat{r}_t^k)=\alpha\dfrac{Y_{ss}}{K_{ss}}(1+\hat{y}_t-\hat{k}_{t-1})$。因此,式(16)的对数线性化形式为:

$$\hat{r}_t^k=\hat{y}_t-\hat{k}_{t-1} \tag{29}$$

由式(17)可得 $Y_{ss}(1+\hat{y}_t)=C_{ss}(1+\hat{c}_t)+K_{ss}(1+\hat{k}_t)-(1-\delta)K_{ss}(1+\hat{k}_{t-1})$。因此,式(17)的对数线性化形式为:

$$\hat{y}_t=\frac{C_{ss}}{Y_{ss}}\hat{c}_t+\frac{K_{ss}}{Y_{ss}}\hat{k}_t-(1-\delta)\frac{K_{ss}}{Y_{ss}}\hat{k}_{t-1} \tag{30}$$

记 $a_t=\ln A_t$,则式(17)可以表示为:

$$a_t=\rho_A a_{t-1}+u_{A,t} \tag{31}$$

对数线性化之后,模型的均衡性条件包含 $\hat{\lambda}_t$、$\hat{c}_t$、$\hat{n}_t$、$\hat{w}_t$、$\hat{r}_t$、$\hat{k}_t$、$\hat{r}_t^k$、$\hat{y}_t$ 八个内生

变量和 a_t 一个外生冲击。记向量 $\boldsymbol{x}_t$ 为这八个内生变量构成的列向量,则模型的均衡性条件可以表示为:

$$E_t\{f(\boldsymbol{x}_{t+1}, \boldsymbol{x}_t, \boldsymbol{x}_{t-1}, a_t)\} = 0 \qquad (32)$$

利用 dynare 软件求解这个线性理性预期模型后,可以得到如下形式的最优解:

$$\boldsymbol{x}_t = \boldsymbol{G}_x \boldsymbol{x}_{t-1} + \boldsymbol{G}_\varepsilon \varepsilon_t \qquad (33)$$

这其实就是一个 VAR(1) 模型,可以按照 VAR 模型的原理进行冲击-响应分析以及方差分解。

三、冲击-响应分析

下面将采用 dynare 软件对本节建立的 DSGE 模型进行冲击-响应分析。为了使分析更加清晰,将模型的均衡性条件归总在表 1 中。

表 1　基准 DSGE 模型的均衡性条件

分类	公式编号	公式
家庭	(23)	$-\sigma \hat{c}_t = \hat{\lambda}_t$
	(24)	$\varphi \hat{n}_t = \hat{\lambda}_t + \hat{w}_t$
	(25)	$\hat{\lambda}_t = E_t\{\hat{\lambda}_{t+1}\} + \hat{r}_t$
	(26)	$R_{ss} \hat{r}_t = R_{ss}^k E_t\{\hat{r}_{t+1}^k\}$
企业	(27)	$\hat{y}_t = a_t + \alpha \hat{k}_{t-1} + (1-\alpha)\hat{n}_t$
	(28)	$\hat{w}_t = \hat{y}_t - \hat{n}_t$
	(29)	$\hat{r}_t^k = \hat{y}_t - \hat{k}_{t-1}$
市场出清	(30)	$\hat{y}_t = \dfrac{C_{ss}}{Y_{ss}}\hat{c}_t + \dfrac{K_{ss}}{Y_{ss}}\hat{k}_t - (1-\delta)\dfrac{K_{ss}}{Y_{ss}}\hat{k}_{t-1}$
外生冲击	(31)	$a_t = \rho_A a_{t-1} + u_{A,t}$

为了进行冲击-响应分析,首先需要给出表 1 中模型均衡性条件包含的参数取值。DSGE 模型的参数设定方法主要有两种:一种方法是校准,另一种方法是估计,包括极大似然估计、贝叶斯估计和 GMM 估计,其中比较常用的是贝叶斯估计。虽然可以通过贝叶斯估计得到所有参数的取值,但是贝叶斯估计也有其局限性。为了能够准确地估计某一参数,可能需要某些特定的变量,比如估计生产函数需要产出以及劳动和资本等生产要素的观测数据,估计价格黏性指数需要通货膨胀和真实边际成本的数据。而贝叶斯估计要求外生冲击的个数要大于或者等于观测变量的个数。这意味着,要在估计中使用更多的观测变量以改善参数估计的质量,必须引入更多的外生冲击,但是这也增加了模型的不确定性,

从而影响参数估计的质量。简单起见,暂时采用校准方法。

　　根据 Gali(2008)以及其他相关文献的通行取法,将季度折现因子 β 设定为 0.99;将季度资本折旧率 δ 设定为 2.5%;取资本收入份额 $\alpha = 1/3$;采用对数效用函数,即将相对风险厌恶系数 σ 设定为 1;假设劳动投入具有单位真实工资弹性,即 $\varphi = 1$;取技术冲击的一阶自相关系数 $\rho_A = 0.9$,标准差 $\sigma_A = 0.1$。根据稳态分析的结论,可以得到 R_{ss}、R_{ss}^k、$\dfrac{C_{ss}}{Y_{ss}}$ 和 $\dfrac{K_{ss}}{Y_{ss}}$ 的取值。Dynare 代码和冲击–响应分析的结果如下。由图 1 所示的冲击–响应分析可知,技术进步推动产出上升,资本、劳动和工资都上升了,从而家庭的消费也上升。

```
var y c r n w k rk lambda a;
varexo es_a;
parameters beta sigma phi alpha delta RSS KSS CSS rho_a sigma_a;
beta = 0.99;
sigma = 1;
phi = 1;
alpha = 1/3;
delta = 0.025;
RSS = 1/beta;
KSS = alpha/(RSS - 1 + delta);
CSS = 1 - delta * KSS;
rho_a = 0.8;
sigma_a = 0.1;
model(linear);
 -sigma * c = lambda;
phi * n = lambda + w;
lambda = lambda( +1) + r;
RSS * r = (RSS - 1 + delta) * rk( +1);
y = alpha * k( -1) + (1 - alpha) * n + a;
w = y - n;
rk = y - k( -1);
y = CSS * c + KSS * k - (1 - delta) * KSS * k( -1);
a = rho_a * a( -1) + es_a;
end;
steady;
check;
shocks;
```

```
var es_a = sigma_a^2;
end;
stoch_simul(irf =80)y c r n w k;
```

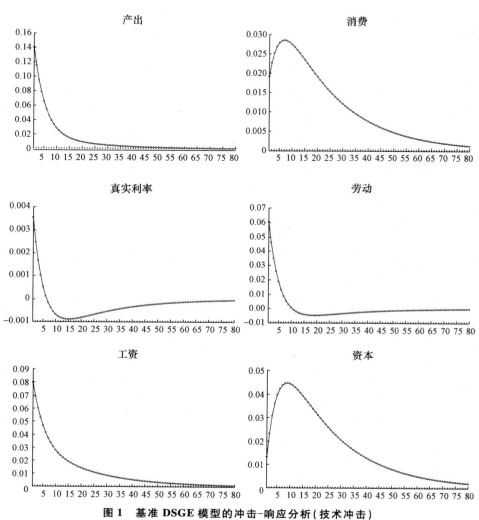

图 1　基准 DSGE 模型的冲击-响应分析（技术冲击）

第二节　扩展的 DSGE 模型:引入货币因素

第一节建立的基准 DSGE 模型是一个 RBC 模型,只有真实变量,没有名义变量,因此无法进行货币政策分析。本节将在基准 DSGE 模型中引入可以决定价格水平或名义利率的货币因素,在此基础上进行货币政策分析。在模型中引入货币因素的常用方法有两种。

第一种方法是在模型中引入货币并由中央银行决定货币供应量,通过货币供应量首先影响价格水平和名义利率,进而影响真实利率和其他真实变量,比如真实消费、真实产出等。在模型中引入货币的方法主要有 MIU 和现金优先(Cash-in-Advance,CIA)两种。因为两种引入货币的方法对结果没有本质影响,所以本节只介绍 MIU 方法,对 CIA 方法感兴趣的读者可以阅读 Wash(2010)的第三章。

第二种方法是在模型中引入由中央银行控制的利率规则来决定价格水平和名义利率,进而影响真实利率和其他真实变量。常用的利率规则是 Taylor(1993)提出的泰勒规则。

一、MIU

MIU 方法假设持有货币会给家庭带来效用。因为家庭关心的其实是货币的真实购买力,所以进入效用函数的是真实货币余额,而非名义货币余额。代表性家庭理性选择消费水平、劳动供给、货币持有和资本积累,以实现终生效用最大化:

$$\max E_0 \sum_{t=0}^{\infty} \beta^t U(C_t, m_t, N_t)$$

其中,$m_t = M_t/P_t$ 为真实货币余额,M_t 为名义货币余额。假设效用函数 $U(C_t, m_t, N_t)$ 关于真实货币余额 m_t 是连续、二阶可微的,满足 $U_{m,t} = \dfrac{\partial U(C_t, m_t, N_t)}{\partial m_t} > 0$,$U_{mm,t} = \dfrac{\partial^2 U(C_t, m_t, N_t)}{\partial m_t^2} \leqslant 0$,即货币的边际效用 $U_{c,t}$ 大于零而且递减。

在模型中引入货币之后,家庭的预算约束也发生了变化。家庭在第 t 期的支出除了消费支出、购买债券和资本积累之外,还包括货币持有 M_t;家庭在第 t 期的收入除了工资、第 $t-1$ 期购买的债券的本息以及资本的租金和折旧剩余之外,还包括第 $t-1$ 期持有的、带入第 t 期的货币 M_{t-1}。因此,代表性家庭面临的预算约束为:

$$N_t W_t P_t + I_{t-1} B_{t-1} + K_{t-1} R_t^k P_t + (1-\delta) K_{t-1} P_t + M_{t-1}$$
$$= C_t P_t + B_t + K_t P_t + M_t$$

等式两边都除以 P_t,则代表性家庭面临的预算约束可以表示为:

$$N_t W_t + \frac{I_{t-1} b_{t-1}}{\Pi_t} + K_{t-1} R_t^k + (1-\delta) K_{t-1} + \frac{m_{t-1}}{\Pi_t} = C_t + b_t + K_t + m_t$$

运用拉格朗日方法可以求解代表性家庭的优化问题,拉格朗日函数为:

$$L = E_0 \sum_{t=0}^{\infty} \beta^t \left\{ U(C_t, m_t, N_t) + \lambda_t \left(N_t W_t + \frac{I_{t-1} b_{t-1}}{\Pi_t} + K_{t-1} R_t^k + (1-\delta) K_{t-1} + \right. \right.$$

$$\left. \left. \frac{m_{t-1}}{\Pi_t} - C_t - b_t - K_t - m_t \right) \right\}$$

其中，λ_t 为拉格朗日乘子。很显然，与不存在货币的基准 DSGE 模型相比，关于消费水平 C_t、劳动供给 N_t、债券真实持有量 b_t 和资本积累 K_t 的一阶条件并没有变化，只是多了一个关于真实货币余额 m_t 的一阶条件：

$$\frac{\partial L}{\partial m_t} = U_{m,t} - \lambda_t + \beta E_t \left\{ \frac{\lambda_{t+1}}{\Pi_{t+1}} \right\} = 0 \tag{34}$$

由式（1）和式（34）可得：

$$U_{c,t} = U_{m,t} + \beta E_t \left\{ \frac{U_{c,t+1}}{\Pi_{t+1}} \right\}$$

因此，均衡时第 t 期一单位消费带来的效用应该等于将等值的收入以货币形式持有所带来的效用，包括在第 t 期持有货币带来的效用 $U_{m,t}$ 和在第 $t+1$ 期将这一单位真实货币用于消费带来的效用的折现值（因为物价水平的变化，第 t 期的一单位真实货币在第 $t+1$ 期为 $1/\Pi_{t+1}$ 单位真实货币）。如果前者大于后者，则应该减少货币持有并增加消费；如果前者小于后者，则应该增加货币持有并减少消费。

如果采用效用函数 $U(C_t, m_t, N_t) = \frac{C_t^{1-\sigma}}{1-\sigma} + \frac{m_t^{1-v}}{1-v} - \frac{N_t^{1+\varphi}}{1+\varphi}$，其中，参数 v 控制真实货币余额带来的效用，则关于真实货币余额 m_t 的一阶条件为：

$$m_t^{-v} = \lambda_t - \beta E_t \left\{ \frac{\lambda_{t+1}}{\Pi_{t+1}} \right\} \tag{35}$$

从式（35）出发，可以推导出常用的货币需求函数。将 $\lambda_t = C_t^{-\sigma}$ 带入式（35），可得：

$$m_t^{-v} = C_t^{-\sigma} \left(1 - \beta E_t \left\{ \frac{\lambda_{t+1}}{\lambda_t \Pi_{t+1}} \right\} \right) = C_t^{-\sigma} \left(1 - \frac{1}{I_t} \right)$$

$$= C_t^{-\sigma} (1 - e^{-i_t})$$

两边取自然对数并利用一阶泰勒展开式 $\ln(1 - e^{-i_t}) \approx \ln(1 - e^{-i_{ss}}) + \frac{1}{1 - e^{-i_{ss}}}$ $(i_t - i_{ss})$，可得：

$$m_t = \text{const.} + \frac{\sigma}{v} C_t - \frac{1}{v(1 - e^{-i_{ss}})} i_t \tag{36}$$

即货币需求是消费支出的增函数，是名义利率即持有货币的机会成本的减函数。

在模型中以 MIU 形式引入货币并不影响厂商的决策，因此第一节中关于完全竞争厂商的描述及其最优性条件依然适用于本节的模型。但是,引入货币之后,必须引入一个方程来决定货币供应量的动态。假设中央银行采用控制名义货币增长率 G_t 的方式执行货币政策,其中,$G_t = M_t/M_{t-1}$,则

$$m_t = \frac{G_t}{\Pi_t}m_{t-1} \tag{37}$$

假设名义货币增长率 G_t 服从如下的 AR(1) 过程:

$$\ln G_t - \ln G_{ss} = \rho_g(\ln G_{t-1} - \ln G_{ss}) + u_{g,t}$$

即

$$\hat{g}_t = \rho_g\hat{g}_{t-1} + u_{g,t} \tag{38}$$

其中,$\hat{g}_t$ 表示货币政策冲击,$\rho_g \in (0,1)$ 且 $u_{g,t}$ 服从独立同分布的正态分布 $N(0, \sigma_g^2)$。

与基准的 DSGE 模型相比,以 MIU 形式引入货币之后的 DSGE 模型多了四个变量,即真实货币余额 m_t、通货膨胀 Π_t、名义利率 I_t 和名义货币供给增长率 G_t,均衡性条件也多了四个方程,即关于 m_t 的一阶条件式(35)、描述货币动态的式(37)、描述货币政策冲击的式(38),以及描述名义利率、通货膨胀和真实利率之间关系的式(6)。

假设稳态的货币增长率为 G_{ss},则通过模型均衡性条件的稳态分析可以得到 $\Pi_{ss} = G_{ss}$,即稳态的通货膨胀率等于名义货币增长率。由式(6)可得稳态的名义利率为 $I_{ss} = R_{ss}\Pi_{ss} = \frac{G_{ss}}{\beta}$。

将式(35)在稳态附近对数线性化后得到:

$$-\upsilon\hat{m}_t - \hat{\lambda}_t = \frac{1}{I_{ss}-1}\hat{i}_t \tag{39}$$

将式(37)在稳态附近对数线性化后得到:

$$\hat{m}_t = \hat{m}_{t-1} - \pi_t + \hat{g}_t \tag{40}$$

将式(6)在稳态附近对数线性化后得到:

$$\hat{r}_t = \hat{i}_t - E_t\{\pi_{t+1}\} \tag{41}$$

在以 MIU 方式在第一节的基准 DSGE 模型中引入货币之后,模型的均衡性条件由表 2 中的方程构成。除了前文校准的参数外,这里还需要给出决定货币效用的参数 υ、稳态货币增长率 G_{ss}、稳态通货膨胀率 Π_{ss}、稳态名义利率 I_{ss}、货币供给冲击的一阶自相关系数 ρ_g 和货币供给冲击的标准差 σ_g 等参数的取值。取 $\upsilon = 1, G_{ss} = \Pi_{ss} = 1, I_{ss} = \frac{1}{\beta}, \rho_g = 0.8, \sigma_g = 0.1$。Dynare 代码和冲击-响应分析的结果如下。图 2 所示的冲击-响应分析表明,货币政策具有非常明显的超级中性特征——货币供给增长率的上升导致通货膨胀率一次性上升,但是所有的真实

变量都保持不变。

表 2　引入 MIU 的 DSGE 模型的均衡性条件

分类	公式编号	公式
家庭	（23）	$-\sigma\,\hat{c}_t = \hat{\lambda}_t$
	（24）	$\varphi\,\hat{n}_t = \hat{\lambda}_t + \hat{w}_t$
	（25）	$\hat{\lambda}_t = E_t\{\hat{\lambda}_{t+1}\} + \hat{r}_t$
	（26）	$R_{ss}\,\hat{r}_t = R_{ss}^k E_t\{\hat{r}_{t+1}^k\}$
	（39）	$-v\hat{m}_t - \hat{\lambda}_t = \dfrac{1}{I_{ss}-1}\hat{i}_t$
	（41）	$\hat{r}_t = \hat{i}_t - E_t\{\pi_{t+1}\}$
企业	（27）	$\hat{y}_t = a_t + \alpha\,\hat{k}_{t-1} + (1-\alpha)\,\hat{n}_t$
	（28）	$\hat{w}_t = \hat{y}_t - \hat{n}_t$
	（29）	$\hat{r}_t^k = \hat{y}_t - \hat{k}_{t-1}$
市场出清	（30）	$\hat{y}_t = \dfrac{C_{ss}}{Y_{ss}}\hat{c}_t + \dfrac{K_{ss}}{Y_{ss}}\hat{k}_t - (1-\delta)\dfrac{K_{ss}}{Y_{ss}}\hat{k}_{t-1}$
货币政策	（40）	$\hat{m}_t = \hat{m}_{t-1} - \pi_t + \hat{g}_t$
外生冲击	（31）	$a_t = \rho_A a_{t-1} + u_{A,t}$
	（38）	$\hat{g}_t = \rho_g \hat{g}_{t-1} + u_{g,t}$

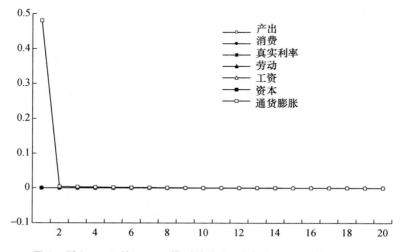

图 2　引入 MIU 的 DSGE 模型的冲击–响应分析（货币供给冲击）

```
var y c m r i pi n w k rk lambda a g;
varexo es_a es_g;
parameters beta sigma phi nu alpha delta RSS KSS CSS rho_a sigma_a
rho_g sigma_g;
beta = 0.99;
sigma = 1;
phi = 1;
nu = 1;
alpha = 1/3;
delta = 0.025;
RSS = 1/beta;
KSS = alpha/(RSS - 1 + delta);
CSS = 1 - delta * KSS;
rho_a = 0.8;
sigma_a = 0.1;
rho_g = 0.8;
sigma_g = 0.1;
model(linear);
 - sigma * c = lambda;
phi * n = lambda + w;
lambda = lambda( +1) + r;
RSS * r = (RSS - 1 + delta) * rk( +1);
 - nu * m - lambda = i * beta/(1 - beta);
i = r + pi( +1);
y = alpha * k( -1) + (1 - alpha) * n + a;
w = y - n;
rk = y - k( -1);
y = CSS * c + KSS * k - (1 - delta) * KSS * k( -1);
m = g + m( -1) - pi;
a = rho_a * a( -1) + es_a;
g = rho_g * g( -1) + es_g;
end;
steady;
check;
shocks;
var es_g = sigma_g^2;
```

```
end;
stoch_simul(irf =20)y c m r i p i n w k;
```

二、泰勒规则

Taylor(1993)提出了著名的利率规则——泰勒规则来描述美国的货币政策。Taylor(1993)提出的利率规则形式如下：

$$i_t = r^* + \pi_t + 0.5x_t + 0.5(\pi_t - \pi^{\text{Target}})$$

其中，i_t 表示美国货币政策的基准利率——联邦基金利率；π_t 表示前四个季度的通货膨胀率；x_t 表示真实 GDP 增长率与真实 GDP 趋势增长率之间偏离的百分点数；π^{Target} 为货币当局的目标通货膨胀水平，取值为 2% ；r^* 为均衡真实利率，取值为 2% 。为了更加容易理解泰勒规则的内涵，可以将泰勒规则写成如下形式：

$$i_t = r^* + \pi^{\text{Target}} + \phi_x x_t + \phi_\pi (\pi_t - \pi^{\text{Target}}) \tag{42}$$

其中，$\phi_x = 0.5, \phi_\pi = 1.5$。根据式(42)，如果 $x_t = \pi_t - \pi^{\text{Target}} = 0$，即真实 GDP 增长率等于其趋势增长率且通货膨胀率等于目标通货膨胀水平，则 $i_t = r^* + \pi^{\text{Target}}$，这意味着货币当局应该将名义利率保持在其目标水平上，不需要进行货币政策干预；如果 $x_t > 0$ 或 $\pi_t - \pi^{\text{Target}} > 0$，即真实 GDP 增长率或通货膨胀率高于目标水平，则货币当局应该提高名义利率来抑制经济过热；如果 $x_t < 0$ 或 $\pi_t - \pi^{\text{Target}} < 0$，即真实 GDP 增长率或通货膨胀率低于目标水平，则货币当局应该降低名义利率来刺激经济复苏。

然而，货币当局能够直接干预的是名义利率而非真实利率，但是根据上文的家庭和厂商的决策问题可以发现，影响家庭和厂商决策的是真实利率——降低真实利率可以使家庭更偏好当期消费并降低厂商的资本成本，使消费和产出上升，反之亦然。因此，当货币当局提高名义利率时，其实货币当局是希望提高真实利率来抑制经济过热。反之，当货币当局降低名义利率时，其实货币当局是希望降低真实利率来刺激经济复苏。根据描述名义利率、真实利率和通货膨胀率之间关系的费雪方程式，为了保证名义利率和真实利率的变动方向一致，名义利率的提高(下降)幅度必须大于通货膨胀的提高(下降)幅度，这就要求式(42)中的 $\phi_\pi > 1$，这个准则被称为泰勒准则。[①]

虽然 Taylor(1993)没有对式(42)进行计量估计，而是先验地指定 $\phi_x = 0.5$，

---

① $\phi_\pi > 1$ 也被认为可以保证均衡的确定性(determinacy of equilibrium)，但实际上保证均衡的确定性的条件要比这复杂得多，有兴趣的读者可以阅读 Bullard & Mitra(2002,2007)。

$\phi_\pi = 1.5$，但是这个先验的利率规则给出的利率预测值却与美国联邦基金利率的历史取值非常吻合。自 Taylor（1993）之后，许多经济学家对泰勒规则进行了各种扩展并进行了估计，比如假设基准利率对预期的、当期的或者滞后的产出缺口和通货膨胀缺口作出反应：

$$\hat{i}_t = \phi_y E_t\{\hat{y}_{t+1}\} + \phi_\pi (E_t\{\pi_{t+1}\} - \pi^{\text{Target}}) \tag{43}$$

$$\hat{i}_t = \phi_y \hat{y}_t + \phi_\pi (\pi_t - \pi^{\text{Target}}) \tag{44}$$

$$\hat{i}_t = \phi_y \hat{y}_{t-1} + \phi_\pi (\pi_{t-1} - \pi^{\text{Target}}) \tag{45}$$

当然，因为央行在调整利率时观察不到当期的产出和通货膨胀，所以对当期产出缺口和通货膨胀缺口作出反应的利率规则在现实经济中并不可行；因为货币政策的时滞效应，所以对滞后的产出缺口和通货膨胀缺口作出反应的利率规则存在明显缺陷。因此，应该采用式（43）所示的对预期的产出缺口和通货膨胀缺口作出反应的利率规则。但是，在理论文献中上述三种形式的泰勒规则都经常被使用。

Clarida et al.（2000）提出了如下形式的前瞻型利率规则：

$$\hat{i}_t = \rho_I \hat{i}_{t-1} + (1 - \rho_I)(\phi_\pi(E_t\{\pi_{t,k}\} - \pi^{\text{Target}}) + \phi_y E_t\{\hat{y}_{t,q}\}) + v_t \tag{46}$$

其中，$\rho(L) = \rho_1 + \rho_2 L + \cdots + \rho_n L^{n-1}$ 为滞后多项式，$\rho_I = \rho(1) = \rho_1 + \rho_2 + \cdots + \rho_n$，$\pi_{t,k}$ 为第 t 期到第 $t+k$ 期期间的平均通货膨胀率，$\hat{y}_{t,q}$ 为第 t 期到第 $t+q$ 期期间的平均产出缺口。对应于现实中货币当局对基准利率的微调，这个泰勒规则引入了利率的局部调整机制，即 $\hat{i}_t = \rho(L)\hat{i}_{t-1} + (1 - \rho_I)\hat{i}_t^*$，其中 $\hat{i}_t^*$ 为目标利率水平。此外，因为货币政策存在时滞效应，所以货币当局在调整基准利率时需要预测未来 k 期的通货膨胀和未来 q 期的产出缺口。因为货币政策对产出和价格的时滞效应不同，所以 k 和 q 是不同的。应用中一般将式（46）简化为如下的带有利率平滑机制的前瞻型泰勒规则：

$$\hat{i}_t = \rho_I \hat{i}_{t-1} + (1 - \rho_I)(\phi_\pi(E_t\{\pi_{t+1}\} - \pi^{\text{Target}})$$
$$+ \phi_y E_t\{\hat{y}_{t+1}\}) + v_t \tag{47}$$

其中，v_t 表示货币政策冲击，服从如下的 AR(1) 过程：

$$v_t = \rho_v v_{t-1} + u_{v,t} \tag{48}$$

其中，$\rho_v \in (0,1)$ 且 $u_{v,t}$ 服从独立同分布的正态分布 $N(0, \sigma_v^2)$。

对于货币供给增长率规则，也可以像泰勒规则那样，假设中央银行根据通货膨胀和产出缺口调整货币供给增长率 G_t：

$$\hat{g}_t = \varphi_\pi'(E_t\{\pi_{t+1}\} - \pi^{\text{Target}}) + \varphi_y' E_t\{\hat{y}_{t+1}\} + v_t$$

其至还可以引入平滑机制：

$$\hat{g}_t = \rho_g \hat{g}_{t-1} + (1 - \rho_g)(\boldsymbol{\phi}_\pi^{'}(E_t\{\pi_{t+1}\} - \pi^{\text{Target}}) + \boldsymbol{\phi}_y^{'}E_t\{\hat{y}_{t+1}\}) + v_t$$

但是，利率规则中的泰勒准则，即 $\varphi_\pi > 1$，在货币供给增长率规则中不再适用。我们不知道如何对通货膨胀缺口和产出缺口作出反应才能保证名义利率和真实利率同方向变动。

货币市场出清可以同时决定均衡的利率和货币供应量，所以理论上中央银行以基准利率为货币政策中介目标和以货币供应量为货币政策中介目标是等价的，在理论模型中我们既可以采用利率规则也可以采用货币供给量规则描述货币政策。因为金融创新导致货币供应量的可测性下降，所以在正常情况下利率市场化的国家基本都以基准利率作为货币政策的中介目标（当然，因为名义利率不能小于零，所以在名义利率无法下调时这些国家依然会调整货币供应量这个中介目标，比如 2007 年次贷危机以后美国实行的量化宽松政策）。一旦采用利率规则描述货币政策，货币在模型中就变得可有可无，即不需要以 MIU 或者 CIA 的方式在模型中引入货币。从前文给出的家庭和厂商的决策问题可以看出，货币政策主要通过利率渠道传导，影响家庭消费和企业投资。货币在理论模型中的作用只是通过货币需求函数即式（39）使货币供应量和利率相互影响。因此，完全可以在模型中剔除货币供应量这个变量，并采用利率规则描述货币政策，构建没有货币的货币经济学模型。

当在第一节的基准 DSGE 模型中引入采用式（47）的泰勒规则描述货币政策时，模型的均衡性条件由表 3 中的方程组成。如果将货币在模型中剔除，则模型少了 $\hat{m}_t$ 和 $\hat{g}_t$ 两个变量，相应地少了式（39）和式（40）两个均衡性条件。除了前文校准的参数外，这里还需要给出利率平滑系数 ρ_I、对通货膨胀缺口的反应系数 ϕ_π、对产出缺口的反应系数 ϕ_y、货币政策冲击的一阶自相关系数 ρ_v 和货币政策冲击的标准差 σ_v 等参数的取值。取 $\rho_I = 0.8$，$\phi_\pi = 1.5$，$\phi_y = 0.5$，$\rho_v = 0.8$，$\sigma_v = 1$。Dynare 代码和冲击–响应分析的结果如下。[①] 图 3 所示的冲击–响应分析表明，货币政策具有非常明显的超级中性特征——利率上升导致通货膨胀率下降，但是所有的真实变量都保持不变。

---

① 在冲击–响应分析中，我们用对同期产出缺口和通货膨胀缺口作出反应的泰勒规则代替对预期产出缺口和通货膨胀缺口作出反应的泰勒规则，因为在其他方程和参数完全相同的条件下，使用前瞻型泰勒规则会导致均衡的不确定性。这个例子也说明，DSGE 模型均衡的确定性是比较脆弱的。

表 3　引入泰勒规则的 DSGE 模型的均衡性条件

分类	公式编号	公式
家庭	（23）	$- \sigma \hat{c}_t = \hat{\lambda}_t$
	（24）	$\varphi \hat{n}_t = \hat{\lambda}_t + \hat{w}_t$
	（25）	$\hat{\lambda}_t = E_t\{\hat{\lambda}_{t+1}\} + \hat{r}_t$
	（26）	$R_{ss} \hat{r}_t = R_{ss}^k E_t\{\hat{r}_{t+1}^k\}$
	（39）	$- \upsilon \hat{m}_t - \hat{\lambda}_t = \dfrac{1}{I_{ss} - 1}\hat{i}_t$
	（41）	$\hat{r}_t = \hat{i}_t - E_t\{\hat{\pi}_{t+1}\}$
企业	（27）	$\hat{y}_t = a_t + \alpha \hat{k}_{t-1} + (1 - \alpha) \hat{n}_t$
	（28）	$\hat{w}_t = \hat{y}_t - \hat{n}_t$
	（29）	$\hat{r}_t^k = \hat{y}_t - \hat{k}_{t-1}$
市场出清	（30）	$\hat{y}_t = \dfrac{C_{ss}}{Y_{ss}}\hat{c}_t + \dfrac{K_{ss}}{Y_{ss}}\hat{k}_t - (1 - \delta)\dfrac{K_{ss}}{Y_{ss}}\hat{k}_{t-1}$
货币政策	（47）	$\hat{i}_t = \rho_I \hat{i}_{t-1} + (1 - \rho_I)(\varphi_\pi(\pi_t - \pi^{\text{Target}}) + \varphi_y \hat{y}_t) + v_t$
外生冲击	（31）	$a_t = \rho_A a_{t-1} + u_{A,t}$
	（48）	$v_t = \rho_v v_{t-1} + u_{v,t}$

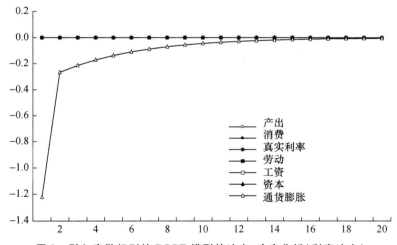

图 3　引入泰勒规则的 DSGE 模型的冲击-响应分析（利率冲击）

```
var y c m r i pi n w k rk lambda a v;
varexo es_a es_v;
parameters beta sigma phi nu alpha delta RSS KSS CSS phi_pi phi_y
phi_rho;
parameters rho_a sigma_a rho_v sigma_v;
beta = 0.99;
sigma = 1;
phi = 1;
nu = 1;
alpha = 1/3;
delta = 0.025;
RSS = 1/beta;
KSS = alpha/(RSS - 1 + delta);
CSS = 1 - delta * KSS;
phi_pi = 1.5;
phi_y = 0.5;
phi_rho = 0.8;
rho_a = 0.8;
sigma_a = 0.1;
rho_v = 0.8;
sigma_v = 0.1;
model(linear);
 - sigma * c = lambda;
phi * n = lambda + w;
lambda = lambda( +1) + r;
RSS * r = (RSS - 1 + delta) * rk( +1);
 - nu * m - lambda = i * beta/(1 - beta);
i = r + pi( +1);
y = alpha * k( -1) + (1 - alpha) * n + a;
w = y - n;
rk = y - k( -1);
y = CSS * c + KSS * k - (1 - delta) * KSS * k( -1);
i = phi_rho * i( -1) + (1 - phi_rho) * (phi_pi * pi + phi_y * y)
+ v;
a = rho_a * a( -1) + es_a;
v = rho_v * v( -1) + es_v;
end;
```

```
steady;
check;
shocks;
var es_v = sigma_v^2;
end;
stoch_simul(irf=20)y c m r i pi n w k;
```

第三节　扩展的 DSGE 模型：引入价格黏性

第二节的分析表明,在第一节的基准 DSGE 模型中引入货币因素之后,虽然可以进行货币政策分析,但是货币政策是中性的,这与货币政策短期非中性的实证结论不符。因此,有必要引入其他因素,使货币政策具有非中性的特征。虽然有很多因素可以使货币政策具有非中性的特征,但是目前主流的新凯恩斯模型认为价格黏性是决定货币政策非中性的最重要的因素。

第一节和第二节的模型假设商品市场是完全竞争的,因此家庭和厂商都是价格接受者,从而价格可以根据市场供求的变化灵活调整。因此,在理性预期假设下,货币政策只会影响价格水平和名义变量,不会影响真实变量。要引入价格黏性,首先需要解决的问题是,谁来定价? 价格黏性意味着厂商不能灵活地调整价格,但是同时也意味着在某种条件下厂商是可以调整价格的,即厂商具有定价权。为了让厂商具有定价权,必须改变完全竞争的假设。本节将保留劳动力市场和资本市场完全竞争的假设,但是假设商品市场是垄断竞争的。生产部门由连续统(0,1)上的垄断竞争厂商组成,生产同质但是可分的商品。因为不同厂商生产的商品是有差别的,所以厂商将面临一条向下倾斜的需求曲线而非平坦的需求曲线,厂商将可以对自己的产品进行定价以实现利润最大化。

然而,引入垄断竞争假设只是让厂商具备了定价权力。如果不在模型中引入其他因素,则在每一期厂商可以根据成本和需求的变化调整价格以实现利润最大化,价格依然是灵活调整的,货币政策依然是中性的。为了引入价格黏性,必须引入某种摩擦使得厂商不能灵活调整价格。目前最常用的描述价格黏性的方法是 Calvo(1983)提出的随机价格调整模型。

一、垄断竞争厂商

在第一节和第二节的模型中,生产部门由完全竞争的厂商组合,这些厂商是完全同质的,因此可以假设仅存在一个代表性厂商。在本节的模型中,生产部门由连续统(0,1)上的垄断竞争厂商组成,生产同质但是可分的商品。那么,代表性家庭如何在这些同质但是可分的商品中作出选择呢？通常会假设存在一个最终商品生产商，最终商品生产商向连续统(0,1)上的垄断竞争厂商购买商品，将这些商品复合成最终商品并出售给家庭。因为没有直接进入消费环节，所以可以将垄断竞争厂商生产的商品称为中间商品。根据 Dixit & Stiglitz(1977)，假设最终商品生产商采用如下的常数替代弹性(constant elasticity of substitution, CES)技术生产最终商品：

$$Y_t = \left(\int_0^1 (Y_t^i)^{(\varepsilon-1)/\varepsilon} \mathrm{d}i \right)^{\varepsilon/(\varepsilon-1)} \tag{49}$$

其中，ε 为中间商品之间的替代弹性系数。最终商品生产商在最终商品价格 P_t 和中间商品价格 P_t^i 给定的条件下选择 Y_t 以实现利润最大化。最终商品生产商面临的优化问题为：

$$\max_{\{Y_t^i\}} P_t \left(\int_0^1 (Y_t^i)^{(\varepsilon-1)/\varepsilon} \mathrm{d}i \right)^{\varepsilon/(\varepsilon-1)} - \int_0^1 P_t^i Y_t^i \mathrm{d}i$$

其最优解为：

$$Y_t^i = (P_t^i/P_t)^{-\varepsilon} Y_t \tag{50}$$

式(50)即为垄断竞争厂商面临的向下倾斜的需求曲线，且需求价格弹性为 ε。将式(50)带入式(49)，可得最终商品价格 P_t 为：

$$P_t = \left(\int_0^1 (P_t^i)^{1-\varepsilon} \mathrm{d}i \right)^{1/(1-\varepsilon)} \tag{51}$$

另外一种等价的处理方法是，不在模型中引入最终商品生产商，而是由家庭直接以价格 P_t^i 向垄断竞争厂商 i 购买 C_t^i 单位的商品，并采用如下的 CES 技术进行复合：

$$C_t = \left(\int_0^1 (C_t^i)^{(\varepsilon-1)/\varepsilon} \mathrm{d}i \right)^{\varepsilon/(\varepsilon-1)}$$

定义复合消费品的价格为：

$$P_t = \left(\int_0^1 (P_t^i)^{1-\varepsilon} \mathrm{d}i \right)^{1/(1-\varepsilon)}$$

家庭会在支出水平和商品价格给定的条件下，选择最优的 C_t^i 使复合消费最大化。求解该优化问题可得 $C_t^i = (P_t^i/P_t)^{-\varepsilon} C_t$，即垄断竞争厂商面临一条向下倾斜的需求曲线且需求价格弹性为 ε。由于 $\int_0^1 P_t^i C_t^i \mathrm{d}i = P_t C_t$，所以家庭的预算约束形式不变。

因为具有定价权力，所以每一个垄断竞争厂商 $i \in (0,1)$ 将根据自己的边际成本和需求曲线，选择最优的中间商品价格 P_t^i 以实现利润最大化。垄断竞争厂商 i 面临的优化问题为：

$$\max_{\{P_t^i\}}\{P_t^i Y_t^i - P_t MC_t^i Y_t^i\} \quad \text{s.t.} \quad Y_t^i = (P_t^i/P_t)^{-\varepsilon} Y_t$$

其中，MC_t^i 为垄断竞争厂商 i 的真实边际成本（real marginal cost）。其最优解为：

$$P_t^i = \frac{\varepsilon}{\varepsilon - 1} MC_t^i P_t \tag{52}$$

很显然，垄断竞争厂商会采用边际成本加成的定价方法，而且替代弹性越小，则价格加成比例越大。

假设每一个垄断竞争厂商都向代表性家庭雇用劳动和租赁资本来生产商品，其生产函数为：

$$Y_t^i = A_t (K_{t-1}^i)^\alpha (N_t^i)^{1-\alpha} \tag{53}$$

其中，A_t 为技术冲击，服从如下的 AR(1) 过程：

$$\ln A_t = \rho_A \ln A_{t-1} + u_{A,t} \tag{54}$$

其中，$\rho_A \in (0,1)$ 且 $u_{A,t}$ 服从独立同分布的正态分布 $N(0,\sigma_A^2)$。根据生产函数的表达式并求解垄断竞争厂商的成本最小化问题，可以得到真实边际成本 MC_t^i 的表达式。求解成本最小化问题，可以得到：

$$R_t^k K_{t-1}^i = \frac{\alpha}{1-\alpha} W_t N_t^i \tag{55}$$

从而厂商的成本函数可以表示为：

$$S(Y_t^i) = R_t^k K_{t-1}^i + W_t N_t^i = \frac{1}{1-\alpha} W_t N_t^i$$

因此，垄断竞争厂商的真实边际成本为：

$$MC_t^i = \frac{dS(Y_t^i)}{dY_t^i} = \frac{1}{A_t} \left(\frac{1}{1-\alpha}\right)^{1-\alpha} \left(\frac{1}{\alpha}\right)^\alpha (R_t^k)^\alpha (W_t)^{1-\alpha} \tag{56}$$

显然，因为具有相同的生产技术，面临相同的需求曲线，所以垄断竞争厂商会具有相同的真实边际成本并选择相同的价格。

二、价格黏性

式（52）所示的最优定价问题意味着在每一期厂商都可以根据自己的边际成本进行加成定价，价格是可以灵活调整的。这里采用 Calvo（1983）提出的随机价格调整模型引入价格黏性。假设在每一期厂商重新定价的概率为 $1 - \theta$，其中，θ 为价格黏性指数，θ 越大，则价格黏性越大。因为所有厂商具有相同的生产技术、面临相同的需求曲线，所以在重新定价时会选择相同的最优价格 P_t^*。因此，在第 t 期，$1 - \theta$ 比例的能够重新定价的厂商选择最优价格 P_t^*，θ 比例的不能重新定价的厂商保持上一期的价格不变，从而加总的价格水平为：

$$P_t = (\theta (P_{t-1})^{1-\varepsilon} + (1-\theta)(P_t^*)^{1-\varepsilon})^{1/(1-\varepsilon)}$$

将上式在零通货膨胀稳态对数线性化后可得：

$$\pi_t = (1 - \theta)(p_t^* - p_{t-1}) \tag{57}$$

中间商品生产厂商通过求解如下的优化问题来重新定价：

$$\max_{\{P_t^*\}} \sum_{k=0}^{\infty} (\theta)^k E_t \{ Q_{t+k}(P_t^* Y_{t+k}^i - MC_{t+k}P_{t+k}Y_{t+k}^i) \} \quad \text{s.t.} \quad Y_{t+k}^i = (P_t^*/P_t)^{-\varepsilon} Y_t$$

其中，$Q_{t+k} = \beta^k (C_{t+k}/C_t)^{-\sigma}(P_t/P_{t+k})$ 为名义支付的折现因子（假设厂商采用与代表性家庭相同的方式对名义支付进行折现）。一阶条件为：

$$\sum_{k=0}^{\infty} (\theta)^k E_t \left\{ Q_{t+k}Y_{t+k}^i \left(P_t^* - \frac{\varepsilon}{\varepsilon - 1}MC_{t+k}P_{t+k} \right) \right\} = 0$$

将一阶条件在稳态附近对数线性化，可得：

$$p_t^* - p_{t-1} = (1 - \beta\theta) \sum_{k=0}^{\infty} (\beta\theta)^k E_t \{ \widehat{mc}_{t+k} + (\hat{p}_{t+k} - \hat{p}_{t-1}) \} \tag{58}$$

从而

$$\beta\theta E_t \{ p_{t+1}^* - p_t \} = (1 - \beta\theta) \sum_{k=0}^{\infty} (\beta\theta)^{k+1} E_t \{ \widehat{mc}_{t+k+1} + (\hat{p}_{t+k+1} - \hat{p}_t) \} \tag{59}$$

式（58）和式（59）相减可得：

$$(p_t^* - p_{t-1}) - \beta\theta E_t \{ p_{t+1}^* - p_t \} = (1 - \beta\theta)\widehat{mc}_t + \pi_t \tag{60}$$

将式（57）代入式（60），整理后可得如下的新凯恩斯菲利普斯曲线：

$$\pi_t = \beta E_t \{ \pi_{t+1} \} + \lambda \widehat{mc}_t \tag{61}$$

其中，$\lambda \equiv (1 - \beta\theta)(1 - \theta)/\theta$。根据式（61）所示的新凯恩斯菲利普斯曲线，决定通货膨胀的因素有两个：一个是通货膨胀预期，另一个是真实边际成本。因为 $\partial\lambda/\partial\theta < 0$，所以价格黏性越小，则厂商的真实边际成本变动会更快地传导到商品价格上，从而对通货膨胀的影响越大。

Galí（2008）证明了，当家庭的效用函数为 $U_t = \dfrac{C_t^{1-\sigma}}{1-\sigma} - \dfrac{N_t^{1+\varphi}}{1+\varphi}$，厂商的生产函数为 $Y_t = A_t N_t^{1-\alpha}$，且价格黏性是唯一的名义摩擦时，真实边际成本与产出缺口之间存在比例关系，即 $\widehat{mc}_t = \left(\sigma + \dfrac{\varphi + \alpha}{1 + \alpha} \right) \tilde{y}_t$，从而新凯恩斯菲利普斯曲线可以表示为：

$$\pi_t = \beta E_t \{ \pi_{t+1} \} + \kappa \tilde{y}_t \tag{62}$$

其中，$\kappa \equiv \lambda \left(\sigma + \dfrac{\varphi + \alpha}{1 + \alpha} \right)$。[①] 这就是常见的以产出缺口表示的新凯恩斯菲利普斯

---

① 产出缺口（output gap）$\tilde{y}_t$ 定义为真实产出水平 y_t 与自然产出水平（natural level of output）y_t^n 之差，即 $\tilde{y}_t = y_t - y_t^n$，其中，自然产出水平为价格可以灵活调整情形下的均衡产出水平。

曲线。但是,很显然,式(62)所示的新凯恩斯菲利普斯曲线只是式(61)所示的新凯恩斯菲利普斯曲线的一个特例,只有在非常特殊的条件下才可以采用。

三、基准新凯恩斯模型的冲击-响应分析

当在第二节建立的引入货币因素的 DSGE 模型中进一步引入垄断竞争和价格黏性之后,我们就得到了一个基准的新凯恩斯模型(New Keynesian model)。新凯恩斯模型是目前货币理论和政策分析的主流分析框架。

引入垄断竞争和价格黏性只改变了厂商的均衡性条件,其他的均衡性条件均未发生变化。现在厂商的均衡性条件包括式(53)所示的生产函数、式(64)所示的成本最小化问题的一阶条件、式(65)所示的真实边际成本的表达式和式(61)所示的新凯恩斯菲利普斯曲线。将式(53)在稳态附近对数线性化得到:

$$\hat{y}_t = a_t + \alpha \hat{k}_{t-1} + (1 - \alpha) \hat{n}_t \tag{63}$$

将式(54)在稳态附近对数线性化得到:

$$\hat{r}_t^k + \hat{k}_{t-1} = \hat{w}_t + \hat{n}_t \tag{64}$$

将式(55)在稳态附近对数线性化得到:

$$\widehat{mc}_t = (1 - \alpha) \hat{w}_t + \alpha \hat{r}_t^k - a_t \tag{65}$$

需要注意的是,这里省略了表示厂商 i 的上标。其原因在于,垄断竞争厂商的生产函数和需求曲线都是相同的,只是由于存在价格黏性,使得价格的调整不同步,而不同步的价格调整对经济的影响已经完全体现在式(61)所示的新凯恩斯菲利普斯曲线上。

如果采用(47)所示的泰勒规则描述货币政策,则本节建立的基准新凯恩斯模型的均衡性条件由表 4 中的方程组成。除了前文校准的参数外,这里还需要给出价格黏性指数 θ 的取值。取季度价格黏性指数 $\theta = 0.8$,则意味着平均的价格调整周期是一年。Dynare 代码和冲击-响应分析的结果如下。[①] 图 4 所示的冲击-响应分析表明,利率上升具有非常明显的紧缩效应——真实利率上升导致产出、消费和价格水平下降,劳动、工资、资本和投资都显著下降了。

---

① 引入价格黏性之后,利率冲击具有真实效应。因为消费有平滑机制,所以消费和劳动都会平稳变化。但是,利率的变化会导致资本剧烈变化,从而产出也会剧烈变化,与现实经济明显不符。Christiano et al.(2005)建议引入资本调整成本和资本利用率等真实摩擦,使得模型中的资本出现缓慢调整的特征。因此,在冲击-响应分析中作者引入了资本的二次调整成本,技术细节可参考本书第六章或第七章的相关内容。

表 4　基准新凯恩斯模型的均衡性条件

分类	公式编号	公式
家庭	(23)	$-\sigma \hat{c}_t = \hat{\lambda}_t$
	(24)	$\varphi \hat{n}_t = \hat{\lambda}_t + \hat{w}_t$
	(25)	$\hat{\lambda}_t = E_t\{\hat{\lambda}_{t+1}\} + \hat{r}_t$
	(26)	$R_{ss} \hat{r}_t = R_{ss}^k E_t\{\hat{r}_{t+1}^k\}$
	(39)	$-v\hat{m}_t - \hat{\lambda}_t = \dfrac{1}{I_{ss}-1}\hat{i}_t$
	(41)	$\hat{r}_t = \hat{i}_t - E_t\{\pi_{t+1}\}$
企业	(27)	$\hat{y}_t = a_t + \alpha \hat{k}_{t-1} + (1-\alpha)\hat{n}_t$
	(64)	$\hat{r}_t^k + \hat{k}_{t-1} = \hat{w}_t + \hat{n}_t$
	(65)	$\widehat{mc}_t = (1-\alpha)\hat{w}_t + \alpha \hat{r}_t^k - a_t$
	(61)	$\pi_t = \beta E_t\{\pi_{t+1}\} + \lambda \widehat{mc}_t$
市场出清	(30)	$\hat{y}_t = \dfrac{C_{ss}}{Y_{ss}}\hat{c}_t + \dfrac{K_{ss}}{Y_{ss}}\hat{k}_t - (1-\delta)\dfrac{K_{ss}}{Y_{ss}}\hat{k}_{t-1}$
货币政策	(47)	$\hat{i}_t = \rho_I \hat{i}_{t-1} + (1-\rho_I)(\varphi_\pi(E_t\{\pi_{t+1}\} - \pi^{\text{Target}}) + \varphi_y E_t\{\hat{y}_{t+1}\}) + v_t$
外生冲击	(31)	$a_t = \rho_A a_{t-1} + u_{A,t}$
	(48)	$v_t = \rho_v v_{t-1} + u_{v,t}$

```
var y c m r i pi n w k mc rk lambda a v Q I;
varexo es_a es_v;
parameters beta sigma phi nu alpha delta RSS KSS CSS phi_pi phi_y
phi_rho;
parameters thet psi rho_a sigma_a rho_v sigma_v;
beta = 0.99;
sigma = 1;
phi = 1;
nu = 1;
alpha = 1/3;
delta = 0.025;
RSS = 1/beta;
KSS = alpha/(RSS-1+delta);
CSS = 1 - delta*KSS;
```

```
phi_pi = 1.5;
phi_y = 0.5;
phi_rho = 0.8;
thet = 0.8;
psi = 4;
rho_a = 0.8;
sigma_a = 0.1;
rho_v = 0.8;
sigma_v = 0.1;
model(linear);
-sigma*c = lambda;
phi*n = lambda + w;
lambda = lambda( +1) + r;
-nu*m - lambda = i*beta/(1-beta);
i = r + pi( +1);
Q = delta*psi*(I - k( -1));
k = (1-delta)*k( -1) + delta*I;
RSS*(Q + r) = (RSS-1+delta)*rk( +1) + (1-delta)*Q( +1) +
psi*delta*delta*(I( +1) -k);
y = alpha*k( -1) + (1-alpha)*n + a;
w + n = k( -1) + rk;
mc = (1-alpha)*w + alpha*rk - a;
pi = beta*pi( +1) + (1-thet)*(1-thet*beta)*mc/thet;
y = CSS*c + KSS*k - (1-delta)*KSS*k( -1);
i = phi_rho*i( -1) + (1-phi_rho)*(phi_pi*pi( +1) + phi_y*y
( +1)) + v;
a = rho_a*a( -1) + es_a;
v = rho_v*v( -1) + es_v;
end;
steady;
check;
shocks;
var es_v = sigma_v^2;
end;
stoch_simul(irf =20)y c m r i pi n w k;
```

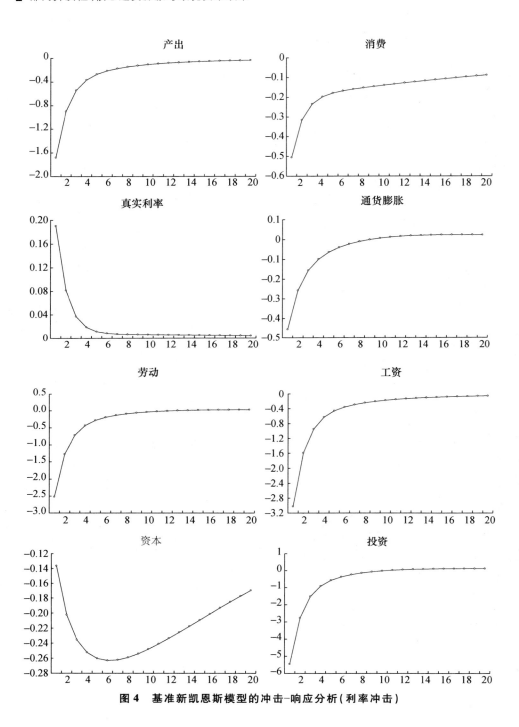

图4　基准新凯恩斯模型的冲击-响应分析（利率冲击）

四、通货膨胀惯性

式(61)所示的新凯恩斯菲利普斯曲线是完全前瞻型的,因为所有的厂商都根据对未来边际成本和需求曲线的预期调整价格。但是,国内外许多实证研究表明,通货膨胀动态中存在显著的惯性特征,即除了通货膨胀预期和真实边际成本之外,滞后的通货膨胀也对当期的通货膨胀具有显著的影响。为了引入通货膨胀动态的后顾型(backward-looking)特征,必须假设部分厂商在调整价格时会考虑过去的通货膨胀。目前常用的方法有两种:一种是 Galí & Gertler(1999)采用的方法,另一种是 Christiano et al. (2005)采用的方法。下面将分别介绍这两种引入通货膨胀惯性的方法。

Galí & Gertler(1999)采用了 Calvo(1983)提出的随机价格调整模型,假设在每一期厂商可以重新定价的概率为 $1-\theta$,不能重新定价的厂商保持上一期的价格不变。但是,Galí & Gertler(1999)假设,在能够重新定价的厂商中,$1-\omega$ 比例的厂商以前瞻型方式选择最优价格 P_t^*,ω 比例的厂商以后顾型方式对价格进行指数化,即会根据上一期的通货膨胀对产品价格进行指数化从而选择价格 P_{t-1} Π_{t-1}。因此,在第 t 期,θ 比例的不能重新定价的厂商的产品价格为 P_{t-1};在 $1-\theta$ 比例的能够重新定价的厂商中,$1-\omega$ 比例的厂商选择最优价格 P_t^*,ω 比例的厂商选择价格 $P_{t-1}\Pi_{t-1}$,从而加总的价格水平为:

$$P_t = (\theta(P_{t-1})^{1-\varepsilon} + (1-\theta)(\omega(\Pi_{t-1}P_{t-1})^{1-\varepsilon} + (1-\omega)(P_t^*)^{1-\varepsilon}))^{1/(1-\varepsilon)}$$

在零通货膨胀稳态附近对数线性化后可得:

$$\pi_t = (1-\theta)\omega\pi_{t-1} + (1-\theta)(1-\omega)(p_t^* - p_{t-1}) \tag{66}$$

对于选择最优价格 P_t^* 的厂商而言,根据其最优定价问题的一阶条件及其对数线性化依然可以得到式(58),结合式(66)可以得到如下的混合型新凯恩斯菲利普斯曲线:

$$\pi_t = \frac{\beta\theta}{\phi}E_t\{\pi_{t+1}\} + \frac{(1-\theta)\omega}{\phi}\pi_{t-1} + \frac{(1-\theta)(1-\beta\theta)(1-\omega)}{\phi}\widehat{mc}_t \tag{67}$$

其中,$\phi = \theta + \omega(1-\theta)(1+\beta\theta)$。

Christiano et al. (2005)也采用了 Calvo(1983)提出的随机价格调整模型,假设在每一期厂商可以重新进行最优定价的概率为 $1-\theta$。但是,Christiano et al. (2005)假设,不能重新进行最优定价的厂商会根据上一期的通货膨胀对产品价格进行指数化,而不是保持上一期的价格不变。因此,在第 t 期这些不能重新进行最优定价的厂商的产品价格为 $P_{t-1}\Pi_{t-1}$。因此,在第 t 期,$1-\theta$ 比例的能够重新进行最优定价的厂商选择最优价格 P_t^*,θ 比例的不能重新进行最优定价的厂

商的产品价格为 $P_{t-1}\Pi_{t-1}$，从而加总的价格水平为：

$$P_t = (\theta(\Pi_{t-1}P_{t-1})^{1-\varepsilon} + (1-\theta)(P_t^*)^{1-\varepsilon})^{1/(1-\varepsilon)}$$

上式在零通货膨胀稳态附近对数线性化后可得：

$$\pi_t = \theta\pi_{t-1} + (1-\theta)(p_t^* - p_{t-1}) \tag{68}$$

厂商面临的最优定价问题为：

$$\max_{P_t^*} \sum_{k=0}^{\infty} (\theta)^k E_t \{ Q_{t+k}(P_t^* X_{t+k} Y_{t+k}^i - \mathrm{MC}_{t+k} P_{t+k} Y_{t+k}^i) \}$$

$$\mathrm{s.t.} \quad Y_{t+k}^i = (P_t^* X_{t+k}/P_{t+k})^{-\varepsilon} Y_{t+k}$$

其中，$X_{t+k} = \begin{cases} \Pi_t \times \Pi_{t+1} \times \cdots \times \Pi_{t+k-1} & k \geqslant 1 \\ 1 & k = 0 \end{cases}$ 表示价格的指数化系数。该优化问题的一阶条件为：

$$\sum_{k=0}^{\infty} (\theta)^k E_t \left\{ Q_{t+k} Y_{t+k}^i \left(P_t^* X_{t+k} - \frac{\varepsilon}{\varepsilon-1} \mathrm{MC}_{t+k} P_{t+k} \right) \right\} = 0$$

将一阶条件在稳态附近对数线性化，可得：

$$p_t^* - p_{t-1} = (1-\beta\theta) \sum_{k=0}^{\infty} (\beta\theta)^k E_t \{ \widehat{mc}_{t+k} + \pi_{t+k} \}$$

结合式（68）可得混合型新凯恩斯菲利普斯曲线为：

$$\pi_t = \frac{\beta}{1+\beta} E_t \{ \pi_{t+1} \} + \frac{1}{1+\beta} \pi_{t-1} + \lambda \widehat{mc}_t \tag{69}$$

其中，$\lambda \equiv (1-\beta\theta)(1-\theta)/(1+\beta)\theta$。

第四节　小　　结

　　本章从一个基准的 RBC 模型开始，介绍了 DSGE 模型的基本框架、对数线性化和冲击-响应分析的基本原理以及在 dynare 软件中的实现。为了使建立的 DSGE 模型能够用于货币政策分析，我们在这个基准的 RBC 模型中引入了货币政策——货币供给增长率规则和利率规则；为了使建立的 DSGE 模型表现出货币政策的非中性特征，我们进一步在模型中引入垄断竞争和价格黏性，从而得到了一个基准的新凯恩斯模型。其实，Woodford（2003）、Gali（2008）和 Walsh（2010）等经典教材已经对相关内容进行了详细的阐述，本书只是对相关内容进行了一个简洁系统的表述，使读者可以在较短的时间内了解 DSGE 模型的基本分析框架。

　　由于本章的写作目的是在一个相对有限的篇幅内介绍 DSGE 模型的基本分析框架，所以本章舍弃了很多与 DSGE 模型相关的重要内容。在理论建模方面，货币经济学家已经对基准的新凯恩斯模型进行了各方面的拓展,比如 Bernanke et al.(1999)引入的金融加速器机制、Erceg et al.(2000)引入的工资黏性、Christiano et al.(2005)引入的资本调整成本和资本利用率等。Christiano、Trabandt 和 Walentin 撰写的论文"DSGE Models for Monetary Policy Analysis"(见 *Handbook of Monetary Economics* 第三卷第七章)是一个很好的阅读材料。在分析方法方面,虽然正文的几个章节都涉及了 DSGE 模型的贝叶斯估计、模型设定的比较和福利分析等内容,但是因为阐述相关内容需要太多的篇幅,而且相关方法仍然处于逐步完善的过程中,所以本章只能很遗憾地将其舍弃。有兴趣的读者可以阅读 Smets & Wouters(2003,2005,2007)等经典文献以及一些最新的文献。

参考文献

［1］陈彦斌，2008，"中国新凯恩斯菲利普斯曲线研究"，《经济研究》，第 12 期，第 50—64 页。

［2］陈彦斌、邱哲圣，2011，"高房价如何影响居民储蓄率和财产不平等"，《经济研究》，第 12 期，第 25—38 页。

［3］陈彦斌、邱哲圣、李方星，2010，"宏观经济学新发展：Bewley 模型"，《经济研究》，第 7 期，第 141—151 页。

［4］段忠东，2007，"房地产价格与通货膨胀、产出的关系：理论分析与基于中国数据的实证检验"，《数量经济技术经济研究》，第 12 期，第 127—139 页。

［5］范志勇，2008，"中国通货膨胀是工资成本推动型吗"，《经济研究》，第 8 期，第 102—112 页。

［6］范志勇、张鹏龙，2010，"基于预测视角的中国核心通货膨胀测算：以惯性为权重"，工作论文。

［7］范志勇、张鹏龙、朱蕊，2011，"哪种核心通货膨胀最适于作为中国通货膨胀调控的中间目标"，工作论文。

［8］范跃进、冯维江，2005，"核心通货膨胀测量及宏观调控的有效性：对中国 1995—2004 年的实证分析"，《管理世界》，第 5 期，第 6—13 页。

［9］侯成琪、龚六堂、张维迎，2011，"核心通货膨胀：理论模型与经验分析"，《经济研究》，第 2 期，第 4—18 页。

［10］侯成琪、龚六堂，2012，"住房价格应该纳入通货膨胀的统计范围吗"，《统计研究》，第 4 期，第 8—15 页。

［11］侯成琪、龚六堂，2013，"核心通货膨胀理论综述"，《经济学（季刊）》，第 12 卷第 2 期，第 549—576 页。

［12］侯成琪、龚六堂,2013,"食品价格、核心通货膨胀与货币政策目标",《经济研究》,第 11 期,第 27—42 页。

［13］侯成琪、龚六堂,2014,"部门价格黏性的异质性与货币政策的传导",《世界经济》,第 7 期,第 23—44 页。

［14］侯成琪、龚六堂,2014,"货币政策应该对住房价格波动作出反应吗",《金融研究》,第 10 期,第 15—33 页。

［15］侯成琪、刘佳璐、毕扬、谢启晗,2014,《评价核心通货膨胀:方法及检验》,《经济评论》,第 6 期,第 27—40 页。

［16］纪敏、王月,2011,"货币政策为何及如何关注食品价格",《中国货币市场》,第 12 期,第 9—13 页。

［17］简泽,2005,"中国核心通货膨胀的估计",《数量经济技术经济研究》,第 11 期,第 3—13 页。

［18］梁斌、李庆云,2011,"中国房地产价格波动与货币政策分析——贝叶斯估计的动态随机一般均衡模型",《经济科学》,第 3 期,第 17—32 页。

［19］梁云芳、高铁梅、贺书平,2006,"房地产市场与国民经济协调发展的实证分析",《中国社会科学》,第 3 期,第 74—84 页。

［20］刘斌,2008,"中国 DSGE 模型的开发及在货币政策分析中的应用",《金融研究》,第 10 期,第 1—21 页。

［21］刘金全、金春雨、郑挺国,2006,"中国通货膨胀率动态波动路径的结构性转变特征与统计检验",《中国管理科学》,第 1 期,第 1—6 页。

［22］龙革生、曾令华、黄山,2008,"中国核心通货膨胀的实证比较研究",《统计研究》,第 3 期,第 20—26 页。

［23］王国军、刘水杏,2004,"房地产业对相关产业的带动效应研究",《经济研究》,第 8 期,第 38—47 页。

［24］王建国,2006,"泰勒规则与中国货币政策反应函数的实证研究",《数量经济技术经济研究》,第 1 期,第 43—49 页。

［25］王立勇、张良贵、刘文革,2012,"不同黏性条件下金融加速器效应的经验研究",《经济研究》,第 10 期,第 69—81 页。

［26］王少平、谭本艳,2009,"中国的核心通货膨胀率及其动态调整行为",《世界经济》,第 11 期,第 13—22 页。

［27］王云清、朱启贵、谈正达,2013,"中国房地产市场波动研究——基于贝叶斯估计的两部门 DSGE 模型",《金融研究》,第 3 期,第 101—113 页。

［28］谢平、罗雄,2002,"泰勒规则及其在中国货币政策中的检验",《经济研究》,第 3 期,第 3—12 页。

［29］肖争艳、彭博,2011,"住房价格与中国货币政策规则",《统计研究》,第 11 期,第 40—49 页。

[30] 徐忠、张雪春、邹传伟,2012,"房价、通货膨胀与货币政策:基于中国数据的研究",《金融研究》,第 6 期,第 1—12 页。

[31] 杨继生,2009,"通货膨胀预期、流动性过剩与中国通货膨胀的动态性质",《经济研究》,第 1 期,第 106—117 页。

[32] 张成思,2008,"通货膨胀动态路径的结构性转变及其启示",《金融研究》,第 3 期,第 1—12 页。

[33] 张成思,2009,"中国 CPI 通货膨胀率子成分动态传导机制研究",《世界经济》,第 11 期,第 3—12 页。

[34] 张成思,2012,"全球化与中国通货膨胀动态机制模型",《经济研究》,第 6 期,第 33—45 页。

[35] 张成思、刘志刚,2007,"中国通货膨胀率持久性变化研究及政策含义分析",《数量经济技术经济研究》,第 3 期,第 3—12 页。

[36] 张军,2002,"资本形成、工业化与经济增长:中国的转轨特征",《经济研究》,第 6 期,第 3—13 页。

[37] 张延群,2011,"中国核心通货膨胀率的度量及其货币政策含义",《金融研究》,第 1 期,第 64—72 页。

[38] 张屹山、张代强,2007,"前瞻性货币政策反应函数在中国货币政策中的检验",《经济研究》,第 3 期,第 20—32 页。

[39] 郑挺国、王霞,2011,"泰勒规则的实时分析及其在中国货币政策中的适用性",《金融研究》,第 8 期,第 31—46 页。

[40] 赵昕东,2008,"基于 SVAR 模型的中国核心通货膨胀的估计与应用",《统计研究》,第 7 期。

[41] 赵昕东、汤丹,2012,"基于 CPI 分项目价格指数的中国核心通货膨胀估计及政策选择研究",《统计研究》,第 7 期,第 31—36 页。

[42] Akram, Q. Farooq and Oyvind Eitrheim, 2008, Flexible Inflation Targeting and Financial Stability: Is It Enough to Stabilize Inflation and Output? *Journal of Banking and Finance*, 32 (7), 1242—1254.

[43] Alchian, Armen A. and Benjamin Klein, 1973, On a Correct Measure of Inflation, *Journal of Money, Credit and Banking*, 5(1), 173—191.

[44] Anderson, Richard G., Fredrik N. G. Andersson, Jane Binner and Thomas Elger, 2007, Core Inflation as Idiosyncratic Persistence: A Wavelet Approach to Measuring Core Inflation, Paper presented at "Price Measurement for Monetary Policy" conference, Dallas, May 24—25.

[45] Antony, J., 2010, A Class of Changing Elasticity of Substitution Production Functions, *Journal of Economics*, 100(2), 165—183.

[46] Aoki, Kosuke, 2001, Optimal Monetary Policy Responses to Relative-Price Changes, *Journal of Monetary Economics*, 48(1), 55—80.

[47] Ávarez, J. , Dhyne, E. , Hoeberichts, M. , Kwapil, C. , Le Bihan, H. , Lunnemann, P. , Martins, F. , Sabbatini, R. , Stahl, H. , Vermeulen P. and Vilmunen, J. , 2006, Sticky Prices in the Euro Area: A Summary of New Micro Evidence, *Journal of the European Economic Association*, 4(2—3) , 575—584.

[48] Bagliano, F. C. and C. Morana, 2003a, Measuring U. S. Core Inflation: A Common Trends Approach, *Journal of Macroeconomics*, 2003a, 25(2) , 197—212.

[49] Bagliano, F. C. and C. Morana, 2003b, A Common Trends Model of UK Core Inflation, *Empirical Economics*, 28(1) , 157—172.

[50] Baqaee, David, 2010, Using Wavelets to Measure Core Inflation: The Case of New Zealand, *North American Journal of Economics and Finance*, 21(3) , 241—255.

[51] Barsky, Robert, Christopher House and Miles S. , Kimball, 2007, Sticky Price Models and Durable Goods, *American Economic Review*, 97(3) , 984—998.

[52] Bermingham, Colin, 2010, A Critical Assessment of Existing Estimates of US Core Inflation, *Journal of Macroeconomics*, 32(4) , 993—1007.

[53] Benigno, Pierpaolo, 2004, Optimal Monetary Policy in a Currency Area, *Journal of International Economics*, 63(2) , 293—320.

[54] Bernanke, Ben S. , Thomas Laubach, Frederic S. Mishkin and Adam S. Posen, 1999, *Inflation Targeting: Lessons from the International Experience*, Princeton University Press.

[55] Bernanke, Ben S. , Mark Gertler and Simon Gilchrist, 1999, The Financial Accelerator in A Quantitative Business Cycle Framework, in *Handbook of Macroeconomics*, Vol. 1C, Eds. by John B. Taylor and Michael Woodford, *Elsevier Science*, 1341—1393.

[56] Bihan, Herve Le and Franck Sedillot, 2000, Do Core Inflation Measures Help Forecast Inflation? Out-of-sample Evidence from French Data, *Economics Letters*, 69(3) , 261—266.

[57] Bihan, Herve Le and Franck Sedillot, 2002, Implementing and Interpreting Indicators of Core Inflation: The Case of France, *Empirical Economics*, 27(3) , 473—497.

[58] Bilke, Laurent and Livio Stracca, 2007, A Persistence-weighted Measure of Core Inflation in the Euro Area, *Economic Modelling*, 24(6) , 1032—1047.

[59] Bils, Mark and Peter J. Klenow, Some Evidence on the Importance of Sticky Prices, *Journal of Political Economy*, 2004, 112(5) , 947—985.

[60] Blanchard, O. J. , and C. M. Kahn, 1980, The Solution of Linear Difference Models under Rational Expectations, *Econometrica*, 48(5) , 1305—1311.

[61] Blanchard, O. J. and D. Quah, 1989, The Dynamic Effects of Aggregate Demand and Supply Disturbances, *American Economic Review*, 79(4) , 655—673.

[62] Blinder, S. , 1997, Commentary, *Federal Reserve Bank of St. Louis Review*, May/June, 157—160.

[63] Bjørnland, Hilde C. , Leif Brubakk and Anne Sofie Jore, 2008, Forecasting Inflation with an Uncertain Output Gap, *Empirical Economics*, 35(3) , 413—436.

[64] Blix, Marten, 1995, Underlying Inflation: A Common Trends Approach, Working Paper No. 23, Sveriges Riksbank.

[65] Bodenstein, Martin, Christopher J. Erceg and Luca Guerrieri, 2008, Optimal Monetary Policy with Distinct Core and Headline Inflation Rates, *Journal of Monetary Economics*, 55 (Supplement), S18—S33.

[66] Bouakez, Hafedh, Emanuela Cardia and Francisco J. Ruge-murcial, 2009, The Transmission of Monetary Policy in a Multisector Economy, *International Economic Review*, 50 (4), 1243—1266.

[67] Bryan, Michael F. and Stephen G. Cecchetti, 1993, The Consumer Price Index as a Measure of Inflation, *Federal Reserve Bank of Cleveland Economic Review*, 29(4), 15—24.

[68] Bryan, Michael F. and Christopher J. Pike, 1991, Median Price Changes: An Alternative Approach to Measuring Current Monetary Inflation, *Federal Reserve Bank of Cleveland Economic Commentary*, December.

[69] Bryan, Michael F. and Stephen G. Cecchetti, 1994, Measuring Core Inflation, in N. Gregory Mankiw, ed., *Monetary Policy*, University of Chicago Press, 195—215.

[70] Bryan, Michael F., Stephen G. Cecchetti and Rodney L. II. Wiggins, 1997, Efficient Inflation Estimation, NBER Working Paper, No. 6183.

[71] Calvo, Guillermo A., 1983, Staggered Prices in A Utility-Maximizing Framework, *Journal of Monetary Economics*, 12(3), 383—398.

[72] Camba-Mendez, Gonzalo and George Kapetanios, 2005, Forecasting Euro Area Inflation Using Dynamic Factor Measures of Underlying Inflation, *Journal of Forecasting*, 24 (7), 491—503.

[73] Carvalho, C., 2006, Heterogeneity in Price Stickiness and the Real Effects of Monetary Shocks, *Frontiers of Macroeconomics*, 2(1), Article 1.

[74] Carvalho, C. and A. Dam, 2010, The Cross-Sectional Distribution of Price Stickiness Implied by Aggregate Data, Federal Reserve Bank of New York Staff Reports, No. 419.

[75] Cecchetti, Stephen G., 1997, Measuring Inflation for Central Bankers, *Federal Reserve Bank of St. Louis Review*, 79(3), 143—155.

[76] Chari, V., P. Kehoe and E. McGratten, 2000, Sticky Price Models of the Business Cycle: Can the Contract Multiplier Solve the Persistence Problem, *Econometrica*, 68 (5), 1151—1179.

[77] Chen, Yanbin and Huo Zhen, 2009, A Conjecture of Chinese Monetary Policy Rule: Evidence from Survey Data, Markov Regime Switching, and Drifting Coefficients, *Annals of Economics and Finance*, 10(1), 111—153.

[78] Christiano, Lawrence J., Martin Eichenbaum and Charles L. Evans, 2005, Nominal Rigidities and the Dynamic Effects of a Shock to Monetary Policy, *Journal of Political Economy*, 113(1), 1—45.

[79] Clarida, R., J. Gali and M. Gertler, 2000, Monetary Policy Rules and Macroeconomic Stability: Evidence and Some Theory, *Quarterly Journal of Economics*, 115(1), 147—180.

[80] Clark, Todd E., 2001, Comparing Measures of Core Inflation, *Federal Reserve Bank of Kansas City Economic Review*, 86(2), 5—31.

[81] Cogley, Timothy, 2002, A Simple Adaptive Measure of Core Inflation, *Journal of Money, Credit, and Banking*, 34(1), 94—113.

[82] Cooley, Thomas F. and Mark Dwyer, 1998, Business Cycle Analysis without Much Theory: A Look at Structural VARs, *Journal of Econometrics*, 83(1—2), 57—88.

[83] Cristadoro, Riccardo, Mario Forni, Lucrezia Reichlin and Giovanni Veronese, 2005, A Core Inflation Index for the Euro Area, *Journal of Money, Credit, and Banking*, 37(3), 539—560.

[84] Crone, Theodore M., N. Neil K. Khettry, Loretta J. Mester and Jason A. Novak, 2013, Core Measures of Inflation as Predictors of Total Inflation, *Journal of Money, Credit and Banking*, 45(2—3), 505—519.

[85] Cutler, J., 2001, Core Inflation in the UK, MPC Unit, Discussion Paper, Vol. 3.

[86] Dhawan, Rajeev and Karsten Jeske, 2007, Taylor Rules with Headline Inflation a Bad Idea, Federal Reserve Bank of Atlanta Working Paper Series.

[87] Dhyne, E., Ávarez, J., Le Bihan, H., Veronese, G., Dias, D., Hoffmann, J., Jonker, N., Lunnemann, P., Rumler, F. and Vilmunen, J., 2006, Price Setting in the Euro Area and the United States: Some Facts from Individual Consumer Price Data, *Journal of Economic Perspectives*, 20(2), 171—192.

[88] Diewert, W. Erwin, 1995, On the Stochastic Approach to Index Numbers, Department of Economics, Discussion Paper No. 95/31, University of British Columbia.

[89] Diewert, E., 2003, The Treatment of Owner Occupied Housing and Other Durables in a Consumer Price Index, Discussion Paper No. 03—08, Department of Economics, University of British Columbia.

[90] Dixit, A. K. and J. E. Stiglitz, 1977, Monopolistic Competition and Optimum Product Diversity, *American Economic Review*, 67(3), 297—308.

[91] Dixon, Robert and G. C. Lim, 2004, Underlying Inflation in Australia: Are the Existing Measures Satisfactory, *Economic Record*, 80(251), 373—386.

[92] Dolmas, Jim, 2005, Trimmed Mean PCE Inflation, Federal Reserve Bank of Dallas Working Paper, No. 0506.

[93] Dolmas, Jim and Mark Wynne, 2008, Measuring Core Inflation: Notes from a 2007 Dallas Fed Conference, Federal Reserve Bank of Dallas Staff Papers, No. 4.

[94] Down, Kevin, John Cotter and Lixia Loh, 2011, U. S. Core Inflation: A Wavelet Analysis, *Macroeconomic Dynamics*, 15(4), 513—536.

[95] Durbin, J. and S. J. Koopman, 2001, *Time Series Analysis by State Space Methods*, Oxford University Press.

[96] Edgeworth, F. Y., 1918, The Doctrine of Index-Numbers According to Professor Wesley Mitchell, *Economic Journal*, 28(110), 176—197.

[97] Eckstein, Otto, 1981, *Core Inflation*, Prentice Hall.

[98] Erceg, C. J., D. W. Henderson and A. T. Levin, 2000, Optimal Monetary Policy with Staggered Wage and Price Contracts, *Journal of Monetary Economics*, 46(2), 281—313.

[99] Eusepi S., Hobijn, B. and A. Tambalotti, 2011, CONDI: A Cost-of-nominal-distortions Index, *American Economic Journal: Macroeconomics*, 3(3), 53—91.

[100] Faia, Ester and Tommaso Monacelli, 2007, Optimal Interest Rate Rules, Asset Prices, and Credit Frictions, *Journal of Economic Dynamics and Control*, 31(10), 3228—3254.

[101] Faust, Jon and Eric M. Leeper, 1997, When Do Long-Run Identifying Assumptions Give Reliable Results, *Journal of Business and Economic Statistics*, 15(3), 345—353.

[102] Flemming, J., 1976, *Inflation*, Oxford University Press.

[103] Friedman, M., 1963, *Inflation: Causes and Consequences*, Asia Publishing House.

[104] Freeman, D. G., 1998, Do Core Inflation Measures Help Forecast Inflation, *Economics Letters*, 58, 143—147.

[105] Forni, Mario, Marc Hallin, Marco Lippi and Lucrezia Reichlin, 2000, The Generalized Dynamic Factor Model: Identification and Estimation, *Review of Economics and Statistics*, 82(4), 540—554.

[106] Forni, Mario, Marc Hallin, Marco Lippi and Lucrezia Reichlin, 2005, The Generalized Dynamic Factor Model: One-sided Estimation and Forecasting, *Journal of the American Statistical Association*, 100(471), 830—840.

[107] Gadzinski, Gregory and Orlandi Fabrice, 2004, Inflation Persistence in the European Union, the Euro Area, and the United States, European central Bank Working Paper No. 414.

[108] Galí, J., 2008, *Monetary Policy, Inflation, and the Business Cycle: An Introduction to the New Keynesian Framework*, Princeton University Press.

[109] Galí, Jordi and M. Gertler, 1999, Inflation Dynamics: A Structural Econometric Approach, *Journal of Monetary Economics*, 44 (2), 195—222.

[110] Galí, Jordi, M. Gertler, D. López-Salido, 2001, European Inflation Dynamics, *European Economic Review*, 45 (7), 1237—1270.

[111] Galí, Jordi, M. Gertler and D. López-Salido, 2005, Robustness of the Estimates of the Hybrid New Keynesian Phillips Curve, *Journal of Monetary Economics*, 52(6), 1107—1118.

[112] Godfrey, L., 1994, Testing for Serial Correlation by Variable Addition in Dynamic Models Estimated by Instrumental Variables, *Review of Economics and Statistics*, 76(3), 550—559.

[113] Gonzalo, J. and C. W. J. Granger, 1995, Estimation of Common Long-memory Compo-
nents in Co-intergrated Systems, *Journal of Business and Economic Statistics*, 13 (1),
27—35.

[114] Goodhart, C., 2001, What Weights Should be Given to Asset Prices in the Measurement of
Inflation, *Economic Journal*, 111(472), 335—356.

[115] Goodhart, C. and Boris Hofmann, 2008, House Prices, Money, Credit, and the Macro-
economy, *Oxford Review of Economic Policy*, 24(1), 180—205.

[116] Greenberg, E., 2008, *Introduction to Bayesian Econometrics*, Cambridge University Press.

[117] Hall, A. R., G. D. Rudebusch and D. W. Wilcox, 1996, Judging Instrument Relevance
in Instrumental Variables Estimation, *International Economic Review*, 37(2), 283—298.

[118] Hayashi, Fumio, 2000, *Econometrics*, Princeton University Press.

[119] Horvath, M., 2000, Sectoral Shocks and Aggregate Fluctuations, *Journal of Monetary
Economics*, 45(1), 69—106.

[120] Hou Chengqi and Wang Pin, 2014, An Estimation of Sectoral Price Stickiness Using Aggre-
gate Data, *Romanian Journal of Economic Forecasting*, XVII (2), 53—70.

[121] Hou Chengqi and Gong Liutang, 2012, Sectoral Heterogenicity, Core Inflation and Optimal
Monetary Policy, Working paper.

[122] Hou Chengqi and Gong Liutang, 2013, Core Inflation in a Multi-sector New Keynesian
Economy with Inflation Inertia, Working paper.

[123] Iacoviello, M., 2005, House Prices, Borrowing Constraints, and Monetary Policy in the
Business Cycle, *American Economic Review*, 95(5), 739—764.

[124] Iacoviello, M. and Stefano Neri, 2010, Housing Market Spillovers: Evidence from an
Estimated DSGE Model, *American Economic Journal: Macroeconomics*, 2(2), 125—164.

[125] Jeske, Karsten and Zheng Liu, 2013, Should the Central Bank be Concerned about Housing
Prices? *Macroeconomic Dynamics*, 17(1), 29—53.

[126] Jones L. E. and Manuelli R. E. 1990, A Convex Model of Equilibrium Growth: Theory and
Policy Implications, *Journal of Political Economy*, 98(5), 1008—1038.

[127] Kapetanios, George, 2002a, Factor Analysis Using Subspace Factor Models: Some Theoreti-
cal Results and an Application to UK Inflation Forecasting, Working paper No.466, Queen
Mary University of London.

[128] Kapetanios, George, 2002b, Modelling Core Inflation for the UK Using a New Dynamic
Factor Estimation Method and a Large Disaggregated Price Index Dataset, Working paper
No.471, Queen Mary University of London.

[129] Kapetanios, George and M. Marcellino, 2003, A Parametric Estimation Method for Dynamic
Factor Models of Large Dimensions, Working Paper No.489, Queen Mary University of Lon-
don.

［130］Kapetanios, George, 2004, A Note on Modelling Core Inflation for the UK Using a New Dynamic Factor Estimation Method and a Large Disaggregated Price Index Dataset, *Economics Letters*, 85(1), 63—69.

［131］Lafleche, T., 1997, Statistical Measures of the Trend Rate of Inflation, *Bank of Canada Review*, Autumn, 29—47.

［132］Leamer, E., 2007, Housing and the Business Cycle, In Housing, Housing Finance, and Monetary Policy Symposium, Federal Reserve Bank of Kansas City.

［133］Lindé, J., 2005, Estimating New-Keynesian Phillips Curves: A Full Information Maximum Likelihood Approach, *Journal of Monetary Economics*, 52(6), 1135—1149.

［134］Lovell, C. A. K., 1973, CES and VES Production Functions in a Cross-section Context, *Journal of Political Economy*, 81(3), 705—720.

［135］Lütkepohl, Helmut, 2005, *New Introduction to Multiple Time Series Analysis*, Springer.

［136］Mankiw, N. Gregory and Ricardo Reis, 2003, What Measure of Inflation Should a Central Bank Target? *Journal of the European Economic Association*, 1(5), 1058—1086.

［137］Marquesa, Carlos Robalo, Pedro Duarte Neves and Luís Morais Sarmentoa, 2003, Evaluating Core Inflation Indicators, *Economic Modelling*, 20(4), 765—775.

［138］Marques, Carlos Robalo, Pedro Duarte Neves and Afonso Goncalves da Silva, 2002, Why Should Central Banks Avoid the Use of the Underlying Inflation Indicator, *Economics Letters*, 75(1), 17—23.

［139］Mishkin, F. S., 2007, Headline versus Core Inflation in the Conduct of Monetary Policy, Presentation given at the Business Cycles, International Transmission and Macroeconomic Policies Conference, 2HEC Montreal.

［140］Muellbauer, John and Anthony Murphy, 2008, Housing Markets and the Economy: The Assessment, *Oxford Review of Economic Policy*, 24(1), 1—33.

［141］Nakamura, Emi and Jon Steinsson, 2008, Five Facts about Prices: A Reevaluation of Menu Cost Models, *Quarterly Journal of Economics*, 123(4), 1415—1464.

［142］Nakamura, Emi and Jon Steinsson, 2010, Monetary Non-Neutrality in a Multi-Sector Menu Cost Model, *Quarterly Journal of Economics*, 125(3), 961—1013.

［143］Okun, A., 1970, Inflation: The Problems and Prospects before US, in A. Okun, H. Fowler and M. Gilbert, eds., *Inflation: The Problems it Creates and the Policies it Requires*, New York University Press, 3—53.

［144］O'Sullivan, R., 2008, House Prices in the Measurement of Inflation in the Euro Area, *Contemporary Economic Policy*, 26(2), 276—298.

［145］Parkin, Michael, 1984, On Core Inflation by Otto Eckstein: A Review Essay, *Journal of Monetary Economics*, 14(2), 251—264.

［146］Quah, Danny and Shawn P. Vahey, 1995, Measuring Core Inflation, *Economic Journal*, 105(432), 1130—1144.

[147] Ravn, Morten O. and Harald Uhlig, 2002, On Adjusting the Hodrick-Prescott Filter for the Frequency of Observations, *Review of Economics and Statistics*, 84(2), 371—375.

[148] Reis, Ricardo and Mark W. Watson, 2010, Relative Goods' Prices and Pure Inflation, *American Economic Journal: Macroeconomics*, 2(3), 128—157.

[149] Revankar, N. S., 1971, A Class of Variable Elasticity of Substitution Production Functions, *Econometrica*, 39(1), 61—71.

[150] Rich, Robert and Charles Steindel, 2007, A Comparison of Measures of Core Inflation, *Federal Reserve Bank of New York Economic Policy Review*, December, 19—38.

[151] Roger, Scott, 1998, Core Inflation: Concepts, Uses and Measurement, Discussion Paper G98/9, Reserve Bank of New Zealand.

[152] Rotemberg, J. and M. Woodford, 1997, An Optimization-Based Econometric Framework for the Evaluation of Monetary Policy, In: B. Bernanke, J. Rotemberg (Eds.), *NBER Macroeconomics Annual*, MIT Press, 287—361.

[153] Rotemberg, J. and M. Woodford, 1999, Interest-Rate Rules in an Estimated Sticky-Price Model, In: J. B. Taylor (Ed.), *Monetary Policy Rules*, University of Chicago Press, 57—126.

[154] Rudd, J. and K. Whelan, 2005, New Tests of the New Keynesian Phillips Curve, *Journal of Monetary Economics*, 52(6), 1167—1181.

[155] Rudebusch, G. and L. E. O. Svensson, 1999, Policy Rules for Inflation Targeting, In: J. B. Taylor (Ed.), *Monetary Policy Rules*, University of Chicago Press.

[156] Samuelson, P. A., 1961, The Evaluation of Social Income: Capital Formation and Wealth, In *The Theory of Capital*, Eds. by F. A. Lutz and D. C. Hague, London, 32—57.

[157] Sato R., F. Hoffman, 1968, Production Functions with Variable Elasticity of Substitution: Some Analysis and Testing, *Review of Economics and Statistics*, 50(4), 453—460.

[158] Shapiro, M. and M. Watson, 1988, Sources of Business Cycle Fluctuations, in S. Fischer eds., *NBER Macroeconomics Annual*, Cambridge: MIT Press, 111—148.

[159] Shibuya, H., 1992, Dynamic Equilibrium Price Index: Asset Prices and Inflation, *Bank of Japan Monetary and Economic Studies*, 10 (1), 95—109.

[160] Shiratsuka, S., 1999, Asset Price Fluctuation and Price Indices, Institute for Monetary and Economic Studies, Bank of Japan, Discussion Paper No. 99-E-21.

[161] Smets, F. and R. Wouters, 2003, An Estimated Dynamic Stochastic General Equilibrium-Model of the Euro Area, *Journal of the European Economic Association*, 1(5), 1123—1175.

[162] Smets, F. and R. Wouters, 2005, Comparing Shocks and Frictions in US and Euro Area Business Cycles: A Bayesian DSGE Approach, *Journal of Applied Econometrics*, 20(2), 161—183.

[163] Smets, F. and R. Wouters, 2007, Shocks and Frictions in U. S. Business Cycles: A Bayesian Approach, *American Economic Review*, 97(3), 586—606.

[164] Smith, J. K. , 2004, Weighted Median Inflation: Is This Core Inflation? *Journal of Money, Credit, and Banking*, 36(2), 253—263.

[165] Smith, Julie K. , 2007, Better Measures of Core Inflation, Paper Presented at Price Measurement for Monetary Policy Conference, Dallas, May 24—25.

[166] Silver, Mick, 2007, Core Inflation Measurement and Statistical Issues in Choosing among Alternative Measures, *IMF Staff Papers*, 54(1), 163—190.

[167] Siviero S. and G. Veronese, 2011, A Policy-Sensible Benchmark Core Inflation Measure, *Oxford Economic Papers*, 63 (4), 648—672.

[168] Song, Lei Lei, 2005, Do Underlying Measures of Inflation Outperform Headline Rates? Evidence from Australian Data, *Applied Economics*, 37(5), 339—345.

[169] Stavrev, Emil, 2010, Measures of Underlying Inflation in the Euro Area: Assessment and Role for Informing Monetary Policy, *Empirical Economics*, 38(1), 217—239.

[170] Tahir, S. , 2003, Core Inflation Measures for Pakistan, State bank of Pakistan, Working Paper.

[171] Taylor, B. , 1993, Discretion versus Policy Rules in Practice, *Canergie-Rochester Conference Series on Public Policy*, 39, 195—214.

[172] Tierney, Heather L. R. , 2012, Examining the Ability of Core Inflation to Capture the Overall Trend of Total Inflation, *Applied Economics*, 44(4), 493—514.

[173] Tsay, Ruey S. , 2005, *Analysis of Financial Time Series*, John Wiley & Sons.

[174] Uhlig, H. , 1999, A Toolkit for Analyzing Nonlinear Dynamic Stochastic Models Easily, In *Computational Methods for the Study of Dynamic Economies*, ed. R. Marimon and A. Scott, Oxford University Press, 30—61.

[175] Vermeulen, P. , Dias, D. , Dossche, M. , Gautier, E. , Hernando, I. , Sabbatini, R. and Stahl, H. , 2006, Price Setting in the Euro Area: Some Stylised Facts from Individual Producer Price Data and Producer Surveys, ECB Working Paper.

[176] Walsh, Carl E. , 2010, *Monetary Theory and Policy*, Third Edition, MIT Press.

[177] Woodford, M. , 2003, *Interest and Prices: Foundation of a Theory of Monetary Policy*, Princeton University Press.

[178] Wooldridge, Jeffrey M. , 2001, *Econometric Analysis of Cross Section and Panel Data*, MIT Press.

[179] Wynne, Mark A. , 2008, Core Inflation: A Review of Some Conceptual Issues, *Federal Reserve Bank of St. Louis Review*, 90(3), 205—228.

[180] Yun, T. , 1996, Nominal Price Rigidity, Money Supply Endogeneity and Business Cycles, *Journal of Monetary Economics*, 37(2), 345—370.

[181] Zhang, Chengsi, Denise R. Osborn and Dong Heon Kim, 2008, The New Keynesian Phillips Curve: From Sticky Inflation to Sticky Prices, *Journal of Money, Credit and Banking*, 40(4), 667—699.

[182] Zhang, Chengsi and J. Clovis, 2010, The New Keynesian Phillips Curve of Rational Expectations: A Serial Correlation Extension, *Journal of Applied Economics*, 13(1), 159—179.

后　记

2009 年 7 月,我来到北京大学光华管理学院,开始为期两年的博士后研究工作。彼时距我 2005 年 7 月博士毕业留校任教刚好四年。虽然在 2008 年年底评上了副教授,但我对未来的研究却一片迷茫:希望学习和研究货币理论,从而将我一直研究的微观金融问题与宏观金融问题结合起来展开研究,却不知该如何入手。这时,我获悉了北京大学光华管理学院货币政策与金融形势研究中心招聘博士后的消息。我申请并幸运地被录取了! 感谢龚六堂老师为我提供了一个到北京大学光华管理学院学习和研究的宝贵机会,并在此后一直关心和指导我的研究工作。

到光华管理学院报到时,我随身只带了一本 Walsh 的 *Monetary Theory and Policy*,以此表示自己要从零开始学习和研究货币理论的决心。然而,理想是美好的,现实是残酷的,从零开始并不容易! 幸运的是,在博士后进站时,龚老师根据我的研究基础,建议我尝试在货币理论与资产价格方面作些研究。在大量阅读相关文献之后,我准备从“是否应该将住房价格纳入通货膨胀的统计范围”这个问题入手,并且打算采用动态因子模型研究住房价格对核心通货膨胀的影响。但是,如果不能为估计核心通货膨胀的动态因子模型提供坚实的理论基础,这个研究就没有什么实质性的创新。后来正好读到 Reis 和 Watson 发表在 *American Economic Journal:Macroeconomics* 上的论文“Relative Goods' Prices,Pure Inflation,and The Phillips Correlation”,发现他们通过分析一个多部门模型来建立估计纯粹通货膨胀的计量经济模型。这给了我很大的启发。我开始通过 Woodford 的 *Interest and Prices：Foundations of a Theory of Monetary Policy* 和 *Galí* 的 *Monetary Policy，Inflation，and the Business Cycle：An Introduction to the New Keynesian Framework* 学习新凯恩斯理论，并试着将单部门新凯恩斯模型推广到多部门情形，后来找到了以多部门新凯恩斯菲利普斯曲线为理论基础研究核心通货膨胀问题的思路，于是就有了我在货币理论领域最早的两篇论文——"核心通货膨胀：理论模型与经验分析"和"住房价格应该纳入通货膨胀的统计范围吗"。

我还清晰地记得撰写这两篇论文过程中与龚老师的一次长谈。在长谈中，龚老师为我规划了一系列的研究：除了研究核心通货膨胀的估计、评价和应用等问题之外，还可以采用多部门新凯恩斯模型对许多经典问题开展更加深入的研究，因为多部门新凯恩斯模型可以分析单部门模型无法涉及的部门异质性和地区差异等因素。这次谈话让我重拾对学术研究的兴趣和信心，于是就有了后续的一系列研究。已经完成的研究汇集成了现在的这本著作。

这是我的第一本学术著作。我想在本书出版之际，感谢在我的求学、研究历程中给我提供指导和帮助的老师及同门们。感谢博士期间的导师徐绪松教授，您的指导和教诲，您对学术研究的热爱，引导我走上学术研究之路；感谢硕士期间的导师周万隆老师，您不仅关心我的学业，还关心我的家庭和生活；感谢华中师范大学数学系的老师们，虽然学的很多知识已经遗忘了，但是大学四年严格训练获得的对数学的亲近感却让我受益无穷；感谢我的师兄、中国人民大学经济学院陈彦斌教授多年来给我的关心和帮助；感谢武汉大学和北京大学的众多同门，与你们在学术上的探讨和闲暇时的欢聚都让我回味无穷……

在本书即将出版之际，我还要感谢我的家人。我出身于河南省的一个农民家庭，父母信奉"耕读传家"的传统信条，非常重视对子女的教育，在家庭并不富裕的情况下一直支持我完成学业。当我自己为人父之后，才深刻体会到，父母对子女毫无保留的付出，子女是无以为报的。感谢我的妻子，不嫌弃我这个穷书生，相识相伴近二十载，在自己繁重的教学和研究工作之余，还要操持家务、照顾孩子，真是我人生的佳侣！感谢我的一双可爱的儿女，你们是上帝赐给我们的最宝贵的礼物，你们的到来给我们的生活增添了无穷的欢乐！感谢我的岳父、岳母，放弃退休后悠闲的生活，来到武汉帮我们操持家务、照顾孩子。感谢我的姐姐、姐夫，在我需要帮助的时候总是毫无保留地支持和付出。

感谢本书的责任编辑贾米娜老师。因为本书交稿之时我已经到美国范德堡大学（Vanderbilt University）经济系进行访学研究，所以只能通过电子邮件与贾老师讨论书稿的编辑和修改事宜，无形之中为她增加了很多工作量。贾米娜老师的编辑、校对工作是如此认真和细致，改正了许多书稿中的行文和逻辑问题，让我为自己的粗心感到汗颜。

"雄关漫道真如铁，而今迈步从头越。"这本书为我近几年的研究工作作了一个总结，是一个终点，更是一个起点。

侯成琪

2014 年 11 月